ことばの万華鏡
―日英文化言語学入門―

上地 安貞

東京図書出版

目　次

プロローグ 11

第Ⅰ章　すべてはここから始まった 15
　① 悲惨な交通事故 15
　② 無銭旅行のドイツ人青年 17
　③ 英語修行と異文化との出逢い 18
　④ 米国留学から研究生活へ 21
　⑤ 文化言語学事始め 26

第Ⅱ章　ことばのワンダーランド 28
　「言語」と「ことば」は似て非なるもの 28
1　ことばの獲得 29
　　⑴ ヒトは語る動物である
　　⑵ もしことばがこの世になかったら
　　⑶ ことば習得の絶対条件
　　⑷ 文法って何？
　　⑸ 文法は不要か？
　　⑹ 「外国語」という呼び方は間違いである
　　⑺ 母語と異言語 ── 習得の基本的な違い
　　⑻ 母語と母国語は同じにあらず
　　⑼ 公用語
　　⑽ 「国語」と「日本語」はここが違う（日本語のグローバル化）
　　⑾ ことばは決して乱れない
2　ことばの働き 41

①　分ける働き（分析機能） 41
　　②　束ねる働き（抽象機能・統合機能） 44
　　③　創る働き（創造機能） 45
　　　　(1) ことばは現実を変える
　　　　(2) ことばは新たな現実を創る
　　　　(3) 新しいことばと日本の近代化
　　　　(4) ことばと虚構の世界
　　④　伝える働き（コミュニケーション機能） 53
　　　　(1) コミュニケーションの基本的なタイプ
　　　　　　1）認的発話行為（外的現実の表現）
　　　　　　2）規制的発話行為（社会的現実の表現）
　　　　　　3）表自的発話行為（内的現実の表現）
　　　　(2) コミュニケーション手段の種類
　　　　　　1）音声で伝える
　　　　　　2）文字で伝える
　　　　　　3）非言語媒体で伝える

3　ことばの特質 56

　　①　恣意性 ── イヌはネコでもよかった 56
　　②　不可逆性 ── 後戻りできない 57
　　③　自己増殖性 ── 尾ひれがつく 57
　　　　(1) 風評 (rumor)
　　　　　　☑ 風評（噂）が広がる基本パターン
　　　　　　☑ 風評被害の例
　　　　(2) デマ (demagogy)
　　　　(3) 流言飛語 (groundless rumor)
　　　　　　☑ 噴出流言
　　　　　　☑ 噴出流言における群集心理の特徴
　　　　　　☑ 関東大震災の流言
　　　　　　☑ 浸透流言
　　　　　　☑ 潜水流言

④ 超越性 ── ことばは時空を超える 63
　　⑤ 娯楽性 ── ことばは娯楽の源泉 64
　　⑥ 多義性と曖昧性 64
　　　(1) 多義性 (polysemy)
　　　(2) 曖昧性 (ambiguity)
　　⑦ 真理性と反真理性 66
　　人を生かすことば（ことばのプラスの力）
　　　(1) 人を生かすことば
　　　(2) 聴くということ
　　　(3) 傾聴ボランティア
　　　(4) 「聞（聴）く」と「訊く」は表裏一体
　　　(5) 聴き上手の4条件
　　人を殺すことば（ことばのマイナスの力）
　　　(1) ヒトは嘘をつく動物である
　　　(2) 襲いかかることば
　　　(3) 支配することば
　　　　　☑ 洗脳とマインド・コントロール
　　　(4) 真実を隠すことば（隠蔽）
　　　(5) ことばを使った犯罪
　　　　　☑ グリコ・森永（かい人21面相）事件
　　　　　☑ サイバー空間におけることばの犯罪
　　　　　☑ 捏造・改竄・剽窃

4　ことばの価値 82
　　(1) 言語の絶対的価値
　　(2) 言語の相対的価値 ── 経済的価値・知的情報へのアクセスの優位性
　　(3) English Divide and Digital Divide
　　(4) どの言語を選ぶか
　　　　1）ロマンチック型
　　　　2）実利追求型

３）知的探究型
　　　　(1) 使用者人口
　　　　(2) 使用者人口の地理的分布と通用度
　　　　(3) 使用域の広さと使用頻度
　　(5) 消滅の危機に瀕する言語 —— 消えゆく言語を守れるか

5　ことばと人権 91
　　(1) 差別表現
　　(2) 差別表現と表現の自由の相克
　　(3) 言語権（language right）

6　ことばの危機 98
　　(1) 政財界とメディアに広がることばの危機
　　(2) フェイクニュースとサイバー犯罪

7　ことばの障害 102
　　(1) 言語習得臨界期における環境の不備
　　(2) 脳の機能障害
　　(3) 脳の器質障害
　　(4) 先天的聴覚障害による発話障害
　　(5) 不可思議な言語現象

8　ことばの変化 106
　　① ことばは現実と共に変化する（Language changes as reality changes） 106
　　② 英語の語義変化のパターン 110
　　　(1) 機能変化（**Functional transfer of meaning**）
　　　(2) 狭小化（**Narrowing of meaning**）
　　　(3) 悪化（**Deterioration of meaning**）
　　　(4) 拡大化（**Expansion of meaning**）
　　　(5) 連想による変化（**Associate transfer of meaning**）
　　　(6) 抽象化（**Abstraction of meaning**）
　　　(7) 良化（**Amelioration of meaning**）

(8) 弱化（Weakening of meaning）
　　　(9) 科学・科学技術の影響・概念の拡大・変容による変化
　　　(10) その他の変化のタイプ
　　　(11) 大化けした語義の例
　　　(12) 日本語における語法の変化
　　　(13) その他の破格表現例
　　　(14) 新たな意味・ニュアンス・用法
　　　(15) 誤解・誤用に基づく意味の変容・拡大
　　　(16) その他の原因によることばの変化

9　ことばと沈黙 ……………………………………………… 127
　　(1) 政治・社会的沈黙 ………………………………………… 127
　　(2) 沈黙のことば …………………………………………… 129
　　(3) 形而上的沈黙 …………………………………………… 130

10　名前の言語学（命名に隠された文化/名前の由来）……… 132
　　(1) 名前はアイデンティティーである
　　(2) 命名は祈りである
　　(3) 役割としての名前
　　(4) 出世する名前
　　(5) なぜ通名（偽名）を使うのか
　　(6) 企業名に隠された遊び心
　　(7) 名は誉であり人格そのものである
　　(8) 名付けること・名付けられること
　　(9) 名字の履歴書
　　　　1）日本人の名字
　　　　2）日本人の名字の特徴
　　　　3）英語文化圏の名字・名前の特徴

11　標準語と方言 ……………………………………………… 142
　　(1) 標準語の基準
　　(2) 標準語と共通語

(3) 標準語の日英比較
　　(4) わが愛しのウチナーグチ (沖縄語)
12　言語表現の限界 148

第Ⅲ章　日本語の心（パトス）と英語の精神（ロゴス） 150

　日本語らしさとは何か 150
　　日本人の基本的言語観
1　言語観形成過程の背景 152
2　日本的コミュニケーションの負の遺産 156
3　言語観の基層構造 157
　　(1) 禅仏教の影響
　　(2) 老荘思想（道教）の影響
　　(3) 儒教（儒学思想）の影響
　　(4) 言霊思想（信仰）の影響
　　(5) 民族的・言語的・文化的同質性
　日本人のコミュニケーションの特徴 168
　　日本的な表現例
　日英両語における発想形式の特徴 170
　　日本人の発想形式・コミュニケーションの特質
　　日本の文化的特質
　　英語母語話者の発想形式・コミュニケーションの特質
　　英語文化圏の文化的特質
　　表現形式から見た日本語と英語の特徴と相違点
　　発想転換の基本原理
　　日本人の言語使用感覚
　　悲喜こもごものエピソード
　　(1) 木に括りつけられた坊や
　　(2) よい英語は身を助ける

(3) 英語の専門家に聞いてくれ
　　　(4) 片言英語でもノープロブレム？
　　　(5) いきなり通訳しろと言われても
　　　(6) ことば音痴か異言語教育の総批評家か？
　　　(7) 吹けば飛ぶよな政治家のことば
　　　(8) 浪費され、廃棄されることば
　　　(9) ことばはお飾りに非ず（禁止・注意・警告表示にご用心！）
　　　(10) 抱腹絶倒　誤訳・珍訳・迷訳オンパレード

英語らしさとは何か 207
　　英語文化圏の基本的言語観

1　言語観形成過程の背景 207
2　言語観の基層構造 208
　　(1) ユダヤ・キリスト教の影響
　　　　☑ ダバールの概念
　　(2) ギリシャ思想の影響
　　　　☑ ロゴスの概念
　　(3) 民族的・言語的・文化的異質性

第Ⅳ章　聖書と英語 215
　　(1) 聖書の構成
　　(2) 聖書は深い豊かなことばの宝庫
　　(3) 聖書に由来することば
　　(4) ことばの宗教
　　(5) ユダヤ・キリスト教における祈り

第Ⅴ章　文化とCulture 220
1　文化のイメージ 220

2 文化のパターン 223
- ① 高コンテクスト文化と低コンテクスト文化 223
- ② 時間の捉え方 224
  - (1) 単一時間枠志向文化 (monochromic-oriented culture=M-time culture)
  - (2) 多重時間枠志向文化 (polychromic-oriented culture=P-time culture)

3 両文化に属する民族性の特徴 228

4 文化とことばのタブー（禁忌語 taboo） 232
- 日本文化における言語的タブー
- 英語文化圏における言語的タブー
- 英語文化圏で嫌われる方法

第VI章 ことばの情報ボックス 237

1 綴り字と音と意味（イメージ） 237

2 共感覚表現の日英比較 239
- (1) 日本語の共感覚表現
- (2) その他の共感覚表現例
- (3) 英語のメタファーに現れた共感覚表現例

3 「あッ」と驚く「あ (a)」の世界 242
- ➢「あッ」と驚く「あ (a)」の世界 ①
- ➢「あッ」と驚く「あ (a)」の世界 ②
- ➢「あッ」と驚く「あ (a)」の世界 ③

4 「くちびる語」は万国共通語 244

第VII章 ことばの笑劇場 247

1 ゲームとしてのことば（ことば遊びの色々） 247

- (1) 折句（acrostic）
- (2) 早口ことば（tongue twister）
- (3) 回文（palindrome）
- (4) いろは文［歌］（pangram）
- (5) アナグラム（anagram）
- (6) アルファベット遊び
- (7) 英単語を使った日本語数字の覚え方
- (8) 謎々（Riddle）

2 笑う門には福来たる 256

- (1) ことわざパロディ（parody）
- (2) 音韻連想ゲーム
- (3) 駄洒落（pun）
- (4) 無理問答
- (5) ワープロ文字変換ミス傑作集
- (6) 江戸小話
- (7) サラリーマン川柳
- (8) 英語の傑作ジョーク集
- (9) 爆笑エピソード大特集

エピローグ 276

言葉・ことば・コトバ・言語・言の諸相
　　――本書で扱ったことばの鍵概念

参考文献 279

資料1 琉球大学ミシガン・ミッション 283
資料2 戦後沖縄における米国への留学制度 283
資料3 聖書に由来する英語表現集 283

For my family, friends and language lovers

プロローグ

　本書はことばの不思議な魅力の虜になった一人の**「ことばオタク」**(language geek) の勝手気ままな**ことばの観察ノート**であり、独白である。さまざまなことばを聴き、読み、書き、考え、感じて、その正体を探ろうと広大無辺のことばの宇宙を遊泳してみた。

　ことばは千変万化する不思議な生き物だ。人間と同じように誕生し、成長（変化）し、結婚（異言語と接触）し、養子を迎え（異言語から借用し）、子孫（新しいことば）を残す。また年を重ね（古くなり、変化し、役割を終えて）、いずれは寿命を迎える。

　ことばは謎に満ちている。心、命、時間、空間などと同じように確かに存在するが、掴みどころがない。未知の世界への扉であり、人と人、人と自然との架け橋にもなる。自由自在に時空を超えて、さまざまな形で我々に働きかける。旅人のように世界中を駆け巡る。

　ことばは矛盾する性質を帯びている。真理も反真理も語る。人と人を繋いだり、切り離す。人を温かく包む一方で、牙を剥いて襲いかかり、深傷を負わせる。強大な力を備えていながら限界もあり、無力な側面も併せ持つ。泡沫のように消える「言の葉」もあれば、決して滅びない**言（ことば）**もある。

　ロゴス（理）は知の世界を解き明かす。**パトス（情）**は花鳥風月や人間の魂を細やかに映し出す。ことばは**絶対的な価値**と**相対的価値**を併せ持つ。時に曖昧模糊として我々の理解を妨げる。同じことばが対極の意味を伝えることもある。いくつもの意味を持つことばもあれば、単一の意味しか持たないことばもある。同じメッセージをたった一語で表すことも、幾通りもの言い回しも可能である。例えば、英語には、「この世を去る」という表現が340通り以上もあるという（『**同義性のメカニズム**』高木　2004）。

　新しいことばが絶えず生まれている。その背後には必ず何らかの理由がある。新しい「モノ」や「コト」に対応する場合だけではない。自分

は他人とは違う、昨日の自分とは違う自分を表現したい、これまでのことばでは伝えられないと感じたようなときに**新しいことば**が産声を上げるのかもしれない。

　ことばには様々な顔がある。天使と悪魔の顔を併せ持っている。教師、医師、牧師、芸術家、発明家、ビジネスパーソン、エンターテイナー、お笑い芸人、マジシャン、犯罪者、詐欺師といった顔も持つ。まさに変幻自在で全体像をつかむのは至難の業だ。本書はその一つ一つのユニークな顔に光を当てて、ことばの実像に幾分なりとも迫ろうとする試みである。

　また、ことばと文化は表裏一体の関係にある。ことばは文化を映し、創造し、維持発展させる基盤となる。同時に文化は新しいことば（概念）を産み、新しいことばは新しい現実を創る。ことばがなければ文化は存在しえない。

　ことばと文化がどのように私たちの**物の見方**（**mindset**）、**発想形式**（**cultural thought pattern**）、**表現形式**（**form of expression**）、**行動様式**（**behavior pattern**）、**生き方**（**way of life**）等々に深く関わっているか、日英両語を比較文化の視点から観察・分析し、例示していきたい。それが本書のタイトルを『ことばの万華鏡 ― 日英文化言語学入門 ―』とした所以である。

　本書の内容は言語学をベースにしているが、とりわけ言語と文化の相関に焦点が当てられているのが大きな特徴である。日常の暮らしの中で生きて、働くことばの実態に最大の関心がある。ことばという窓から眺めた世界はどのように映るのか、終始一貫してそこに視点を据えた。従って、言語学というより、「**ことば学**」と呼んだ方が相応しいかもしれない。

　言語に関心のある学生や一般読者を想定しているが、ややとっつきにくい部分があるかもしれない。どこから読んでもよい構成になっているので、目次に目を通して、あるいは気楽にページをパラパラとめくって、興味を引かれたところから読み始めていただければ幸いである。

　本書には随所にさまざまな**キーワード**が出てくるが、目立つように**太**

字にし、特に強調したい箇所には下線を施した。

　また、キーワードの核を成す「こ・と・ば」については意味のレベルによって表記法を使い分けている。日常生活で飛び交っているありふれた「事の端」は**「言葉」**、知識体系（抽象概念）を指す場合は**「言語」**、人知を超える宗教的な概念は**「言（ことば）」**、それ以外はすべて**「ことば」**というふうに平仮名で表記した。加えて、**「外国語」**という表現は原則として避け、**「異言語」**という語を一貫して使用した。その理由は**第Ⅱ章「１　ことばの獲得」⑹『外国語』という呼び方は間違いである」**の項で述べているので確認していただきたい。さらに、本書には記述内容が一部重複している箇所があるが、それは「ことばの役割」が多方面にわたって有機的、かつ複雑に絡み合っており、必ずしも項目ごとに明確な線引きができないという理由によるものであることを予め断っておく。

　本書はことばの観察を核とした筆者の研究成果の一端であると同時に、個人的体験、思索の足跡とがあざなえる縄のように絡み合った仕上がりになっている。

　それではまず筆者がライフワークと定めた**文化言語学（cultural linguistics）**に辿りつくまでのいくつかの画期的な出来事と人生を変える経験を振り返りながら第一幕を開けることにしよう。本書を通して、ことばの不思議な魅力に触れて、その醍醐味を満喫し、ことばの世界への地平を広げる一助になれば著者としてこれに優る喜びはない。

　なお、本書執筆に当たって、敬愛する畏友・**矢田裕士学兄（東京家政大学名誉教授）**には時間をかけて草稿に丹念に目を通していただき、的確で貴重なご助言・ご指導を頂戴した。ここに記して深甚なる謝意を表するものである。

2018（平成30）年師走

上　地　安　貞

第Ⅰ章　すべてはここから始まった

　大学教師に成りたての頃だった。ある知人に専門分野を訊かれて、「言語学を専攻しています」と言ったところ、**「言語学ってどのような役に立つ学問なんですか？」**というストレートな質問を受けたことがある。思わずはっとさせられた。不躾ではあるが素朴で、鋭く、本質を突く問いであった。本人は何の気なしに尋ねたのだろうが、研究者として未熟だった当時の筆者には説得力のある説明ができなかった。情けなく、悔しく、忸怩たる思いだった。

　これが例えば医学、経済学、法学、工学、農学、ジャーナリズムのように、看板からその目的・意義が明確、または推測可能な分野であれば、「何の役に立つのか？」などと訊かれることはまずないだろう。ところが「言語学」となると厄介だ。「言語の学」と言われてもピンとこない。誰でも日常使っていることばが学問の対象となることがイメージできないのかもしれない。しかし、皮肉にもあの問いのおかげで、研究者として大きな課題を与えられたことになった。

　爾来、そのことがずっと喉に刺さった小骨のように脳裏から離れなくなった。あれから半世紀余り、原点に立ち返り、自分なりの答えを出そうと本書をまとめることにした。

　筆者が英語を中心とすることばと文化の研究・教育に強い関心を寄せ、それをライフワークとして選び取った背景にはいくつかの特筆すべき出逢いがあった。少し面はゆいが、そのうちのいくつかのエピソードを皮切りにことばオタクの独白を始めることにする。

① 悲惨な交通事故

　それは高等学校の卒業式を終えた春のうららかなある日のことだった。友人数人と連れ立って那覇市の１号線（現在の国道58号線）沿いをぶらぶら歩いていた時だ。歩道のすぐ脇を１台のバイクが走り過ぎ

た。数秒後、米兵が乗ったジープが猛スピードで続いた。そして前のバイクを追い越そうとして誤って追突する瞬間を目の当たりにしたのだ。目を疑うような恐ろしい光景だった。ぶつけられた青年はバイクもろともドカーンという激しい衝突音とともに数メートル空中に放り投げられ、激しく道路にたたきつけられた。悲惨な結果が待っていた。倒れた青年は身動き一つしない。不安がよぎった。誰かが警察と救急車に通報したようだ。まもなくして沖縄県警のパトカーがやってきた。続いて救急車も到着した。やや遅れて米軍の憲兵（military policemen=MP）も来た。

　しかし、そこから混乱が生じた。MPたちが事故現場を完全に取り仕切って、県警の警察官を寄せ付けない。英語でなにやらまくし立てているが全くちんぷんかんぷんだ。しかし、私は目撃者の一人として、その事故は明らかに追突した米兵に非があることを証言しなければという義務感のような気持ちに駆られていた。県警の警察官に経緯を説明するとともに、勇気を振り絞って身振り手振りでMPたちに怪しげな英語で必死に訴えた。だが彼らに伝わったようには見えなかった。

　救急車で病院に搬送された青年は一命を落としたことを翌日の新聞で知った。その後どのような事故処理がなされたかは定かではないが有耶無耶になったようである。事故の加害者たちは基地の中へ逃げ込んで、その後どのような法的措置がなされたかは知る由もない。激しい怒りがこみ上げた。

　あのときMPに英語で的確に状況を説明できていたらいくぶん法的措置の実態は違っていたかもしれない。あのときの悔しさ、情けなさは今でも記憶の底によどんでいる。沖縄が日本に復帰する7年前（1965年）の出来事だ。

　この事件を通して沖縄が置かれた不条理な政治的状況（日米地位協定の問題）に図らずも身をもって直面した。戦後七十数年経ち、日本本土へ復帰してすでに46年にもなる現在（2018年）も沖縄の状況は基本的に全く変わっていない。このことは決して忘れまい。英語をものにしていつか何らかの形で必ずこの借りを返さずにおくものかと自らに誓った。

第Ⅰ章　すべてはここから始まった

　振り返ってみると、筆者の英語習得への最初の動機はいかにも稚拙で赤顔の至りである。しかし、ルサンチマンとして、その後の英語修行の強い原動力となったことも否めない。

② 無銭旅行のドイツ人青年

　高等学校を出たら首都圏の大学へ進学したいという淡い夢を抱いていた。しかし理想と現実はあまりにもかけ離れていた。敗戦後十数年経って徐々に戦後復興は進んでいたとはいえ、戦争の爪痕はまだ色濃く残っていた頃だ。沖縄の一般的な家庭は非常に貧しく、子どもを県外の大学にやることなど夢のまた夢であった。わが家は両親と9人兄弟の11人という大家族。当時は父と年長の兄姉たちのわずかばかりの収入で一家の生活をどうにか支えていた。東京の大学進学は当然あきらめざるを得なかった。

　唯一の可能性と選択肢は地元の琉球大学（現国立大学法人琉球大学）に進んでいずれは**米国への留学制度（⇒巻末資料2）**を利用してアメリカの大学院で勉強したいと漠然と考えていた。

　そこで4年間の学資は一切自力で賄うという条件で両親の承諾をもらい、琉球大学の英語英文学科にとりあえず入ることにした。親との約束通り、アルバイトをしながら学業を何とか全うした。家庭教師を始め、交通量の調査、給油所、建物のペンキ塗り、ペンキ剥がし、米軍基地に関連した仕事の翻訳、通訳、運送会社での大型家具の配送、港湾での荷役作業などさまざまな体験をした。港湾で重労働をしたときは椎間板ヘルニアで腰をひどく痛め、1カ月入院したこともある。

　しかし、所詮不本意入学である。勉学する意欲もさほど湧かず、将来の明確な目標を描くこともなく、だらだらと無為な日々を過ごしていた。そんな1年生のある夏の日のことである。何をするでもなくキャンパスの木陰でごろりと横になっていると、突然誰かが近づいて来た。目をやると自転車を引っ張りながら金髪碧眼の青年が私に何やら話しかけた。英語をしゃべっているらしいということぐらいで、何を言っている

かはちんぷんかんぷんだった。

そこで、ちょっとここで待ってくれと身振り手振りで伝えて、英語の堪能な先輩に来てもらい通訳してもらった。どうやらわが大学の学生たちと話し合う機会を持ちたいという趣旨であった。そこで、空き教室を借りて、急遽ミニ講演会を開くことに相成った。彼はドイツ人で、1年前に故国の大学を休学し、自転車で世界一周の一人旅をしていること、行く先々でアルバイトしながらさまざまな民族や文化に触れて感じたこと、学んだこと等々を話してくれた。流暢な英語だった（と私の耳には響いた）。ドイツを出たときの彼の英語力は義務教育で学んだ程度だったという。しかし、母国を出た途端にドイツ語はなかなか通じず、必要に迫られて習った英語を思い出しながら使うようになった。そして、毎日使っているうちにいつの間にか不自由なく操れるようになったという。

私の中に何か強烈に感じるものがあった。何かがはじけた。**「おい、おまえは英文科の学生だろう。それなのに英語を使って何一つ自己表現もできないし、そうなるように精進もしていない。一体おまえは何をしに大学へ来たんだ。こんなだらけた日々を過ごしている場合か。しっかりしろ！」**という「天」の声が聞こえたような気がした。頭をハンマーでガーンと殴られたような衝撃が走った。

③ 英語修行と異文化との出逢い

心に火がついた。心機一転、翌週から講義に真面目に出るようになった。幸いなことに琉球大学には創立当初からアメリカ政府による**琉球大学ミシガン・ミッション（⇒巻末資料1）**の一環として、ミシガン州立大学から教授陣が沖縄に多数派遣され、我々英語英文学科の学生を指導してくれていた。そのおかげでオーラル・コミュニケーション、リーディング、ライティングといった重要な基礎科目をネイティブの教授たちから直に指導を受けられたことはありがたかった。特に、当時日本の一般的な大学では教えられていなかったと思われる英語の**論理構造と展開法**

（logical structure & development in English）を中心にした**パラグラフ・ライティング（paragraph writing）**の基礎を徹底的に叩き込まれた。これはその後の私の英語修行の堅固な礎となっている。

　同時に英語の総合力を向上させるために、学生が発行する英字新聞編集部や、いくつかの英語関連の課外活動にも意欲的に参加するようになった。

　とりわけ熱心に関わり、大きな影響を受けたのがYMCA（Young Men's Christian Association＝キリスト教青年会）クラブの英語聖書研究会と英語サークルであった。わずか4、5人のメンバーのためにアメリカ人宣教師のF先生ご夫妻と在沖米軍軍属のP牧師夫人がボランティアで毎週異なる曜日に指導に来てくれていた。F先生からは英語でバイブルを教わり、P夫人からは英語のオーラル・コミュニケーションを鍛えられた。授業料は一切かからず、バイブルクラスではテキスト（英語の聖書）まで無償で提供してくれた。貧乏学生にとってはこの上なくありがたいことであった。

　生まれて初めて聖書というものを手にした。聖書研究会は予め決められた聖書の箇所を予習して臨み、輪読しながら進めていく。先生は日本語が全く話せなかったことが却って幸いした。一切日本語を介さずに先生の解説にじっと耳を傾け、時折片言の英語で単純な質問をする程度であった。読む力はある程度身についていたので何とか理解できたが、**聴く力（listening comprehension）**や**話すスキル（speaking skills）**はほぼゼロに等しいレベルであった。

　最初の数カ月はしどろもどろで簡単な質問をするのが精いっぱいで、ほとんど聞く側に回っていた。しかし、回を重ねるごとに徐々に英語の音やリズムに耳が慣れてきた。半年ほどたったある日、突然耳に入ってくる英語が分かったのだ。信じられなかった。**生きた英語というものに触れた瞬間だった**。それは使える英語習得を目指す決定的な**動機**とインセンティブを私に与えてくれた。異なる世界に一歩足を踏み入れ、心が揺すぶられた。

　部活の時間以外でもF宣教師ご夫妻はたびたび我々学生を自宅に招き

食事をごちそうしてくれた。その善意は決して忘れることはないだろう。

一方、英語サークルではP夫人にとても丁寧に、熱心に、辛抱強く指導していただいた。基地内のご自宅にたびたび食事に招いてくださった。同世代の二人の息子さんとも親しく付き合うまでになった。一緒に沖縄北部の山で野外キャンプをしたことも楽しい想い出である。ご家族を貧しいわが家にお招きして、母が作ってくれたささやかな沖縄の家庭料理でもてなしたこともあった。

筆者の卒業とほぼ同じ頃に、Pさん一家はメリーランド州ボルティモア（Baltimore, Maryland）に転勤が決まり沖縄を後にした。その後も一家とは手紙をやり取りして連絡は取り合っていた。

宣教師のF先生夫妻とP牧師夫人からは4年間、公私にわたって言い尽くせないほどお世話になった。未熟ながらも英語で意思の疎通ができることの有難さ、素晴らしさを実感できるようになった。先生方の温かい指導の下で知的・精神的面で深い薫陶を受けた。人種、民族、国籍、文化が異なっても共通する言語があれば交流することがある程度可能であることを実感した。そして、とりわけ聖書研究が**ユダヤ・キリスト教世界**という私にとって全く異質な精神世界との邂逅を与えてくれた。

在学中は国内・国際ボランティア活動にも参加するようになった。とりわけ3年生の夏季休暇中に韓国の郡山市（クンサン）で開催された国際ワークキャンプへ参加した体験は忘れられない。

世界各地からやってきた同世代の若者たちと寝食を共にして、汗を流したボランティア活動である。病院建設予定の荒地を真夏の炎天下で鍬とショベルで整備するという、今思えば極めて原始的で、きつい肉体作業である。朝食を済ませると、昼食を挟んで午後4時頃まで続いた。夕食後はみんなでダイニングホールに集い、平和、戦争、人権、差別、社会正義など世界が共有するさまざまな課題を熱く議論し、意見を交わした。共通言語は当然ながら英語だった。国際基準に照らして自分の英語運用能力を測るよい機会にもなった。また日本語が全く通じない環境でいろいろな国の同世代の人々と一定の期間過ごした体験は、異文化対応

第Ⅰ章　すべてはここから始まった

力養成の重要性を肌で感じる強い動機づけになった。

④ 米国留学から研究生活へ

　先述したように、学生時代から私には漠然とではあったがアメリカ留学が頭の片隅にあった。したがって卒業を目前にしても就職活動にはあまり身が入らなかった。青春の記念に航空会社を始め、いくつかの県外企業の採用試験を受けた。各社から採用通知をもらったもののサラリーマンをしている自分の姿がどうしてもイメージできなかった。企業に一生を捧げる自信も情熱もなかったので結局すべて辞退した。

　そんなある日のことである。何気なく、ふらっと大学の就職課に立ち寄ってみた。そこで「**名護英語学校　英語教員募集　教員免許不要**」という求人の掲示が目に入った。教員免許不要というのが決め手になった。留学するまでの時間を過ごすにはちょうどいいかもしれないと思い、面接を受けたらまぐれで採用になった。

　こうして沖縄本島北部の名護市にあった**名護英語学校**という英語専門学校の教諭として赴任することになった。教員になることは夢にも思っていなかったので教員免許は当然ながら持っていない。かくして、人にものを教える訓練も準備も一切なく、いきなり教壇に立つことになった。振り返ってみると全く無謀で無責任というほかはない。

　その学校には近くの米軍基地から若い兵士たちが入れ替わり立ち代わりボランティアで英会話の授業を手伝いに来てくれていた。渡米するまでのわずか1年ではあったが、同世代のアメリカの青年たちと個人的にも親しく付き合った。一緒に楽しく飲み歩いたことも実践的な英語力を伸ばす絶好の機会となった。

　しかし、何よりもこの学校では特筆すべき大きな出逢いがあった。それは生涯にわたって親交を結ぶことになるK氏との出会いである。私よりかなり年長で、脂の乗った非常に力量のある英語教師だった。

　就職して1年後、幸いにも、K氏と筆者は**米国政府の奨学生選抜試験**（**巻末資料2**）に受かり、アメリカの大学院に留学することになった。し

かも、全く偶然にも、同じ大学院に配置されたのである。ヴァーモント州の**セント・マイケル大学（Saint Michael's College）**という1904年創立のカトリック系リベラル・アーツの大学であった。1954年に開設されたこの大学付属の**英語プログラム（ESL Program）**は全米で最も古い歴史と実績を誇るプログラムの一つで、これまでに世界70カ国以上から2万人を超える留学生が当プログラムで学んできたとされている（2018年現在の資料。同大学のwebsiteより）。それがこの大学院応用言語学科に配置された理由であることを後で知った。そこでK氏と私は共に励まし合いながら何とか修士の学位を取得して帰国した。その後のことは後で触れることにする。

　留学の件を早速、P夫人に手紙で知らせると大変喜んでくれた。ヴァーモント州は一家が移り住んでいたメリーランド州と同じ東海岸に位置しており、比較的近いということが分かった。

　アメリカで初めて迎えた冬のある日、P夫人から私の学生寮に手紙が届いた。クリスマスを一緒に祝いませんかという誘いであった。私をメリーランドのご自宅に招いてくださったのである。胸がわくわくした。雪の舞い散る豪雪地帯のニューイングランド地方を15～16時間も長距離バスに揺られて訪ねて行った。生まれて初めてのホームステイ体験である。

　教会での厳かなクリスマス礼拝に与り、ディナーでは七面鳥をはじめとする伝統的なクリスマス料理に舌鼓を打った。

　2週間の滞在中、首都ワシントンD.C.（District of Columbia）やサウス・キャロライナ州（State of South Carolina）のマウント・ヴァーノン（Mount Vernon）をはじめとするアメリカ建国にゆかりの深い歴史的な地を案内していただいた。はるか昔のことであるが、温かい歓待を受けて感動したことは今でも脳裏に焼き付いている。

　米国留学から帰ると沖縄は大きな転換期を迎えていた。四半世紀に及ぶアメリカの信託統治下から解放され、日本本土に復帰を果たした年（1972年）であった。故郷の歴史が大きく動くのを目の当たりにした。この重大な史実については本書の範囲を超えるのでここでは触れない。

当面、特に何をするというあてもなかったので、とりあえず地元の二つの大学で非常勤講師、予備校講師、家庭教師を掛け持ちしながら当面の生活費をまかなうことにした。

また、教員免許も一応取っておこうと免許取得に必要な教職科目を母校の琉球大学教育学部で履修することにした。アメリカの大学院ではTeaching English as a Second Language（第2言語としての英語教育）を専攻したのに、肝心の教員免許資格を持っていなかったのだから全く呑気な話である。

それから1年かけて何とか必要な単位を取得し、沖縄県教育委員会に免許状交付の申請をして高等学校普通免許状（現在の専修免許状）の交付を受けることができた。なお、教員免許状取得には教育実習が必須であるが、アメリカの大学院で履修した指導実習（Teaching practicum）が日本の教育実習科目に相当することを認定してくれて、通常の教育実習は免除してもらった[*1]。

その後、幸いにも**沖縄女子短期大学**に就職することになり、せっかく取得した教員免許資格ではあったが一度も活用することなく今日に至っている。

短期大学在職中には英国ロンドンに本部を置く**英国聖公会宣教協会（Church Missionary Society=CMS）**より奨学金を得る幸運に恵まれた。オクスフォード大学**ウィクリフ・ホール（Wycliffe Hall, Oxford）**で1年間、客員研究員として言語・文化・初級神学を中心に研究する貴重な機会を得た。

同じ英語圏とはいえ、アメリカとは全く異なる政治体制、国民性、歴史、文化、伝統、社会構造、教育制度等々に触れ、大きな学びの経験となった。ヨーロッパ文化圏の様々な人々とも出逢い、世界を見る目が変わり、視野がさらに広がったように思う。英国留学については紙幅の都合でまた別の機会に譲ることにする。

---

*1：先述したように世界中の非英語圏からやって来るESLプログラムの留学生たちを対象に修士課程必須科目として1カ月間指導した。

また、新米大学教員としてスタートを切ったこの短期大学でも今日に至るまで交誼を結び、敬愛してやまない同僚の先生方との有難い出会いがあった。心底より感謝の念を表明したい。
　K氏は帰国後に名護英語学校に復職したが、暫くして**長崎外国語短期大学（現長崎外国語大学）**に移った。その後、彼を介して筆者もその短期大学に職を得て、教育・研究と生活の拠点を長崎に移すことになった。**プロテスタント系キリスト教主義**の学校で、そこでもまた研究分野の近い優秀な同僚、尊敬する牧師、哲学者の諸先生方を通して信仰的・思想的に大きな感化を受けた。
　とりわけ初めて触れたユダヤ・キリスト教における**「言」ダバール(dabar)** とギリシャを淵源とする**「ロゴス」(logos)** の思想に触れたことによって、知の地平が拡がり、深まった。知的覚醒をもたらしてくれた大きな経験であった。
　8年間勤め、暮らした長崎。徳川幕府が200年余りに及ぶ鎖国政策に終止符を打ち、世界に門戸を開いて、いち早く西欧文明を受け入れた極めてユニークな歴史と文化を持つ街である。キリスト教徒への過酷な弾圧の歴史を始め、第二次世界大戦では広島に続いて原子爆弾が投下され、悲惨極まりない地獄の体験を強いられた**ナガサキ**として全世界にその名が知れ渡った所である。
　1945年8月6日、人類史上初めて原子爆弾が広島に投下され、その3日後の9日には長崎上空にも**きのこ雲**がさく裂した。広島と同様に長崎市およびその周辺は一瞬にしてこの世の地獄と化した。
　あれからこの日を挟んで広島・長崎両市では毎年7月下旬から8月9日までを平和を希求し、二度と同じ悲劇を繰り返さないために様々なイベントが開催される**「平和週間」(Peace Week)** と呼ばれる期間を設けている。
　筆者も世界中から長崎を訪れる平和運動家たちのために微力ながらボランティア活動をした経験がある。毎年この時期に合わせて地元の英語教師や、翻訳家などの有志が中心になってボランティアチームを結成

第 I 章　すべてはここから始まった

し、英字新聞 *Peace from Nagasaki* [*2] を発行して被爆の実態・被爆者の悲惨、かつ苦悩に満ちた人生、核兵器の非人道性と核廃絶を訴える市民の声を発信した。

　また長崎市長を始め、平和推進協議会の指導者や海外からのイベント参加者の通訳をしたこともある。長崎の一市民として、また英語を生業とする者としてお世話になった長崎へのささやかな恩返しの気持ちからであった。

　長崎に住んだ8年間、地元の人々はよそから来た者に対しても友好的で、温かく接してくれた。多くのすばらしい同僚、研究仲間、友人、教え子にも恵まれた。この街は今でも私の心に特別な位置を占めている。終生忘れることはないだろう。

　長崎を離れてからはK氏一家とはお互い職場も住まいも別々になったが交流は生涯絶えることはなかった。人を愛し、人に慕われたK先生は先年、家族や多くの人々に深く敬愛されつつ病気で昇天された。見事な信仰者としての生涯だった。先生には長きにわたって言い尽くせないほど多くを学び、啓発された。筆者の大恩人の一人である。

　その後、東京へ移り住み、**東京家政大学**と**駿河台大学**で合わせて17年間、教育と研究を続けた。東京でもよき友人、すぐれた研究仲間に恵まれ、先達の先生方から薫陶を受けた。また勤めたそれぞれの大学では素晴らしい教え子たちとの出会いがあった。筆者の教師・研究者人生を真に豊かにしてくれた、かけがえのない内なる財産となっている。そしてキャリアの最終章は故郷の**国立大学法人琉球大学**で10年間奉職し、2012年春定年を迎え、再び東京に戻り今日に至っている。

　この間、国内外での学会活動にも積極的に関わってきた。数度にわたる在外研修や幾多の国際学会への参加の恩恵にも浴した。若い日に異質の世界に触れて視野が広がったこと、異文化と向き合う基本的な姿勢が培われたことは私にとって知的、精神的な基盤となっている。これらの出逢いと経験のすべてが私の教育・思想・価値観の核心となり、ライフ

[*2]：現在は発行されていない。

ワークとなる**文化言語学**へとつながったことは疑う余地がない。

⑤ 文化言語学事始め

　米国の大学院では「**第２言語としての英語教育**」(Teaching English as a Second Language 略称 TESL) を専攻したことは先に述べた。当時の最先端の理論と実践経験を引っ提げて、意気揚々と凱旋帰国したつもりだった。最初に教えたいくつかの大学で、早速アメリカ仕込みの理論に基づいて指導を始めたが、どうもしっくりしない。その違和感の原因はすぐに分かった。アメリカで学んだ「**第２言語としての英語教育**」は、アメリカへの移民や、就職、留学などを目的にした人々のための英語教育である。早い話が、英語を母語、ないしは公用語とする国に適応させるための英語教育なのだ。したがって、日本で、日本人に英語を教えることとは目的も教授法も全く違って当然だ。発想形式も表現形式も行動様式も英語文化圏の人々とは根本的に異なる日本人学習者には、文化の違いを前提にした指導でなければいけない。日本人には **TESL** ではなく、「**外国語としての英語教育**」(Teaching English as a Foreign Language 略称 TEFL) でなければならないということを痛感した。言語と文化を不離一体とする英語教育でなければ、TESL をそのまま持ち帰って適用してもうまく行くわけはないという結論に至った次第である。**グローバル化**（globalization）が進んだ今では、**TESL** と **TEFL** との線引きは必ずしも明確ではなくなりつつあるが、当時のわが国の英語教育界では、そのような視点はまだ一般的ではなかった。それからは、異文化と英語教育を融合する視点から研究をし、次々に論文を発表した。

　このような大きな気づきを得て、新米大学教師としての第一歩を踏み出したのである。また、英語教育と並行して**ことばと文化の関係**全般にも深い関心を寄せるようになった。英語研究では**音声学**から始まり、**形態論、意味論、語用論、統語論（文法学）、英語教育学、社会言語学、異文化コミュニケーション学**等々を一通りかじった。これらの研究はすべて私の教育と研究の血肉となっている。かくして紆余曲折を経て、

第Ⅰ章　すべてはここから始まった

知的関心の対象として最終的に辿りついた領域が**文化言語学（cultural linguistics）**である。

　そこで、まず**文化言語学**とはいかなる研究領域かということについて、筆者なりの捉え方を簡単に述べておきたい。それは**ことば**が私たちの**物の見方（mindset）**や**知の地平（intellectual horizon）**にどう関わり、**文化の形成、継承、発展**にどのような役割を果たしているか、いわば**ことばと文化を表裏一体の関係として捉えて観察し、分析し、統合する試み**である。ことばがなければ文化は生まれない。極言すれば、**ことばこそが人間の最も本質的な特性である**という視座から、ことばと向き合う研究であるというふうに概念規定しておく。

　しかし、ことばと文化を多面的に観察、考察していくうちに、その奥行きの底知れぬ深さ、気の遠くなるような間口の広さを嫌というほど思い知らされることとなった。本書をまとめようと思いたったとき、長い歳月にわたる研究成果を一冊の本に集大成するのは生易しいことではないことを痛感した。研究資料は山のように積もっていく。膨大な資料を読み込むほどに、それを消化して、体系的にまとめることがいかに至難な挑戦であるかをひしひしと感じるようになった。いっそ断念しようかとも思った。しかし、壮大な**「ことばの宇宙」**の一端に触れ、その魅力の虜になった**「ことばオタク」**の観察ノートが広くことばに関心のある人々にとって幾分なりとも参考になればと気を取り直して、蛮勇をふるう決意をした次第である。

　ことばの世界は不思議に満ちている。ことばはどこからやって来たのか（言語の起源）はいまだにベールに包まれている。しかし、言えることは、ことばは人間をより深く理解する手立てであるだけではなく、未知の世界を開く扉であり、そこに至る架け橋にもなるということだ。また、ことばには様々な色合い、香り、音色、味わい、手触りが備わっている。それらを存分に楽しんでいただくために読者諸賢のツアーガイド役として未熟ながら**「ことばのワンダーランド」**への旅にご案内しよう。

第Ⅱ章　ことばのワンダーランド

「言語」と「ことば」は似て非なるもの

　一般に「言語」と「ことば」は、同義語としてゆるやかに使われている。普段は、ほとんど意識されることもなく混用されているが、これは重大な事実誤認である。その根本的な違いを正しく捉えることが必要だ。ではどこが違うのか。**「言語」は「ことば」を成り立たせている法則（文法＝ことばの知識体系）を指している。それに対して「ことば」は私たちが日常使っている現実のコミュニケーションの手段である「話しことば」であり「書きことば」である。**ソシュールは前者を **langue**（人間の言語活動の基礎にある一般的な言語能力・脳に中枢があると考えられる「記号の体系」としての言語・ある言語社会の成員が共有する音声・語彙・文法等の規則の総体）、後者を **parole**（langue が具体的に個人によって使用された実体・ラングの規則と条件に従ってその意志を表現するために行う具体的な発話行為）と呼んだ。**N. チョムスキー（N. Chomsky）** が提示した**言語能力（linguistic competence）** と**言語運用（linguistic performance）** はこれに対応する概念である。

　これらのそれぞれの関係は身近な**アナロジー（類似概念）** で説明したほうが分かりやすいかもしれない。人間で言えば**「頭脳」と「身体」**、あるいは**「思考」と「行為（運動・行動）」**、音楽における**「楽曲」と「演奏」**、コンピュータでいう**「ソフトウェア」と「ハードウェア」** といったそれぞれの関係と相似している。これらの関係に通底しているのは前者が後者の成立に絶対不可欠の条件となっていることだ。言い換えれば前者は抽象概念であり、それが具体的・具象的に表出したものが後者ということになる。「言語」と「ことば」の違いは以下のような身近な使い分けの例を挙げれば極めて明白であろう。

　　［注］下線部は非標準的な言い方を示す。

　話しことばとは言うが話し<u>言語</u>とは言わない。おことばを返しても<u>言</u>

語を返す人はいない。丁寧なことばづかいはしても丁寧な言語づかいとは言わない。「男ことば」と「女ことば」はあっても「男言語」とか「女言語」なるものは存在しない。このように両者の使い分けは明白である。

　従って、本書で主として扱っている対象は「言葉・ことば・コトバ・言語・言」のいずれでもなく基本的に「ことば」である。すなわち、日常使用しているコミュニケーションの媒体を指す場合はすべて「ことば」と表記することにする。

1　ことばの獲得

(1) ヒトは語る動物である

　ヒトと他の動物との違いはこれまでいろいろ指摘されてきた。例えば、人間だけが①直立二足歩行する、②ことばを使う、③道具を作って使う、④火を使う、⑤衣服を作り、それを着る、⑥理性を備えている、⑦死の概念をもっている、⑧笑う、⑨芸術を創造する、⑩環境を変えることができる、等々である。

　その中で最も根源的、かつ決定的な違いは**「ヒトだけがことばを使ってコミュニケーションができる」**という点ではないだろうか。つまり「ヒトはことばを話す動物」(Man is a talking animal) であるということだ。この先天的な言語能力こそが人間の究極の特質と言っても過言ではない。

　しかし、私たちはこの事実を極めて当然のこととして受け止めて、何の疑問も抱いていない。空気のように意識すらせずに、朝目が覚めてから夜寝るまで膨大な量の「ことば」を使って生活を営んでいる。しかし、一歩立ち止まって考えてみよう。「ことば」は「命」、「心」、「時間」、「空間」などと同じように確かに存在するがその実態がなかなか掴めないとても不思議なものだ。

(2) もしことばがこの世になかったら

　ことばのない世界を想像してみたことがあるだろうか。ある朝、目が覚めたらことばがまったく聞こえてこない。自分もことばが口から出てこない。耳に入ってくるのは犬や猫、鳥や虫の鳴き声、風や雨や雷の音、川のせせらぎだけだ。周りの人間には名前もない、物にも名称がない、街を歩いても看板も見当たらない、数字もない、音楽も聞こえてこない、欲求や感情、考えをお互いに伝えあうこともできないとしたらどうだろうか。たちまち脳は混乱し、パニックになるだろう。世界はカオスに陥ることは想像に難くない。そうなると私たちが当然のように享受している文化も文明も存在しえない。ことばがなければ人類はおそらく生存競争を勝ち抜いて、生き延びることすら出来なかったであろう。万一生存できたとしてもその歴史は全く異なるものとなったであろうと想像する。

　ことばは空気のようなものだ。あって当たり前だと思っているが、なくなると直ちに深刻な事態になる。人間は何らかの原因で言語習得ができない、あるいは中途で言語機能を失うこともある。そういう場合にあらためてその有難さが分かる。

(3) ことば習得の絶対条件

　しかし、まことに幸いなことに、私たち人間だけはことばを獲得した。どこで生まれ育っても、どの民族や文化に属していても誰にでもことばを身につける能力が先天的に備わっている。ただし、ことばの習得と運用能力の維持には次の二つの条件が絶対に必要である。

　一つは、生後ある一定の期間持続的に言語刺激を受ける環境に身を置くことである。それを欠くと正常な言語習得はできない。新生児は親や周りの人から絶えず話しかけられると左脳にある言語習得装置にスイッチが入る。そして、ある時期までにその言語の法則（文法）を発見し、無意識に、かつ自由自在に話せるようになる。

　もう一つは、脳内の言語中枢が健全に機能していることだ。何らかの原因でこの機能に障害が起きると言語運用が困難になる。次の二つの場

合がそれに該当する。①母語習得の臨界期に何らかの原因で言語刺激を受ける機会を失い、左脳の言語習得装置が作動せず、言語習得ができなかった場合（例えば、言語習得の臨界期に野生動物に育てられたとか、人間のコミュニティーから隔離され、言語刺激が受けられないような場合）、②外からの物理的衝撃や脳梗塞などの疾病によって言語中枢が損傷を受け、言語障害を負った場合、等がそれに当たる。

⑷ 文法って何？

　まず先天的な言語習得能力ということについて大まかに触れる必要がある。先にも少し触れたが、人間の赤ちゃんはオギャーと生まれ落ちた瞬間から周りの人々（親や兄弟姉妹など）から様々な言語刺激を受ける。そして、来る日も来る日も誰かに話しかけられて、そのことばにひたすら耳を傾けている。しばらくは表だった反応を示すことはない。しかし、ある時期までに左脳にある**言語習得装置（language acquisition device）**というフィルターを通して話しかけられることば（言語材料）の中からある一定のルールを自ら発見する。そしてその一つ一つのことばに少しずつ反応するようになる。さらに刺激を受け続けていくうちにそのルールに基づいて、話しかけられた「言の葉」に的確に反応（発話）できるようになっていく。この自分で発見したルールが**文法**と呼ばれるものである。文法の本質は学校や教科書で学習して覚えるものではない。このルールによって無意識に身についたことばを「**母語**」という。

⑸ 文法は不要か？

　いつの時代にも「日本の英語教育は役に立たない文法ではなく、もっと実践的なコミュニケーションスキルを指導して欲しい。中学校から高等学校まで6年も英語を学習しているのにちっとも話せるようにならない、云々」と不平、不満、批判の声が後を絶たない。

　しかし、これは全くのお門違いというものである。母語とは異なり、異言語習得の場合は文法が身についていない状態から出発する。従っ

て、意識的に文法をしっかりマスターし、同時に音声パターン、語彙力、表現力という土台ができていないと筋道の通った内容のあるコミュニケーションは叶わない。何よりも英語の授業時間の絶対量が全く不十分である。したがって**6年も**ではなくて、**たった6年くらいでは**文法はそう簡単に身につくものでもない。文法がしっかり定着していなければ、いつまでたっても片言英語（broken English）、あるいは非標準英語（substandard English）の域を脱することはできない。

　日本家屋を建てるときのことを想い出してみよう。家屋全体の構造を設計し、地下深くに堅固な土台を据え、その上に支柱を打ち立て、支柱と支柱を梁でしっかり固定する必要がある。その上で部屋を造り、屋根を葺き、瓦を載せるという段階を踏まなければならない。この過程を疎かにして、基礎をしっかり築かず、支柱も建てずにいきなり部屋、廊下、風呂場などをばらばらに造ったら到底家屋として耐えられるものではない。言語能力も全く同じで、その基礎に相当するのがしっかりした文法力である。

　ただし、文法の基礎をすべてマスターしてから実践練習をするということではなく、基礎文法のレベルに応じた応用練習を並行して行うのが大原則である。筆者が大学時代に生きた英語の一端をしっかり掴むことができたのも文法がある程度定着していたからに他ならない。

　その上で段階的に英語の論理構造をマスターし、**社会言語学的方略（socio-linguistic strategy）** と異文化対応能力（**cross-cultural literacy**）を身につけ、徹底的な実戦練習を積むことである。そうすればいつか必ず異言語はマスターできる。これは筆者自身の実体験に基づいた確信だ。

(6)「外国語」という呼び方は間違いである

　「英語は外国語であって外国語ではない」 というと謎々みたいに聞こえるかもしれない。その意味はこうだ。「外国語」は文字通り外国の言語（languages spoken in foreign countries）という意味であるがこの呼び方は厳密に言えば正確さを欠いている。英語が外国（例：アメリカ、英国など）で使われているという意味では確かに「外国語」である。とこ

第Ⅱ章　ことばのワンダーランド

ろが状況次第ではこの呼び方に不都合なことが生じる。なぜなら、英語は複数の「外国」で話されている言語であるからだ。アメリカではアメリカ語、英国ではイギリス語、カナダではカナダ語、オーストラリアではオーストラリア語、ニュージーランドではニュージーランド語が話されていることになる。したがって英語は「外国語」ではなく「異言語」（場合によっては第一言語、第二言語等）と呼んだ方が理に適っている。「日本語」の場合は母語としては日本だけでしか使われていないのでこういう矛盾は起こらない。つまり、国と母国語の関係が一対一の対応をしているからである。このような理由から本書ではあえて、一般的に「外国語」と呼んでいるものを非母語という意味で**「異言語」(foreign language / non-native language)** という呼び方に統一することにした。

(7) 母語と異言語 —— 習得の基本的な違い

　母語（mother tongue / native language）とは幼児期に親、兄弟など周りの人の話を聞いて自然に習い覚えた最初の言語のことを言う。

　母語には次のようないくつかのとても不思議な特徴がある。①初めて聞く発話文でも特別な努力や意識をせずに瞬時に意味を理解し、それに適切、かつ臨機応変に反応できる、②ほぼ無限に近い語、句、文構造を組み合わせて自由自在に自分の意思を表現できる、③言い間違いに即座に気づき、自己修正することができる、などである。これが異言語の習得過程と言語運用能力の到達レベルにおける決定的な違いだ。

　こうした事実は **N. チョムスキー（N. Chomsky）** を中心として発展した**生成文法理論**によって明らかになったことである。異言語の場合は、（多言語の環境で生まれ育った場合を除いて）言語習得の臨界期（大まかに言って生後3～6歳頃）までに習得するのに必要十分な言語刺激を受ける機会はない。

　それでは、言語習得の臨界期を過ぎるとなぜ母語のように異言語を自然に習得することが困難、または限定的になるのだろうか。これに関してはまだ科学的に解明されていないが、いくつかの仮説がある。

　その一つは**「化石化説」**である。早い時期から学習を始めないとある

特定の文法項目の習得が困難になるという調査結果があるという。例えば、冠詞（a / an / the）の使い方、名詞の単数形・複数形を正確に使い分ける能力、動詞の過去形など時制を正確に使う力などが、これに当たる。こうした特定の文法の項目で母語話者（native speaker）のレベルに到達せず、停滞したままの状態になってしまうことを**「化石化」（fossilization）**と呼んでいる（**三幣真理『バイリンガルは5歳までにつくられる』**2016）。

　二つ目の仮説は出生から思春期までの間に脳機能の**「左右分化」（lateralization）**が起こることで臨界期が生じるというものである。米国の神経言語学者**レネバーグ（E. Lenneberg）**は *Biological Foundations of Language* の中で、言語の習得は脳の成熟、つまり、脳の**一側化（lateralization）**と関連しているとする。即ち、子どもの脳は生まれた時は未分化で、柔軟であり、年齢が進むにつれて、両半球（左半球と右半球）の機能が分化し、思春期に完了する。自然な言語習得能力は脳の一側化が終わると失われ、思春期頃までは異言語に接するだけで自然と習得されるが、それ以後は意識的な努力が必要になる、としている（**Lenneberg, 1967**）。

　もう一つは記憶容量（memory capacity）限界説である。**レイ・カーツワイル（Ray Kurzweil）**によれば、生後3～5歳頃までの幼児は記憶容量が大きく、記憶力は使いたい放題であるが、脳も体も発達し、成長するにともない、生存するために多くのことを学習し、記憶しなければならなくなる。すると記憶容量が徐々に異言語習得にまで手が回らなくなるとする考え方だ[*1]。

　上に挙げたこれらの仮説が複合的に第2言語習得臨界期の原因になっている可能性もある。何れにせよ科学的に妥当であるか否かは今後の脳科学の研究成果を待つしかなさそうだ

　A LITTLE BOOK OF LANGUAGE（D. クリスタル　2010　p. 79）によ

[*1]：これは筆者が偶々視聴したNHKのテレビ番組での**レイ・カーツワイル**の言説である。

れば、世界人口の4分の3は2言語話者（bilingual）、3言語話者（trilingual）、または多言語話者（multilingual / polyglot）であるという。日本のように単一言語社会はむしろ少数派であり、**多言語国家（multilingual country / polyglot nation）**や**複言語社会（plurilingual society）**のほうが圧倒的に多いのである。世界には複数の母語を持つ人はざらにいる。特に言語的に近いことば（イタリア語、スペイン語、ポルトガル語など）同士は習得しやすいということも大きな要素であると言える。

　米国留学中に同じ寮に住んでいたブラジル人とイタリア人の学生同士が自分の母語（ポルトガル語とイタリア語）で口喧嘩していたが、完璧に通じていたのが筆者にはとても興味深く、印象的だった。

　また、多言語環境で育った**複数言語話者（multilingual / polyglot）**の元同僚の例も忘れられない。**長崎外国語短期大学（現長崎外国語大学）**に勤めていた時に親しくしていたフランス語教師がいた。彼女は父親がギリシャ人、母親はイタリア人で、本人はスイスで生まれて幼少期を過ごし、中学校から高等学校までは英国で暮らし、大学教育はフランスで受けたという経歴の持ち主だった。つまり、彼女はギリシャ語、イタリア語、フランス語、英語、それに日本語を加えると5言語話者であった。彼女のように多言語の環境で生まれ育った人は特に珍しいことではないのである。

　D. クリスタルの *Language Play* によれば、1900年代の初めに *The Times* の記者をしていた Harold Williams という男性は58種類の言語を自由に操れたということが1997年度版のギネスブックに記載されていると報告している。また、ドイツの言語哲学者として著名な**ヴィルヘルム・フォン・フンボルト（Wilhelm von Humboldt）**も二十数種類の言語を使いこなしたとされている（亀山健吉『フンボルト』1978）。

(8) 母語と母国語は同じにあらず

　この両語はよく混同されがちだが、その違いもこの際に明確に知っておきたい。上述したように、**「母語」（mother tongue / native language）**は言語習得臨界期に、成育環境の中で自然に身につけた第一言語であ

る。

　一方、「**母国語**」（language of one's native country）は、その人が**国籍**を持つ国で、「国語」、または「公用語」とされている言語のことである。

　例えば、日本国籍を持つあなたが訳あってアメリカで生まれ育ったとしよう。母語と同じような日本語習得の環境に置かれない限り、まず、間違いなく英語があなたの母語になるだろう。しかし、たとえ日本語が一言も話せなくても、国籍（母国）は日本であるから、あなたの**母国語は日本語**ということになる。逆に外国籍の人が日本で生まれ育って、自然に覚えた場合、**日本語**はその人にとって**母語**であって、**母国語**ではない。このように母語と母国語が一致しない事例はいくらでもある。

⑼　公用語

　ついでに**公用語**（**official language**）についても簡単に触れておく。

　世界には多言語・多民族・多文化国家が多く存在する。こういう複合国家では国民を束ねるために、共通言語が必要なことから、司法、立法、行政、教育、メディアなどの公共の場で用いることを国が制定した言語が公用語である。シンガポールがよく知られた例だ。この国ではマレー語を始め、英語、中国語、タミル語が公用語として定められている。公共の場では公用語（圧倒的に英語）、家族や地域社会ではそれぞれの民族語というふうに使い分けている。

　わが国は多言語国家ではないので公用語という制度は現時点ではない。「国語」といえば即「母国語」というように考えがちなのはここから来るものである。

⑽　「国語」と「日本語」はここが違う（日本語のグローバル化）

　「国語と日本語はどう違うの？」このような質問を読者諸賢は受けたことがあるだろうか。両者の使い分けについてはあまり一般に浸透していないようである。ことばを生業にしている人でさえ混用していることが多い。どうでもよさそうに見えるかもしれないが、その違いの意味する

第Ⅱ章　ことばのワンダーランド

ところは決して小さくない。以下の例語を用いてそれぞれのニュアンスの違いに注目していただきたい。

「国語」　vs.「日本語」
「国語学」vs.「日本語学」
「国文学」vs.「日本文学」

　もうお気づきだと思うが、いずれの組み合わせにおいても前者では「国」、後者では「日本」がキーワードである。「国語」は日本国の言語（国家言語）、または日本国民が古来より話している言語、「国語学」は「日本の国家言語を研究する学問（言語学）」、「国文学」は日本国、または日本国民によってなされる文学であると言い換えれば分かりやすい。これらの呼称には「日本国」または「日本国民」占有の分野であって、「外からの視点」（外国・外国人）は最初から排除されている。「国」がつくと、どうしても国家主義的、民族主義的、あるいはもっと悪くすると排外主義的、国粋主義的な印象を払しょくすることができない。
　　＊かつては日本の歴史を「国史」と呼んでいたが現在は「日本史」と言い換えている。
　これに対して、後者にはグローバルな視点が入っている。つまり、「日本語」、「日本語学」、「日本文学」は日本という国家、日本人という民族の枠を超えた言語、言語学、文学であり、両者には視座の違いが明白に認められる。日本語、日本語学、日本文学はもはや日本人だけの占有物ではなくなったことを物語っている。
　近年「第2言語としての日本語」（Japanese as a Second Language）を教える日本人、外国人教師も増え、国内外で日本語の教授法の研究・実践も盛んになってきた。また、言語学としての日本語学に従事する外国人研究者や、極めて高度な日本語能力を備えた日本文学研究者・翻訳家や、母語話者に引けを取らない、否、それ以上の見事な日本語で文学作品を発表する外国人作家も出てきた。
　このような現実をみれば、the Japanese language ［linguistics / literature］

37

は日本人、日本国という枠をすでに超えてグローバル化していることが分かる。この流れを受けて、大学では科目名の「国語学」を「日本語学」へ、学科名の「国文学科」を「日本文学科」へと改称する傾向にある。しかし、小学校、中学校、高等学校では依然として「国語」という教科名が健在なようだ。外国籍を持つ生徒も増えている昨今、そろそろ「日本語」に統一してもよいのではないだろうか。ちなみに「国語」は英語では Japanese ［the Japanese language］であって the national language of Japan とは言わない。同様に、「国文学」は Japanese literature であり the national literature of Japan とはならない。アメリカ文学は American literature、英国（イギリス）文学は British ［English］ literature であり、the national literature of America ［the United States］、the national literature of Britain ［England］ などとは言わない。

⑾ ことばは決して乱れない

いつの時代にも「ことばの乱れ」にまつわる嘆き節を耳にする。とりわけその批判の矛先は若者ことばに向けられることが多い。新聞の読者欄には「今どきの若者の日本語は乱れている」とか「まるで宇宙人のようで意思疎通が不能だ」といった義憤とも絶望ともつかない意見が散見される。今からおよそ1千年も昔の清少納言の作とされる『枕草子』にも、若者のことばの乱れを嘆く一節があるという。もっと歴史を遡るとギリシャ時代やさらに古代エジプト時代の遺跡からも同様の「今どきの若者のことばはなっておらん」という趣旨の記録が見つかったと言う。思わず苦笑を禁じ得ないが「ことばの乱れ」は何も今に始まったことではなさそうだ。

若者ことばは時代の流行、感性の変化の産物である。若者同士がある種の空気感を共有したい心理から生まれる特有の一過性のファッションに過ぎない。したがって目くじら立てるほどのことではなく、**「ことばの乱れ」**云々するのは杞憂である。

しかし、「ことばが乱れる」とはそもそもどういうことだろうか。本当にことば自体が乱れることがあるだろうか。結論から言えば答えは明

確に「否」である。なぜか。先に文法の本質について触れたが、ことばを成立させているのは文法である。

文法の一例として日本語の語順を見てみよう。以下の原文の語順は非常に柔軟性に富んでおり、意味を変えずに幾通りにも言い換えることができる。①〜⑰の各文を見てみよう。

> 原文　私は昨日友だちと渋谷でショッピングを楽しんだ。

①私は友だちと昨日渋谷でショッピングを楽しんだ。
②私は友だちと渋谷で昨日ショッピングを楽しんだ。
③私は渋谷で昨日友だちとショッピングを楽しんだ。
④私は昨日渋谷で友だちとショッピングを楽しんだ。
⑤昨日私は友だちと渋谷でショッピングを楽しんだ。
⑥昨日友だちと私は渋谷でショッピングを楽しんだ。
⑦昨日渋谷で友だちと私はショッピングを楽しんだ。
⑧昨日友だちと渋谷で私はショッピングを楽しんだ。
⑨渋谷で私は昨日友だちとショッピングを楽しんだ。
⑩渋谷で昨日私は友だちとショッピングを楽しんだ。
⑪渋谷で友だちと私は昨日ショッピングを楽しんだ。
⑫渋谷で私は友だちと昨日ショッピングを楽しんだ。
⑬友だちと私は昨日渋谷でショッピングを楽しんだ。
⑭友だちと昨日私は渋谷でショッピングを楽しんだ。
⑮友だちと渋谷で私は昨日ショッピングを楽しんだ。
⑯友だちと私は渋谷で昨日ショッピングを楽しんだ。
⑰私は渋谷で友だちと昨日ショッピングを楽しんだ。
　　以下省略

原文のメッセージの中心は「ショッピングを楽しんだ」という述部である。そこを基軸にして、「誰が（主語）」、「いつ（時制）」、「どこで（場所）」、「誰と」という情報が付加されている。

上の例文の語順はすべて異なるが、基本ルール（文法）に適っているのでメッセージの内容はほぼ同じであり、理解を妨げることはない。
　では「ことばが乱れる」とはどういうことであろうか。それは文法のルールから大きく逸脱した場合である。母語話者は無意識にこのルール（文法）にしたがって発話している。しかしこのルールを破った場合には**「乱れたことば」**になる。例えば以下の語順はどうであろうか。

　　❶楽しんだ私はショッピングを渋谷で昨日友だちと。
　　❷ショッピングを渋谷で友だちと楽しんだ私は昨日。
　　❸楽しんだ友だちと昨日渋谷で私はショッピングを。
　　❹渋谷で私は楽しんだ友だちとショッピングを昨日。
　　❺ショッピングを友だちと昨日楽しんだ渋谷で私は。
　　以下省略

　こうなるとメッセージは円滑に伝わらない。これらはすべて日本語の文法から外れているからである。日本語の母語話者がこのような非文法的文を発話することはまず考えられない。万が一あるとすれば、これがまさしく**「ことばの乱れ」**である。脳の器質や機能に何らかの異常や障害がある場合に見られる症状がこれに近い。
　翻って「最近の若者のことばが乱れている」という場合の「乱れ」と呼ばれているのはごく表面的なレベルの問題に過ぎない。例えば、「て-に-を-は」の使い方に正確さを欠いたり、従来の表現に新しい意味を独自に与えたり、同世代や内輪（in-group）にしか通じないことばを「創造」したり、表現の一部を省略したり、語彙力や表現力が乏しいといった次元の問題に過ぎない。
　表現力の豊かさや乏しさは思考活動と関係があると見られる。若者の間で普及している**ソーシャル・ネットワーキング・サービス（SNS）**では迅速なメッセージの交換を旨とする。したがって、やり取りは短文、省略文、独特の記号や絵文字を使う傾向が強い。伝統的な手紙やはがきのように一定の形式を踏んで、込み入った話、深い内容を筋道立てて

伝えることは滅多にない。より簡潔に、手っ取り早く相手に伝えることが求められている。こうした極端なことばの省力化が語彙や表現力の貧しさにつながり、それが思考活動の低下の一因になったと見るべきだろう。したがって「ことばが乱れている」のではなく、**規範文法（prescriptive grammar）から少々ずれたことばを使っている**、あるいは、**記述文法（descriptive grammar）に沿ってことばを使っている**というべきだろう。記述文法に沿った表現が人々に広く浸透すれば、それがいずれは規範文法に格上げされて、市民権を獲得していく。ことばは常に変化しているのである。再三言うが、ことばはあくまでも文法によって成り立っている。したがって**ことば自体が乱れることは決してない。乱れているのは使い手の方である**。濡れ衣を着せられたことばの名誉のために、ここでしかと指摘しておきたい。

2　ことばの働き

① 分ける働き（分析機能）

➤ **「分かる」ということ**

　わたしたちはどこまでも切れ目のない現実世界に生きている。時間も空間も無限の連続体であるこの世界はことばという記号（symbol）で切り取ることによってしか認識することができない。身近な例で示そう。この地球という星には2018年現在75億人近い人間が住んでいる。わたしたちはそのうちの何人を知っているだろうか。

　山田一郎という人物がいるとしよう。彼を「知っている」と言える必要最低条件は何だろうか。それは「山田」という苗字と「一郎」という名前である。そして、彼のさまざまな属性（性別・年齢・住所、出身地、成育歴、電話番号、メールアドレス、出自・家庭環境・性格・配偶者の有無・学歴・職業・能力・資格・趣味など）が明らかになればなるほど彼のことをよりよく「知る」ことになる。たとえ同姓同名の人物がいたとしてもあなたが思い描いている「山田一郎」は75億人の中の特

定された唯一無二の「山田一郎」として他から分けられる。そうなったときに初めて彼の顔や姿形や笑顔が実体として立ち現れる。そしてはっきりした形となってあなたの内面で位置を占めることになる。よくも悪くもそこから何らかの人間関係が生まれる。したがって氏名は私たちにとって最も基本的、かつ最低限の実存の証しの手立てであると言えよう。また「山田一郎」という氏名（シンボル）は彼にとって自己のアイデンティティーを確立するための最低、かつ絶対必要条件でもある。

逆に言えばある人が顔見知りではあるが氏名さえ知らなければ、その人はあなたにとって物理（身体）的以上の存在ではない。その人はあなたの中には存在しないも同然だ。このように「知る」手段はほぼすべて「ことば」に依存している。これが「分ける」ことによって「分かる」ということばの最も本質的な働きだ。このことは世界に存在するすべての「モノ」と「コト」を認識するための基本原理である。老子も**「名無きは天地の始め　名有るは万物の母」**（名づけられることで存在が生まれる）と名前の本質を鋭く洞察している。ことばの「分ける働き」（分析機能）とはこのようなことを意味する。

別の面からことばの「切り取る働き」を虹の色合いで例示してみたい。日本語では「七色の虹」というが、色の分け方も言語によって一様ではない。以下（Fig. 2.1）は国（言語）によって色の分け方（グラデーション）の違いを示している。

図は ***Descriptive Linguistics***（**Gleason, 1961**）から引用し、訳語と日本語の色彩配列図は筆者が追加したものである。

同じ虹を見ているのにどうしてこのように違った色合いに見えるのだろうか。それは**それぞれの言語は色を独自のことばで切り分けている**からだ。つまり、このように分けるからそのように見えるのである。

第Ⅱ章　ことばのワンダーランド

日本語

| 紫 | 藍 | 青 | 緑 | 黄 | 橙 | 赤 |

英語

| purple | blue | green | yellow | orange | red |

Shona 語［ローデシアの言語＝ザンビア共和国（北）とジンバブエ共和国（南）］

| cipswuika | citema | cicena | cipswuika |

Bassa 語［リベリアの言語］

| hui（寒色） | ziza（暖色） |

Figure 2.1

ショーナ語では左端と右端は同じ色で、バッサ語に至っては寒色系と暖色系の二つしかない。

　このことは**擬声語**（onomatopea）にも当てはまる。動物の鳴き声がいい例だ。日本語話者の耳には犬は「ワンワン」と聞こえるが、英語話者には'bow wow'と響く。「コケコッコー」は'cock-a dodle-doo'という具合である。ことばが感性にも影響を及ぼしていることが分かる。「所変われば品変わる」と言うが、言語が変われば感じ方も違ってくるのだ。

　繰り返しになるが、人間だけが現実世界を記号（ことば）で切り分けることによって事物を認識し、感知することができる。物事を「分ける」ことによって「分かり」「解り」「判り」「理解し」「認識する」ことになる。また「事」と「言」の意味は同根である。したがって「事を割る」から「事割り」という名詞になり、理（ことわり）という表現が生まれた。「解答」「分解」「分析」「分別」なども類似概念としておなじみのことばだ。「言葉」も「事の端」＝「言の葉」から派生している。「端」は「木っ端微塵」とか「半端」などと使われているように、本質ではなくその一部を表している。したがって「事の端（言の葉）」は事象・事物・事態の一部が言葉ということになる。

　このようにして見ると、ことばはまさに「知の窓」であり「未知の世界を開く扉」である。それを通して視野を広げ、事象を捉える不可欠の

装置として働いている。

② 束ねる働き（抽象機能・統合機能）

　世界には数えられないほど多種多様な「モノ」や「コト」が存在する。「モノ」は「物」「者」「もの」の三通りに分けられる。基本的にそれぞれ「物質」「人間」とそれ以外の「もの」というように使い分けている。「コト」も同様に「事」「言」「こと」に分けられ、それぞれ「事態・事象」「ことば」「こと」を意味する。しかし、「モノ」と「コト」は単純明快に線引きすることはできない。例えば、「健康という**もの**は失って初めて有難さが分かる」のように「物」ではない対象にも使える。一方で、「健康は幸せな人生にとって不可欠な**こと**だ」のようにも言える。また、人間について言及する際に「太郎は心身ともに健康な若<u>者</u>だ」というが「彼は大<u>物</u>政治家だ」のようにも言う。他にも悪<u>者</u>、研究<u>者</u>や人<u>物</u>、傑<u>物</u>のような例が示すように「物」と「者」は単純に線引きできないことが分かる。

　ところがこの世界に存在する様々な「モノ」や「コト」を切り分けて認識するだけがことばの役割ではない。無数のモノやコトを一括して把握する必要もある。それが統合または抽象という、ことばの「束ねる働き」である。

　野菜を例にとってみよう。それぞれ形状、大きさ、色、味、香り、栄養分、料理法、生産地など千差万別だ。例えば、「会社の帰りにスーパーに寄って野菜を買ってきた」と言う。その際、「会社の帰りにスーパーに寄ってダイコン、ニンジン、ゴボウ、キャベツ、レタス、タマネギ、ピーマン、ゴーヤーを買ってきた」と言う人はまずいないだろう。種類を明示する必要がある場合は別として、一々個別的に言及したら日が暮れてしまう。あまりにも効率が悪すぎる。したがって、ある共通する特性を持った植物を「ヤサイ」と一括（抽象）することによって瞬時に、かつ効率的に表現し、伝えることができる。これがことばの「まとめる働き」（抽象機能）だ。以下の図（Fig. 2.2）は「抽象機能」の説明

第Ⅱ章　ことばのワンダーランド

例である。

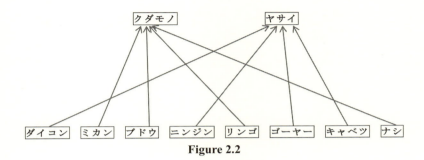
Figure 2.2

　上図で矢印（→）はある共通性を基にして一つのグループにまとめる「抽象機能」を示している。ダイコンやミカンは現実に存在する植物名であるから「具象名詞」である。しかし、矢印で抽象された「ヤサイ」と「クダモノ」は現実には存在しない。したがって、これらは抽象された名詞だから**抽象名詞**と呼ばれる。

　この抽象（統合）機能はすべての名詞に適用される極めて重要なことばの働きである。またこのような具体（具象）から抽象への分類法はあらゆる学問・研究における基礎であり、**抽象の梯子**と言う。

③ 創る働き（創造機能）

(1) ことばは現実を変える

　ことばは現実を変える力を持っている。**ポリティカル・コレクトネス（political correctness）** を例に挙げて、現実がことばの力によってどのように変化していくかを見てみよう。***Oxford Dictionary of English*** の定義によれば"Political correctness is the avoidance of forms of expression or action that are perceived to exclude, marginalize, or insult groups of people who are socially disadvantaged or discriminated against."「ポリティカル・コレクトネスとは社会的に不利な立場にある、もしくは差別されている人々の集団を排除、無視、あるいは侮辱していると受け取られる表現形態や行

為を回避すること」としている。具体的に言えば、人種、民族、出自、性別、性的志向、国籍、宗教、年齢、能力、身体の障害や特徴などへの配慮と寛容さを示す姿勢を意味する。また **politically correct language** という場合は差別表現、または差別を助長する表現を非差別的、中立的な表現に置き換えられた表現を指す。

　差別は内面の問題であり、差別表現（ことば）の言い換えや、使用の禁止を啓蒙するだけでは差別そのものはなくならないという考え方がある。その一方で、それぞれの**言語共同体（speech community）**において差別言語撤廃運動が**フェミニズム（feminism）**の一環として先進国の間で展開されている。非差別表現の規範・基準を提示し、言い換え表現を創案してその使用を促進しようとするものである。同時に差別表現をする側には社会的・心理的圧力をかけて差別表現が使えない環境を整え、徐々に差別意識を社会から排除していこうとする運動だ。すなわち、差別語を封じることによって、最終的には差別意識そのものを失くすことができるという思想である。

　これは人間の思考の枠組みはその人の使うことばに影響を受けるとする**「言語相対説＝サピア・ウォーフ仮説」（language relativism [relativity] / Sapir-Whorf hypothesis）**に基づいていると考えることができる[*2]。

　以下にことばが現実を変えるいくつかの顕著な具体例を挙げてみよう。以前からあった現象に明確なことば（概念）を与えることによって新しい現実を作り出すことがある。**「セクシャル・ハラスメント＝セクハラ」（sexual harassment）**がそのよい例だ。『広辞苑』によると、セクシャル・ハラスメントとは「性にかかわって人間性を傷つけること。職場や学校などで、相手の意に反して、特に女性を不快・苦痛な状態に追い込み、人間の尊厳を奪う、性的なことばや行為」と定義されている。

[*2]：「言語相対説」とは、その人の話す言語の構造（文法・語彙）が認識・思考に影響を及ぼす、とする仮説である。古くはフンボルトに始まるとされ、後にアメリカの言語学者 **E. サピア**ならびに **B. ウォーフ**によって体系化された。**言語決定論**と**言語相対論**に分かれるが、現在では後者の仮説の方がある程度認められている。紙幅の都合でここでは詳述しない。

このような行為は古今東西にあったし、今も厳然としてある。わが国も無論例外ではない。ただ、これまではこのような被害に遭っても対処する法的手段がなく、泣き寝入りするしかなかっただけだ。しかし、この**「セクシャル・ハラスメント」ということば（概念）**が日本語に入ってきて事態は急速な展開を見せつつある。日本人の思考の枠組みに徐々に根付いてきて、それが許容することのできない重大な人権侵害、尊厳の毀損、反社会的行為として捉えられるようになってきた。その結果、それに対処する法律の制定につながった。

　欧米では企業内のセクハラ訴訟が頻繁に起きるようになり、悪質な場合は雇用側に莫大な損害賠償金が科されることも珍しくなくなった。企業は社会的な制裁を受けるに留まらず、信頼を失墜し、場合によっては経営基盤さえ危うくなることもある。訴えられた個人は雇用側から処分の対象になり、降格、減給、最悪の場合は解雇を含む懲罰を受ける場合もある。さらに、社会的信頼を失って、家族崩壊につながる大きなリスクを負うことになりかねない。言い換えれば、この**新しいことば（概念）**の力によって「セクシャル・ハラスメント」の行為者はそれ相応の法的制裁を受けるようになった。まさしく**「ことばが現実を変えた」**のである。

　ことばの力によって現実が変わる例はこれに止まらない。**パワーハラスメント＝パワハラ (power harassment / harassment by a supervisor / abuse of authority / workplace bullying)** ということばも近年メディアに頻繁に取り上げられるようになった。パワーハラスメントとは「同じ職場で働く者に対して、職務上の地位や人間関係などの職場内の優位性を背景に、業務の適正な範囲を超えて、精神的・身体的苦痛を与える、または職場環境を悪化させる行為」と定義されている（**厚生労働省「職場のいじめ・嫌がらせ問題に関する円卓会議ワーキング・グループ報告」**2012年）。

　2017年頃からアメリカやヨーロッパを中心に過去に受けたセクハラやパワハラに対して声を上げる女性が激増している。わが国にも飛び火する勢いだ。「Me too」(「私も被害を受けた」) と真っ向から「宣戦布

告」する動きが世界中に広がっている。各界の著名人たちが被害者たちから告発され、その闇の部分が次々と暴かれて社会的地位、職業、名誉をはく奪されるケースも増えてきた。

　さらに、**モラルハラスメント＝モラハラ（psychological abuse in the workplace / mental harassment / verbal harassment）**や**マタニティーハラスメント＝マタハラ（pregnancy discrimination）**という新しいことば（概念）も徐々に浸透してきた。前者は「ことばや態度で人格を傷つけるような精神的な嫌がらせを含む行為」であり、後者は「妊娠中や産休後に職場で受ける心無い言葉・行動、解雇や契約打ち切り、自主退職へ誘導するような行為」と定義されている。さらに、自分の一方的な好意や怨恨から相手に執拗に電話したり、メールを送ったり、つきまといなどの迷惑行為を繰り返す**ストーカー行為（stalking）**、配偶者や恋人など親密な関係にある、またはあった者から振るわれる身体的暴力・暴言・経済的制裁・精神的抑圧・性的暴力などを含む**ドメスティック・バイオレンス（domestic violence / intimate partner violence）**などに対応する法制化も進み、該当者は法の裁きを受けるようになった。

　これらはまさにことばが現実を変える力を持つ明白な事例であり、現代社会に確実に影響を及ぼしていることが分かる[*3]。

(2) ことばは新たな現実を創る

　ことばには**現実を創り出す力**も備わっている。ここでは「**プライバシー**」、「**個人主義**」および「**アイデンティティー**」という３つのキーワードを例に、新しいことば（概念）が日本人の思考の枠組みにどのような影響を及ぼしてきたかを検証してみたい。

　まず「**プライバシー**」**（privacy）**である。この語はすでに日本語として定着し、我々のライフスタイル、人間関係、共同体意識にも大きな変

[*3]：上に挙げた「モラルハラスメント（モラハラ）」、「マタニティーハラスメント（マタハラ）」というカタカナ語は標準的な英語表現ではないので注意が必要である。

第Ⅱ章　ことばのワンダーランド

化をもたらしている。

　例えば住居の造りである。大ざっぱに言えば、かつて一般的な日本の家屋には個室というものはなく、家族は大部屋で寝食を共にしていた。大家族でも子どもたちは部屋を共有するのが当たり前だった。部屋には鍵はもちろんなく、障子や襖で仕切られている程度であった。ところが経済が成長し、核家族が進むにつれて**「プライバシー」**という概念が徐々に日本語（人）に定着していくにつれて、夫婦の寝室、子ども部屋、勉強部屋、居間、客間といったように欧米的な個室が現れた。家族団らんの機会も減り、同じ屋根の下で暮らしながら食事もばらばらで**「個食」**という奇妙なことばも現れた。**「個食」**とは家族が団欒することなく、一人で食事をすること、あるいは一人ひとりがばらばらの時間に食事をとることで、これも新しく生まれた現実である。

　家屋構造の変化に伴って、畳の間も激減した。床の間も徐々に姿を消し、「上座」「下座」とか、一家の主たる父親の「指定席」も過去のものになってしまった。父親の権威ももはや古き良き時代のロマンであろうか。家屋が鉄筋コンクリート建てになるとこの傾向にますます拍車がかかった。

　また、かつては近所同士が気軽に行き来していた。裏木戸から出入りして縁側に腰を下ろし、お茶を飲みながらのんびり世間話を楽しんでいた。地方や下町では米や醤油、味噌の貸し借りも日常茶飯事だった。しかし、いつの間にか縁側も姿を消し、隣人同士も改まった用事（正当な理由）がなければ気軽に行き来できなくなった。「茶飲み話」とか「茶飲み友達」ももはや死語になったようである。古き良き時代ははるか昔の思い出になってしまった。

　お互いに干渉しないことが快適であり、礼儀にも適うという価値の転換が次第に起こり、いつしか「ソトの人間」との見えない壁がより高くなってしまった。その結果、近所づきあいもめっきり減り、あるいはうわべだけのものとなり、人間関係も希薄になった。大都市では「向こう三軒両隣」という常識も持ち合わせていない住民も増え、転入や転出の際も挨拶すらしない人も増えた。かくして大都会は「隣は何をする人

ぞ」という寒々とした状況に至っている。

　ただし、このプライバシー意識や新しいライフスタイルには地域差がある。大きな都市ほどその傾向が強く、絆が濃密な地方のコミュニティーにはまだ昔ながらの地縁・共同体意識が根強く残っているところもある。しかし地方も都市化と過疎化が今後も進行すれば徐々に共同体意識も薄れ、それに比例して「プライバシー」意識が強くなっていくと推測される。この傾向は**「個人情報保護法」**が制定されてからさらに加速したように思われる。

　しかし、このような日本人の「プライバシー」の捉え方は本家本元の欧米のprivacyのそれとはかなり乖離していることを指摘しておく必要がある。***Oxford Dictionary of English*** は 'privacy' を① a state in which one is not observed or disturbed by other people.（他人に監視されない、または妨げられていない状態）、② The state of being free from public attention.（世間の関心が向けられていない状態）と定義している。

　このことからも明らかなようにプライバシーとは「他人との関係をおろそかにすること、お互いに無関心でいること」を決して意味しない。欧米での生活を実体験してみると分かる。大都会は別として、ごく一般的な地方ではプライバシーをお互いに尊重しつつも、ごく自然体で近所付き合いをしている。またお互いにお茶、食事、パーティーに招きあって人間関係を維持する努力を惜しまない。また誰かが他所から引っ越して来ると隣人たちが挨拶に来て、お近づきの印に手作りのケーキやクッキーなどをプレゼントする習慣も健在だ。引っ越して来た者が向こう三軒両隣へ名刺代わりに粗品を持って挨拶に行く我が国の慣習とは逆である。

　どういう経緯で日本人はプライバシーをはき違えるようになったのだろうか。この誤認識が結果的に他人には一切干渉しないことをよしとする寒々とした人間関係を都会の住民にもたらしてしまった。とても残念なことである。

　二つ目は**「個人主義」**（individualism）である。この概念も日本人の**物の考え方（mindest）**に少なからぬ影響を与えたと言える。**個人主義**

は「国家・社会の権威に対して個人の意義と価値を重視し、その権利と自由を尊重することを主張する立場や理論で、全体主義・集団主義の対立概念とされる」(『デジタル大辞泉』)平たくいえば、すべての個人はかけがえのない存在であり、その人格は尊重され、存在価値は基本的に全体に優先されなければならないとする考え方と言ってよい。

　ところが折角受け入れたこの優れた概念が**個性(individuality)、独創性(originality)、創造性(creativity)**といった生産的・建設的な知の営みとはなかなか結びつかず、いつしか**利己主義(egoism)**と同一視されてしまった感がある。「個性的」という表現が必ずしもプラスの評価ではなく、「標準から外れた・奇異な」というマイナスのニュアンスがつきまとうのはこうした取り違えによるものと思われる。極めて残念という他ない。

　さらにもう一つの新しいキーワードが「**アイデンティティー**」(identity)である。これも我々の**物の考え方、人生観、価値観、世界観**を変えつつある。**アイデンティティーとは「自己が環境や時間の変化にかかわらず、連続する同一のものであること。主体性」**と定義されている。

　例えば、夫婦は身も心も一体であるとか、子は親の分身などと信じていたかつての家族観は急速に変わってきた。大家族は激減し、核家族が一般的になった。近年は未婚のほか、別居・離婚・死別・子の独立などにより一人で暮らす**「単身世帯」(single-person household)**も珍しくなくなった。

　すべての人間は別々の人格を有し、独立した存在であるとする西洋(ユダヤ・キリスト教)的発想に知らず知らずのうちに近づいてきたのかもしれない。

(3) 新しいことばと日本の近代化

　次に新しく創り出されたことばから受ける計り知れない恩恵に改めて目を向けてみよう。私たちが今日ごく当然のように享受している現代文明はその歴史を辿っていくとすべてことばを媒介にした産物と言っても過言ではない。ほとんどの生活の利器は世界の四大文明(メソポタミア

文明・エジプト文明・インダス文明・黄河文明）にルーツを辿ることができる。

　わが国に限って言えば仏教は梵語（サンスクリット語）、儒教や老荘思想は漢字、近代文明はキリスト教の宣教活動と共に古くはラテン語、それ以降は主としてオランダ語、ポルトガル語、スペイン語、ドイツ語、フランス語、英語などのヨーロッパ諸言語を通して伝来した。

　こうして古今東西の優れた文物を受容して現代文明は飛躍的な発展を遂げてきた。医学や科学技術の進歩で寿命も延び、経済も豊かになり、生活水準も格段に上がった。古今東西の偉大な知的遺産を共有して知の地平を拡げ、豊かな文化を育み、享受するようになった。

　19世紀の開国以来、民主主義（democracy）、哲学（philosophy）、経済（economics）、社会（society）、科学（science）、科学技術（technology）などを始め、幾多の新しいことば（概念）が入ってきた。近年はグローバリズム（globalism）、ボーダレス社会（borderless society）、変革（innovation）、インターネット（Internet）、情報通信技術（information and communications technology）、人工知能（artificial intelligence=AI）、モノのインターネット（Internet of Things=IoT）、シンギュラリティー（singularity＝科学技術の特異点）、再生可能エネルギー（renewable energy）等々、枚挙にいとまがない。このような新しい現実は私たちのライフスタイル、生き方、価値観、人生観、職業形態さえも根底から変える重大、かつ革命的な影響力を持っている。

　これらはすべてことばの力を基本にして成り立っていることを忘れてはならない。

⑷ ことばと虚構の世界

　また、人間はことばを媒体にして想像を膨らませ、実在しない事物や世界も表現することができる。いわゆる虚構の世界（fictional world）や架空の物語（imaginary story）を創り出すことばの機能である。これによって日本人は俳句、川柳、短歌、詩、歌詞、小説を創造し、豊かな言語文化を育んできた。また偉大な文学、哲学、思想、宗教などを発展さ

第Ⅱ章　ことばのワンダーランド

せ、その恩恵に浴してきた。その影響力は筆舌に尽くせぬものがある。
　人生で誰もが経験する喜びや悲しみ、艱難辛苦、試練、避けては通れない生老病死、世の中の不条理、あるいは想像の世界などを練達したことばで紡いだ文学作品は、たとえフィクションであっても、我々を突き動かす力を持つ。時として生き方に重大な影響を与える。ことばが生命を持っているかの如く人の存在のありように迫ってくる。

④ 伝える働き（コミュニケーション機能）

　記号（シンボル）を使って、どこまでも連続する現実世界を切り取って、区別し認識したり、抽象したり、現実を変えたり、新しい現実を作り出したり、存在しない事物を生み出すときは必ず意思の相互伝達作用（コミュニケーション）が起きる。この作用は対人間に限らない。自己の内面でやり取りすることもあれば、電話、メールなどの通信機器を媒介する場合もある。これには**操作機能（manipulation）**も潜んでいるが、これに関しては**第Ⅱ章「7 真理性と反真理性」**の項で扱うことにする。
　一日のうちで最も多いコミュニケーションの相手は自分自身であるという研究結果も報告されている。相手がだれであれ、あるいは思いや感情を声に出すか否かは別にして、人間は片時もことばを媒介してコミュニケーションをせずにはいられない存在である。
　それではまず、コミュニケーションの基本的な目的を3通りに分類して確認しておこう。

(1) コミュニケーションの基本的なタイプ
1）認的発話行為（外的現実の表現）
　話し手が聞き手に外部世界の事物や出来事を記述、報告、説明、解釈する行為。
　　例：「昨夜近所で放火事件があった」「このたびニューヨーク支店に転勤することになりました」「人身事故がありまして遅くなっ

てしまいました」「この部屋は寒いね」「ここからの見晴らしはすてきだわ」

2）規制的発話行為（社会的現実の表現）
　話し手が聞き手に命令、指示、要求、依頼、警告などをする行為。
　　例：「早く寝なさい」「今晩電話してくれ」「明日までに5千万円を用意しろ」「駅まで送ってちょうだい」「飲みすぎちゃだめよ」「喫煙は肺癌のリスクを高めますよ」「お酒はほどほどに」

3）表自的発話行為（内的現実の表現）
　話し手が聞き手に、自分の意思や感情を表明したり、告白する行為。
　　例：「彼に会いたいな」「あの人と一緒に行くのはいやだ」「実は俺A子に惚れているんだ」「ぼくの人生にとって彼女は特別な存在だ」

　次に、「伝える」手段から見ると、音声、文字、身体の三つに分類される。以下、それぞれについて例示していく。

(2) コミュニケーション手段の種類

1）音声で伝える
　本来、ことばは音声によって成り立っていることは先に述べた通りである。音声による伝達行為は対面型が基本であるが、物理的なスペースを共有していない状況では電話での直接対話のほかに、録音（voice mail）によってメッセージを残す方法もある。現代では情報通信技術の飛躍的な進歩のおかげで、地球上のどこにいても、否、宇宙空間にいる場合でもリアルタイムでコミュニケーションが可能になった。

2）文字で伝える
　文字は人類の最初にして最大の発明であるとされている。音声で伝えることが時間や空間の制約でできないという課題を人間は文字や記号と

第Ⅱ章　ことばのワンダーランド

いう便利な伝達手段を創り出すことによって克服した。そのおかげで、情報を記録し、共有し、さらに後世に残すことができるようになった。そして、古今東西の知の集積によって今日の高度な文明を我々は享受している。同時に、戦争や自然災害のような負の遺産も古文書・記録文書類という形で伝承することにより、後世の人々は多くを学び、未来へ活かすことができる。文字がなければ人類の歴史は全く異なるものとなったであろう。

　また、視覚障碍、聴覚障碍を克服するために発明された**点字（braille）**、**手話（sign [finger] language）**、**指文字（finger alphabet）**、**手文字（manual alphabet）**も文字による伝達手段として極めて重要な機能を果たしていることは言うまでもない。

　ところがこれらの障碍を持つ人々が用いる表現手段は世界共通ではなく、各言語によってすべて異なる記号体系になっている点が大きな課題と言える。

　例えば、点字一つとっても、英米を含む英語圏8カ国でさえ表記法が統一されていないというのが現状だ。現在、**統一英語点字（Unified English Braille）**へ移行する取り組みが進んでいるようである。わが国における英語点字は従来アメリカ英語点字を踏襲してきたが、統一英語点字に改定されると少なからぬ影響を受けるであろう。ことはそう簡単なことではない。

　さて、文字による伝達の利点は、音声のように聞き間違いがないので正確に情報が伝わりやすい。また、音声は、録音すれば別だが、そうでない限り、一瞬にして消えてしまうので後で確認することができない。文字なら何度でもそれができる。

　しかし、その一方で、欠点もある。文字ではなかなか気持ちが伝わりにくいという点である。書き手の顔の表情や声のトーンなどの視覚や聴覚情報がないために、微妙なニュアンスが伝わりにくく、誤解が生じやすいこともある。また、相手と対面していないので、表現が直截的になりがちで、ともすれば攻撃的な印象を与える恐れがある。

3）非言語媒体で伝える

　非言語コミュニケーション（non-verbal communication）研究で知られる**レイ・L・バードウィステル（Birdwhistell, Ray L.)** は対人コミュニケーションについて「二者間の対話では、言葉によって伝えられるメッセージが35％、残りの65％はジェスチャーや表情、会話の間などの言葉以外の手段によって伝えられる。」と述べている。

　ことばを媒体にしないで、メッセージを伝える手段を非言語コミュニケーションと総称しているが、ここでは音声や文字といった、狭義の言語を用いずに、身振りや手まね、あるいは広くジェスチャーで相手に意志を伝える、いわゆる**身体言語（body language）** に限定する。これは顔の表情、顔色、視線、目つき、眉や口元の表情、身振り、手振り、体の姿勢などでことばのメッセージを補完しているものだ。ことばと連動することもあるが、身体のみで表す場合もある。

　しかし、この身体言語の難しい点は、障碍者用の点字や手話などと同様に、記号体系が文化によってそれぞれ異なる（culture-bound）という点である。民族や文化が異なれば言語も異なるのと同じように、身体言語も一様ではない。

　非言語コミュニケーションについては**本章の「9　ことばと沈黙」**の項でも触れている。一部説明が重複するが合わせて参照していただければ幸いである。

3　ことばの特質

① 恣意性 ── イヌはネコでもよかった

　「ネコ」という語は猫そのものではない（The word cat is not a cat itself.）。ネコと呼ばれている動物がいる。しかし、その名称は「ネコ」である必要は全くない。イヌでもよかった。言い換えれば、ことばは実体そのものではないということである。**ソシュール**のことばを借りれば、「**言語記号の音声と意味との間には必然的な結びつきはない**」。例えば、日本

第Ⅱ章 ことばのワンダーランド

語で「ネコ」と呼んでいる動物は、ウチナーグチ（沖縄語）では「マヤー」、英語では cat、フランス語では cha、ドイツ語では Katze、中国語では Māo というように、記号表現（指示されている物〈referent〉）と指示内容（reference）は恣意的な結びつきでしかないということである。それぞれの言語で指示される事物の呼称やあらゆる表現形態はその言語共同体（speech community）内で合意された記号にすぎない。したがって、あの「ニャー」と鳴く動物は「イヌ」と呼んでも一向に差し支えないのであるが、偶々「ネコ」と名付けただけに過ぎない。

　このことは何を意味しているかというと、**意味はことばに所属していない、つまり、ことばから独立して存在する**ということである。**異なる言語間で翻訳が可能になるのはまさにこの事実に依拠している。**

② 不可逆性 ── 後戻りできない

　ことばは独り歩きする。一度口から出たことばは取り戻せない。ついうっかり口が滑ろうが、失言しようが、感情の趣くままに吐き出そうが、発したことばは取り消すことができない。また、一度ことばを通して頭に描いたイメージや学習したことは脱学習することができない。例えば、「目をつぶってください。動物園でよく見かけるあのおなじみの鼻の長い体の大きな動物がいますね。そうです。あの動物のことを**思い浮かべないでください**」と言われたとしよう。誰しもそのことばの指示対象物（referent）であろうと思われる「象」の姿が一瞬にして頭に浮かぶ。一旦描いたそのイメージを消すことはできない。ことばにはそういう独り歩きする側面もある。ことばによって一度描いたイメージしたことは消すことも制御することもできない。ことばにはこのような性質が備わっている。「口は災いのもと」とされる所以である。

③ 自己増殖性 ── 尾ひれがつく

　「人の口に戸は立てられない」という戒めがある。ことばはひとたび口

から出ると独り歩きして、いつの間にか話に尾ひれがついて、内容が拡大し、手に負えなくなってしまうとても厄介な生き物である。以下にいくつかの例をタイプごとに整理してみよう。

(1) 風評 (rumor)

　自然発生的に生じ、根拠のない虚偽情報が急速に、尾ひれがついて拡散する現象である。この点では流言と共通するが、個人的な事柄が多く、ある個人の社会的・私的な生活に関する内容で、流布する期間が比較的短い。「人の噂も75日」と昔から言われている通りである。

☑ 風評（噂）が広がる基本パターン
「存在を消されてしまったK子さん」
　〈A子→B子〉「K子さんはしばらく見かけないけどどうしたのかしら。病気じゃなければいいけど」
　〈B子→C子〉「K子さんが病気ではないかとA子さんが心配していたわよ」
　〈C子→D子〉「K子さんは病気だそうね。とても心配だわ」
　〈D子→E子〉「K子さんの病気はかなり悪いとC子さんから聞いたわよ。お見舞いに行かなきゃね」
　〈E子→F子〉「K子さんの病気は相当悪いみたいね。一緒にお見舞いに行かない？」
　〈F子→G子〉「K子さんはもう長くないみたいね。家族が病院から呼ばれたらしいわよ」
　〈G子→H子〉「K子さんは危篤だって聞いたけど本当かしら」
　〈H子→I子〉「K子さんはお亡くなりになったみたいよ」
　〈I子→J子〉「K子さんのお葬式に一緒に行きませんか」
　　J子はその直後、道でK子さんにばったり会った。
「あら、今しがたあなたがお亡くなりになったって聞きましたよ」
　〈K子〉「え～？？？」

第Ⅱ章　ことばのワンダーランド

☑ 風評被害の例
　2011年3月11日、東北・北関東を中心として東日本大震災が発生し、巨大津波がことばを失うほどの甚大な被害を広範囲に及ぼした。多くの生命、財産、住んでいた市町村がのみ込まれた。あの津波で福島第一原子力発電所の炉心がメルトダウンし、放射性物質の流出という日本では前例のない最大規模の事故が発生し、被災地域のみならず国全体に甚大な被害や影響をもたらすこととなった。
　そして、事故後に起きたのが、風評被害と呼ばれる様々な負の社会現象である。事故地域の食品、商品、農水産物・畜産物は忌避や価格の下落、買い控え、輸出規制の対象となった。
　その後は段階的に安全宣言がされたものの、そのマイナスイメージはなかなか払拭されず長きにわたって関係者は風評被害に苦しんでいる。また被災地の数多くの住民たちは生活基盤を破壊され、家族も仕事も共同体も失い、故郷さえも奪われて国内各地へ離散を余儀なくされた。さらに、追い打ちをかけるように新しい生活環境ではいわれのない偏見や差別、いじめといった人権侵害にも苦しめられた、否、いまだにそのような苦境は続いているとも報道されている。
　また、阪神淡路大震災の後も余震がくるという根拠のない風評が流れ、住民たちの不安を一層かき立てて、パニックを増幅させたことはまだ記憶に新しいところである。

(2) デマ（demagogy）
　デマとは政治的・経済的・軍事的な敵対者を誹謗中傷する目的で流される根拠のない扇動的な虚偽情報である。いくつか歴史にに残る深刻なデマの実例を以下に挙げてみたい。

(例1) 真珠湾デマ
　実際に真珠湾が急襲されたのは1941年12月8日であったが、その10カ月ほど前（同年1月〜2月）に「真珠湾が日本海軍に急襲されて壊滅的な被害を受けた」「真珠湾攻撃によって太平洋艦隊はすべて撃沈され

た」「1千機の米軍用機が撃墜された」といったデマが米国全土に流れた*4。

(例2) 水素ビールデマ
　以下は**「全米駆ける偽メール」**という記事（『朝日新聞』2000年6月9日朝刊）を筆者が要約したものである。
「ソプラノの声で歌えて火を噴くこともできる水素ビールが東京で大人気」アメリカのAP通信社の配信記事を装ったこの怪情報が英文の電子メールを通じて増殖している。全くの作り話であるが、米国を代表する新聞や学会誌が次々と騙された。（中略）100年の歴史と権威を誇る米国物理学協会も会報でこの水素ビールを取り上げた。広報担当者の「あまりにもそれらしく書かれているので当時の担当者が信じたようだ。」とするコメントも載っている。

(例3) 外国人による襲撃デマ（『朝日新聞』1990年11月28日朝刊）
『デマが町を汚染』という見出しで、「女性が外国人に襲われ、乱暴された」という噂が埼玉県東南部と千葉県の一部で広がっている。自治会が回覧板で注意を呼びかけたり、防犯ベルを女子従業員に買い揃える企業も出る騒ぎになっている。口コミで噂が噂を呼び、独り歩きをしている状態だ。噂が拡大していく過程で中身もより具体的で深刻になった。中年の日本人女性が数人の東南アジア系外国人に乱暴され、それを苦に電車に飛び込み自殺をした（後略）というものであるが、全く根も葉もないことが分かった。

(3) 流言飛語（groundless rumor）
　政治的・社会的レベルで発生する。群集の中で生まれ、群衆の中で成長し広がっていく。伝達過程で次々に尾ひれがつき、増殖しながら広が

---

*4：戦争の被害状況は軍事機密で公表されないのが大原則である。逆の報道は常套手段とされている。

る。

☑ 噴出流言
　大地震のような災害による破壊が壊滅的で、それまでの社会組織や社会規範が一時的に消滅した状況で噴出する流言。日常的なコミュニケーション・ネットワークを越えて、猛烈なスピードで拡散する。群集の被暗示性を刺激して、極端な行動に駆り立てる。興奮が収まると急速に消えていく。

☑ 噴出流言における群集心理の特徴
　　①匿名性（無責任性）、②伝染性、③被暗示性、④無根拠性、
　　⑤増殖性、⑥拡散性→不安・パニック→理性の喪失→暴動
　　例：関東大震災の流言／阪神淡路大震災の地震再来（余震）流言／
　　　　長崎県島原の普賢岳大噴火後の噴火流言／伊豆大島噴火流言

☑ 関東大震災の流言
　以下は「関東大震災・朝鮮人虐殺流言 Demagogie and Genocide」からの引用を筆者が要約したものである。

　大正12（1923）年、関東を襲った未曾有の大震災の際に発生したデマとその結果起きた惨劇で次の事柄に関するものであった。
　　①地震の予想　　　　　②被害状況の誤伝または誇張
　　③刑務所の囚人脱獄　　④大本教信者の暴動
　　⑤社会主義者の蜂起　　⑥朝鮮人の暴動襲来
　　⑦帝都遷都

〈朝鮮籍をもつ人々の暴動襲来に関するデマの真相〉
『朝鮮人が「略奪」「強盗」「強姦」「殺人」「放火」「井戸に毒を投入」「暴行」などの事件を起こしたというデマが流れた。これらは事実ではなく、日本人被災者が生活に困窮して、刀剣や棍棒を持って民家を襲い、

生活物資や金品を奪ったとされている。これがいつの間にか犯人が朝鮮人にすり変えられて、彼らは犯人扱いされ日本人からのさまざまな残虐行為の犠牲になった。多数の朝鮮人が命を奪われるという非常に悲惨な結果を招いた。』（以上が引用部分）*5

☑ 浸透流言
　災害による被害が軽く、社会組織や規範が保たれている状況で発生する。日常的なコミュニケーション・ネットワークの中でじわじわ浸透していく。スピードは遅いが、比較的長期間持続する傾向がある。
　　例：口裂け女流言／外国人労働者暴行流言／所沢ダイオキシン報道
　　　　と風評被害

☑ 潜水流言
　浸透流言の中で、同じ内容が時期をへだてて繰り返し現れる流言。いったん広まって、沈静化した後、水に潜ったように、しばらく影をひそめ、機会を得て再び現れて広がる。
　　例：「○○のハンバーガーは猫の肉で作っている」「○○のハンバー
　　　　ガーはミミズを混ぜている」「ある清涼飲料水を飲むと骨や脳
　　　　が溶ける」

　ここまでことばのなせる恐るべき悪魔的な働きと波及効果の具体例を見てきたが、一つ忘れてはならない事がある。それは、**マーク・トゥエイン（Mark Twain）**がいみじくも言ったように"A lie can travel half way around the world while the truth is putting on its shoes."（真実が靴を履いている間に、嘘は世界を半周する）ということである。悪事のみならず「嘘も千里を走る」。これはすべての反真理的なことばの働きに共通しており、コントロールし難いことばの極めて厄介な特質だ。近年、社会的ネットワーク（SNS）の急速な普及によって、ますますその傾向は

---

*5：被害者数については諸説あるので具体的数字は示さなかった。

④ 超越性 —— ことばは時空を超える

　犬は飼い主に昨日散歩に連れて行ってもらった体験を人間や他の犬と共有することはできない。また明日の予定などを話題にすることも不可能である。ことばを持たないからである。しかし、人間は時間・空間を自由に行き来できる。これが人間と他の動物との決定的な違いである。

　伝達の手段として、私たちはごく最近まで手紙や葉書、あるいは電報、電話、ファクシミリなどを使っていた。しかし今や**先端情報通信技術**の驚異的な進歩の結果、電子メールや**SNS**などの電子メディアを使って、条件が整っておれば地球上のどこにいても、否、宇宙空間にいる人とでも瞬時にリアルタイムで交信することができるようになった。ことばは空間を自在に超えて、飛び交っている。

　ことばは過去、現在、未来という時間の概念を可能にする。過ぎ去った事象や事態、現在進行している出来事、さらに未来の計画や予想などを表現したり、伝えたり、記録することができる。

　ことばのおかげで記録さえ残っていれば21世紀の今日、はるか昔の人間の生活様式、慣習、伝統、思想、宗教などを知ることができる。古代ギリシャのソクラテス、プラトン、アリストテレスの哲学や古代インドの釈迦の教えも学ぶことができる。また、2,551種類の言語に翻訳されている（2012年現在）聖書を通して信仰に導かれて価値観が大転換し、人生が変わる人もいる。はたまた16世紀の英国で活躍した大天才**シェイクスピア（Shakespeare）**、ドイツの**ゲーテ（Goethe）**、フランスの**スタンダール（Stendhal）**、ロシアの**トルストイ（Tolstoy）**、インドの**タゴール（Tagore）**等々、世界の大文豪の作品の数々を、21世紀のこの日本で、様々なメディア（著書、芝居、映画、テレビ、DVDなど）を通して心ゆくまで堪能できる。まさにことばは時空を超えて私たちに計り知れない恩恵を与えてくれる。

⑤ 娯楽性 ── ことばは娯楽の源泉

　これまで述べてきたように、ことばには実に多彩な役割がある。その中で、「遊び」としての非常に重要な役割にも注目したい。古今東西、人間はことばを純粋に娯楽の手段として、あるいは目的としていろいろ創意工夫し、心行くまで楽しんできた。その種類と楽しみ方は驚くほど豊富で、信じられないほど深いウイットと知恵をその中に見ることができる。ことば遊びは人類共通の文化の普遍的な一部を形成していることは疑う余地がない。

　ことばは汲めども尽きない、笑いの豊かな源泉である。ユーモアやジョークは古代より万国共通のものだ。日本には伝統的話芸として落語、講談、狂言、漫才、漫談などがなじみ深い。笑いを誘うことばの種は無尽蔵である。笑いは人間特有のすばらしい能力であり、心を和ませ、元気にしてくれる力がある。心身のストレスを解消してくれる。また免疫力を向上させる癒やしの効果もあることが医学的に証明されている。

　ことばの娯楽性については「**第Ⅶ章　ことばの笑劇場**」で詳しく例証しているので楽しんでいただきたい。

⑥ 多義性と曖昧性

(1) 多義性 (polysemy)

　ことばは基本的に複数の意味を持っている。それに対して、記号 (symbol) は単一の意味しか持たない。つまり記号と意味は一対一の対応関係が大原則である。信号機の色を例にとると、青信号、黄信号、赤信号の意味は常に固定していなければならない。そうでなければ歩行者も自動車の運転者も大混乱し、事故につながってしまう。また自然科学の専門用語もしかりである。これがことばと記号との基本的な違いである。

　語の意味は**概念的意味 (conceptual meaning)** と**内包的意味 (connota-**

tive meaning）に大別される。「手」という語を例に多義性の様相を示そう。**概念的意味**としての「手」は①人体の肩から出た肢（「手が長い」）、②手首（「手錠をかける」）、③手のひら（「手を合わせる」）、④手の指（「手先が器用だ」）などを表す。

それに対して、**内包的意味**は、概念的意味から暗示される、第二義的・言外の意味であり、①人体の手のように突き出たもの（器具の把手／孫の手）、②人体の手のように働くもの（人手／手下）、③分担する人（読み手／踊り手）、④組・隊（二手に分かれる）、⑤技量（手合わせ／上手）、⑥手段・方法（「これよりほかに手がない」／手詰まり）、⑦相手に勝つ技・策略（「その手は食わない」／相撲の四十八手）、⑧手数・世話（手のかかる子／「手を焼かせる」）などが示す通りである。

(2) 曖昧性（ambiguity）

1）太郎は妹の花子に自分の勉強部屋で宿題をするように言った。
　　太郎の勉強部屋か、それとも花子の勉強部屋か
2）ぼくは一郎のように文章が上手に書けない。
　　一郎は文章が上手だがぼくはそうではない。
　　ぼくと一郎は二人とも文章が下手である。
3）ぼくはまり子より猫を愛している。
　　ぼくはまり子と猫のどちらをより愛しているかと言えば、猫の方だ。
　　I love cats more than Mariko does (=loves cats).
　　猫への愛情の方がまり子への愛情を上回っている。
　　I love cats more than (I love) Mariko.
4）He fed her cat food.
　　He fed a woman's cat some food.
　　（彼はある女性が飼っている猫に餌をやった）
　　He fed a woman some food that was intended for cats.
　　（彼は猫用の餌をある女性に食べさせた）
5）Look at the dog with one eye.

Look at the dog using only one of your eyes.
（片目をつむってその犬を見なさい）
Look at the dog that only has one eye.
（その片目の犬を見なさい）

7 真理性と反真理性

「ことばは両刃の剣である」（"Words are a double-edged sword."）ということばがシェイクスピアの『ハムレット』の中に出てくる。この項ではことばの正（プラス）と負（マイナス）の諸相について検証してみたい。

人を生かすことば（ことばのプラスの力）

(1) 人を生かすことば

　愛や善意に満ちたことばは人を励まし、勇気づけ、癒やし、慰め、希望を与え、奮い立たせる力を持っている。人の心を温め、可能性を伸ばし、生きる力を与えてくれる。ここではそういったことばのプラスに働く力に光を当てていきたい。
　プラスに働くことばの使い方を思いつくまま以下に挙げてみた。

> 感謝する・教える・諭す・養う・祝福する・祈る・許す・敬意を表する・崇める・癒やす・励ます・慰める・労る・賞賛する（褒める）・誇りを持たせる・忠告する・助言する・注意する・戒める・諫める・叱る・反省を促す・挨拶する・見舞う・悼む・謝罪する・良質のジョーク・ユーモア・機智は楽しい気分にし、元気を与えて心を解放する・魂を揺さぶる言葉がある

　これらはいずれも人間同士の絆を強くし、心を通わせ、勇気づけ、知性を磨き、人格を養い、人生を豊かにするために極めて重要な役割を果

第Ⅱ章　ことばのワンダーランド

たしている。

(2) 聴くということ
　多くの現代人は忙しい日々を送っているせいか、ともすれば自己中心的になり、どうやら重度の**「聞いて、聞いて症候群」**にかかっているようだ。心にゆとりを失い、人の話をよく聞（聴）かずに、自分の言いたいことを聞いて欲しい人が多い。話し大好きの女性が一旦しゃべり出したら止めるのは戦争を終わらせるよりも難しいと聞いたことがある（?!）。
「だれでも、聞くのに早く、話すのに遅く、また怒るのに遅いようにしなさい。」（「ヤコブの手紙」1章19～21）と聖書は戒めているし、仏教には**聞薫習**（もんくんじゅう）という教えがあるそうだ。「薫習」の原意は、「物に香りが染み込むように人々の精神・身体のすべての行為が人間の心の最深部に影響を与えること」であり、これに「聞」が付加されて、**聞薫習**ということばが生まれたとされている。**「百聞は一見にしかず」「見聞を広める」「多聞＝正しい教えを多く聞き、それを心にとどめること」**と言ったことばに見られる「聞」と共通する概念であろう。
　わが国にも**「口は一つで耳二つ」**という昔から言い伝えられてきた教訓がある。相手の言うことによく耳を傾けることの大切さを説いている。実に言い得て妙だ。自分のことばかり一方的に話すのではなく、相手の伝えたいことに耳を傾ければ、多くを学んで成長することにつながる。また、聞（聴）くことは人間関係を築く第一歩でもある。
　その反面、人間は誰しも無意識のうちに心の内を聴いてくれる人を求めている。じっくり耳を傾けてくれる人には心を開く。自分の悩み、苦しみ、悲しみ、重荷を誰かに打ち明けることによって軽減される。また、喜び、楽しみは何倍も大きくなり、満たされる。よく聴いてくれる人がいることは何と幸いなことであろう。聞く耳を持つ人の周りには自然に人が集まってくる。
　ところが、そこには落とし穴も潜んでいる。例えば、一人住まいの孤独なお年寄りの心理に付け込む詐欺行為だ。親切を装って訪問し、話を

じっくり聞くふりをして相手を信用させ、必要もない高価な物品を買わせたり、偽の投資話を持ちかけて大切な老後の資金をだまし取ったりする許しがたい犯罪である。

　しかし、驚くべきことに、お年寄りの中には、被害に遭ったことが判明した後も、騙されたことを信じない人がいるという。親身になって、じっくり自分の話を聞いてくれたその青年に感謝する人さえいるらしい。よきにつけ、悪しきにつけ、それほど「聴いてくれる」人の魅力・影響力は絶大なのである。

(3) 傾聴ボランティア

　傾聴ボランティアという奉仕活動がある。例えば大災害に遭って家族も住まいも失い、仮設住宅で独居を余儀なくされている高齢者がいるとしよう。何日も何週間も誰とも口をきかないこともある。寂しくて、人恋しくて精神が不安定になりがちだ。そういうお年寄りを訪問して**相手の話にひたすら耳を傾ける**ことが主たる活動だ。

　誰でもできそうに聞こえるが、いざ実践するとなるそう簡単なことではない。人間は「聴く」よりも「話す」欲求の方が圧倒的に強い動物である。自分の「話したい、尋ねたい」気持ちをコントロールして相手の心の内を上手に引き出すには専門的な訓練が必要だ。

　傾聴ボランティアが訪ねると、人との触れあい、コミュニケーションに飢えているお年寄りは水を得た魚のように目を輝かせ、堰を切ったように話しまくるという。日頃のもやもやを晴らし、思いのたけを吐露して気持ちがすっきりする。ことばの持つ精神の浄化作用（カタルシス）だ。カラオケで思いっきり声を出してストレスを発散する行為と共通する。

　昨今はボランティア同士で訪問し合うグループもあると聞く。傾聴する側は、話の内容に関して守秘義務があるのは言うまでもない。健康上の問題を抱えているとか、身の安全に関わるようなこと、助けを必要としていることがあれば、関係役所に連絡をする必要があるが、そうでない限りペラペラ第三者に話すことは厳禁である。

また、**心理カウンセリング**や**「命の電話」**（telephone counselling service / suicide-prevention hotline）でも「傾聴する」ことが基本的、かつ肝要な部分を占めるとされている。相手の悩み、苦しみにじっと耳を澄ませて徹底的に聴く。自分の意見は差し挟まず、相手がその内面を言語化する方向へと導いていく。そうすることによって自らの気持ちを整理させて、徐々に本人に解決策を見つけさせるのである。

⑷「聞（聴）く」と「訊く」は表裏一体

　よく観察すると、この二つの行為はとても不思議な関係にある。どちらも［キク］と読む。誰かの意見を「聞く」ときは「尋ねる」（ask）ことと「聴く」（listen）ことの二つの行為を同時に意味している。つまり、聴くことは受け身の行為で、「訊く（尋ねる）」は働きかける行為であり、全く逆方向であるにもかかわらず、両者はコインの表と裏のような関係であることが分かる。

　言い換えれば、誰かの話を聞（聴）くことは相手から情報を仕入れることになり、結果的に相手に「訊く（尋ねる）」ことでもある。逆に誰かに何かを「訊く（尋ねる）」ことは相手の応答を「聴く」ことに他ならない。したがって、両者は基本的に表裏一体の関係なのである。

⑸ 聴き上手の４条件

　聴くことの大切さは分かっていても、いざそれを実行に移すのは容易ではない。現代人は時間に縛られて、何事にもせっかちになりがちだ。人の話を最後まで聴けない人が多い。知らず知らずに割り込み、話の腰を折ったりすることが多々ある。そう言う筆者も聴き上手かと言われれば甚だ心許ない限りである。

　誰かの意見に同意しかねる場合を例にとって聴き上手になるためのヒントを以下に紹介しよう。まず肝心なことは最初から相手の言い分を真っ向から否定しないことである。以下のヒントを応用してみることをお勧めする。

１）一旦相手の意見を受け止める
（アイコンタクトにも配慮しつつ、適宜相槌を打ちながら）
「なるほど」「あー、そうなんですか」「そうですよね」「そういうご意見なんですね」「ごもっともです」「確かにそういう考え方もありますね」

２）相手の言ったことを要約・反復・確認する
「つまり〜ということなんですね」「ポイントは〜ということですか」「〜ということでよろしいですか」

３）適宜、助言、提案、示唆などを与える
「それも確かに一理あるけど違う視点もあるよ」「結論を急がずにもう一度じっくり考えることも大事だと思います」「参考になるか分からないけど、私の考えを言えば〜」「違う解決法が見つかるかもしれませんよ」「こういう見方はどうだろう？」「何かいい方法がないか一緒に検討してみよう」

人を殺すことば（ことばのマイナスの力）

　前述したように、ことばは正（プラス）と負（マイナス）の面も併せ持っている。負の側面がことばの恐ろしい**悪魔の顔**である。ここでは負の諸相をいくつかの種類に分類して、具体例を挙げて示すことにする。

(1) ヒトは嘘をつく動物である

「あなたは嘘をついたことがありますか」と訊かれて、「いいえ」と答えたら、あなたはすでに嘘をついたことになる。世界中に嘘をつかない人間はただの一人としていない。「死人に口なし」と言う通り、嘘をつかないのは死者とことばを持たない動物だけである。ドイツの哲学者**ショウペンハウアー**（Schopenhauer）も「われわれの肉体が衣服に包まれているように、われわれの精神は虚偽に包まれている。」と言っている（『嘘　名言集および格言集』http://www.oyobi.com/maxim01/08_11.

html)。また、英国宰相ベンジャミン・ディズレーリ（**Benjamin Disraeli**）の「嘘には三種類ある。嘘と大嘘、そして統計だ。」(There are three kinds of lies: lies, damned lies, and statistics.) という辛口ジョークもある（https://ja.wikipedia.org/wiki/ 嘘、大嘘、そして統計）。

「嘘も方便」、「嘘から出た実(まこと)」、'fib'（小さなウソ）、'white lie'（罪のないウソ）、「エイプリルフールにつくウソ」といった類いの「嘘」は、ご愛嬌であるが、そうでない嘘は、程度の差こそあれ真理に反する行為であり、場合によっては犯罪として位置づけられることもある。

なぜ人間だけが嘘をつくのか。それはことばを話すからである。言語能力を手に入れたときから我々はこの宿命を背負っていると言っても過言ではない。

この項では嘘とは何か、なぜ嘘をつくのか、嘘にはどのような種類があるのかといったことを若干考察してみたい。

一口に「嘘」と言っても実に多種多様だ。ちなみに日英両語における「嘘」の類義表現には以下のようなものがある。

- 日本語の類義表現
  上げ底・言い逃れ・いかさま・偽り・絵空事・改竄(かいざん)・甘言・看板に偽りあり・看板倒れ・偽言・偽証・譎詐(きっさ)・偽装・欺瞞・狂言・虚偽・虚辞・虚誕・虚妄・虚言・虚語・虚声・虚説・化粧をほどこす・口車に乗せる・荒唐無稽・心にもないことを言う・胡説(こせつ)・ごまかし・作為的な・詐欺・詐称・事実無根・食言する・造説・造言・そら涙・空音(そらね)・そらぞらしい・為にする噂・作り言・でっち上げ・遁辞(とんじ)・泣きまね・二枚舌・二言(にごん)・捏造(ねつぞう)・根無し言・根も葉もない・誣告(ぶこく)・誣言(ぶげん)・不実・粉飾・擬(もどき)・ペテン（師）・法螺(ほら)・紛・まやかし・妄言・妄語・見掛け倒し・水増し・有名無実・羊頭狗肉(ようとうくにく)

- 英語の類義表現 (Oxford Dictionaries Thesaurus, Merriam-Webster)
  alternative fact, barefaced lie, bullshit, canard, concoction, counterfeit, cock and bull story, deception, deceit, departure from the truth, dishonesty,

dissimulation, disinformation, distortion, double-dealing, double-tongued, duplicitous diplomacy duplicity, equivocation, exaggeration, fable, fabrication, fairy story［tale］, fake, fallacy, falsehood, falsification, falsity, fib, fiction, figment of the imagination, flight of fancy, forgery, fraud, fraudulence, frame-up, gossip, half-truth, hoax, humbug, imitation, invention, jive, made-up story, mendacity, misinformation, myth, pretext, prevarication, perjury, prevarication, propaganda, put-up job, red herring, sham, slander, story, tall story［tale］, take-in, trumped-up story, porky, pork (y) pie, swindle, unauthorized alteration, white lie, whopper, untruth, yarn

　こうして見ると、「嘘」の類義表現の多様さにあらためて驚かされる。人間がいかにあの手この手を使って嘘をつき、騙し、さまざまな不正行為を働く生き物であるかを物語っている。それでは「嘘」の基本的な概念をここで確認しておきたい。つまり、「嘘」が成立するにはどのような要素が必要で、どのような社会言語学的なコンテクストで発生するのかということを明らかにしていきたい。
　まず嘘とは何かということを改めて確認するところから始めることにしよう。ドイツの哲学者・言語学者 H. ヴァインリヒ（Harald Weinrich）は『うその言語学 ── 言語は思考をかくす事ができるか』（1984）の中で、聖アウグスチヌス（Saint Augustine）の哲学的、神学的視点からの嘘の定義に対して異説を唱えている。その関連箇所を次のように引用して要約する。アウグスチヌスは**「嘘とは、いつわりを言う意思をともなった陳述である」**としている。すなわち、嘘という行為が成立する主体が人間の思念にあるとする定義である。これに対して、ヴァインリヒは**「嘘は原則的に言語上の出来事である」**とし、言語学的視点から次のように修正定義を試みる。**「（言われた）嘘の文の背後に、それと矛盾する、つまり、イエス・ノーの主張形態素だけ相違する、言われざる本当の文が存在するときに、嘘は存在する」**と見なす。すると、アウグスチヌスが言う**「二重の思念（cogitatio）」**が嘘のしるしではなく、**「二重の陳述」**が嘘のしるしであるということになる。そうな

第Ⅱ章　ことばのワンダーランド

ると、嘘の主体は人間の思念そのものではなく、思念を表現し、伝達する機能を持ったことばの中に、より具体的には「音韻」、「語彙」、「構文」、「意味体系」の中に嘘を成立せしめる原理が働いているということになる。もっと平たく言えば、心の中で事実と異なることを思っていても、それを言語化しない限り、嘘は成立しえないということである。

⑵ 襲いかかることば

　人間は愛し、慈しみ、絆を築くことのできる素質を備えている動物である。しかし、同時に極めて残酷な面も併せ持っていることは周知のとおりだ。身体的に危害を加えるのみならず、ことばを使って相手の心を傷つけることも日常的に起きている。いわば「ことばの暴力」だ。

　人間関係に齟齬をきたすと、理性を失って、あるいは意図的に相手を誹謗中傷し、悪口（罵詈）雑言・暴言を吐き、侮辱し、陰口・告げ口をたたく。

　ここではその中の「暴言」を中心に、それが及ぼす破壊的な影響力に言及しておきたい。精神的虐待の一つと見なされている「暴言」は被害者の心を傷つけるだけではなく、脳にも深刻なダメージを与えることが医学的にも明らかになってきた。

　友田明美小児神経科医のことばを引用させていただいた。その内容を要約すると以下のようになる（『朝日新聞』2018年5月26日）。

　　［注］下線は筆者。記事内容は変えずに、文章を簡素化した。

　　「暴言を受けた人はコミュニケーションのカギを握る**『聴覚野』**が変形する。言葉の暴力は身体的な暴力より脳へのダメージがはるかに大きいことも分かった。（中略）人間の脳は生まれたときは300グラム程度であるが、さまざまな体験を通して成熟していく。しかし、その大切な時期に、強いストレスがかかると、その苦しみを回避しようとして脳が変形していく。その脳の傷によって、後に暴力的になったり、感情を制御できなくなったり、人間関係がうまく取れなかったりする。薬物依存症やうつなどにもなりやすい。（中略）

ことばの暴力や体罰などの虐待（maltreatment）は子どもの脳を傷つける。（中略）『こんなこともできないの？』『産まなきゃよかった』などと貶めたり、侮辱する言葉などがその例である。」

　このように「ことばの暴力」が人格形成と人生にどれほど深刻で取り返しのつかないダメージ与えるか、目に見えない恐ろしい凶器になりうるということが医学的に解明されたのである。

(3) 支配することば
　ことばには人の心を支配する力が内在する。ここではその主たるものとして、**洗脳（brainwashing）** と**操作（manipulation）** を取り上げて例示してみたい。まず、それぞれの定義を確認しておこう。

☑ 洗脳とマインド・コントロール
　洗脳の原義は政治的な文脈から生まれた。『明鏡国語辞典』は以下のように定義している。
　①資本主義的思想をもつ者に教育を施し、共産主義的な思想に改造すること。第二次大戦の一時期、中華人民共和国が国民党政府の治下にあった人民に対して行った思想改造。②その人の思想・主義などを全面的に改めさせること。
　広義としては「暴力的な行為や言葉によって相手の精神的な部分を崩壊させて支配し、自分の思う通りの行動、思考を持たせること」と解釈できる。
　それに対して、**マインド・コントロール**は、人を動かす方法の中でも非常に悪質で巧妙な手口である。その罠にはまると、本当の自分らしさや自分自身の意志を失い、相手の思いのままに操られてしまう。人格も変わってしまい、健全な社会生活を送ることも困難になる。そこから抜け出すことは容易ではない。反社会的な宗教カルトが必ず用いる常とう手段である。

第Ⅱ章　ことばのワンダーランド

①操作（manipulation）

送られたメッセージは送り手の意図と表現方法によっては単なる伝達行為を逸脱し、受け手の心理を操作する手段にもなりうる。本来のあるべきコミュニケーションとは、メッセージを言語という媒体に乗せて、送り手と受け手が対等な関係に立って相互交流を図る営みである。その際、メッセージ内容の重要性、信憑性や、それに対する賛否などの判断主体は受け手でなければならない。

それに対して、操作ではその立場が逆転する。送り手がある利己的な目的を達成しようとする意図を持って、メッセージを相手に伝える行為である。この種の操作手法の主な例をいくつか挙げてみよう。

②誇大広告（dazzling advertisement）

製造業者にとって製（商）品が売れるか否かはビジネスの存亡がかかっている。従って、人々の購買意欲をかき立て、需要を創り出すことがビジネス戦略として極めて重要、かつ基本中の基本であることは言を俟たない。

そこでさまざまな手段を講じて潜在的消費者に心理的に働きかける。これがいわゆる宣伝活動だ。しかし、消費者の側に立てば常に留意すべきことがある。宣伝行為は売りたい製（商）品のセールスポイント（長所・利点）に徹底して焦点を当て、その魅力を最大限に強調し、売り込む。逆に短所・弱点・難点には決して触れないのが暗黙の鉄則だ。商品の不当表示もこれに当たる。

③横文字・カタカナ語による印象操作

わが国に限って言えば、製（商）品の販売促進戦略の一環として昔から幅広く用いられているのが横文字やカタカナ語の銘柄、人気のある有名人、スター、歌手、モデル、アスリートなどの起用である。

日本人の根強い欧米志向、あるいは憧れと劣等感が入り交じった感情を巧妙に利用する手法だ。近年はすでに先進国の仲間入りを果たし、もはや欧米は追いかける対象ではないと自負する日本人が増えたことは確

かである。しかし、まだ意識のどこかに欧米への引け目を感じていることは否めない。潜在意識を利用した巧妙な販売促進戦術と言えよう。
　ありとあらゆる分野の商品名にカタカナことば・横文字が溢れ返っている。我々はそれに全く違和感を覚えないが、知らず知らずのうちにコントロールされているのが現実である。

④**不当表示**
「不当表示」とは、「広告その他、公正取引委員会が指定する表示のうち、商品または役務の内容とか取引条件について，著しく優良，有利であると一般消費者に誤認させ、不当に顧客を誘引し、公正な競争を阻害する（後略）」と定義されている（『ブリタニカ国際大百科事典』）。
　消費者庁が出している**「事例でわかる景品表示法ガイドブック」**は不当表示を次の三種類に分類している。①**優良誤認表示**：商品・サービスの品質、規格、その他の内容についての不当表示、②**有利誤認表示**：商品・サービスの価格、その他の取引条件についての不当表示、③**その他誤認されるおそれのある表示**：一般消費者に誤認されるおそれがあるとして内閣総理大臣が指定する不当表示。
　　　例：無果汁の清涼飲料水等／商品の原産国／消費者信用の融資費用
　　　／不動産のおとり広告／おとり広告／有料老人ホーム
　つい先日摘発された事例であるが、ある有料老人ホームのパンフレットに、「介護度が重くても終身ケアを受けられると書かれていたが、実際には認知症で他の入居者に危害を及ぼす場合などが契約解除の対象だった」ことが露呈し、（消費者庁は同施設に対して）再発防止を求める措置命令を出した**（『毎日新聞』2018年7月3日朝刊）**[*6]。

⑤**過度の賞賛と表面的同調**
　ことばによる操作形態として軽視できないものがもう一つある。それは、ある意図をもって相手を過度に誉めそやし、表向きの同調を装うこ

[*6]：（　）は筆者の補足。

とによって相手の心につけ入る行為である。「褒め殺し」とも呼ばれているこの**ことばのトリック**はさまざまな形をとって、相手の心理を操り、利用する。人間にはだれでも承認欲求がある。褒められて気を悪くする人はいない。プライドをくすぐられるとついガードが緩くなる。その弱点が狙われる。しかし、それを知っていても有効な手立てがなく、翻弄される場合が多い。

　このような言語行為には数多くの類義表現（名詞・動詞）が見られる。以下に挙げたものは日本語と英語の類語・関連語・連想される表現例である。

阿諛(あゆ)/お愛想を言う/お上手/お世辞/お太鼓を叩く/おだてる/お土砂をかける/おべっか/おべんちゃら/おもねる/外交辞令/甘言/曲学阿世(きょくがくあせい)/巧言令色(こうげんれいしょく)/ご機嫌とり/心をくすぐる言葉/媚(こ)びる[媚を売る]/殺し文句/胡麻すり/太鼓持ち/取り入る/調子のいいことを言う/提灯持ち/佞言(ねいげん)/ひげのちりを払う/へつらい/持ち上げる/味噌をする/ヨイショする/諛言(ゆげん)/リップサービス

adulate / apple polisher [polishing] / ass-kisser / backscratcher / bootlick / brownnose / brown-nosing / buttering up / butter ((someone)) up / compliment / court / creep / cringe / curry favor with ((someone)) / fall all over ((someone)) / fawn on ((someone)) / feet / flatter / grovel / gush / honey / kiss ((someone's)) ass [feet] / kowtow / ingratiate / jolly / lick ((someone's)) boots / play up to ((someone)) / sycophancy / scratch ((someone's)) back / suck up / tickle ((someone's)) ear / toady / toadying / toady up to ((someone)) / truckle

⑥誘導

　検察官や警察官が被疑者を取り調べる際に、予想、または期待する罪状の口述を引き出し、自白させるように仕向ける誘導尋問というものがある。ごく最近まで、取り調べの現場では被疑者に心理的なプレッシャーをかけたり、乱暴なことばで脅しに近い取り調べ方がまかり通っ

ていた。このような手法が冤罪につながる危険性があると問題視されるようになり、取り調べの全過程を録音・録画によって可視化することを法律で義務づける方向にある。しかしまだ全面実施には至っていないのが実態だ。

　この誘導という手法は古くは新約聖書にも記述されている。イエス・キリストが十字架につけられる前に捕らえられ、ローマ帝国の**総督ポンテオ・ピラト（Pontius Pilate）**に引き渡された後に、総督は彼ら（群衆）に向かって言った、『ふたりのうち、どちらをゆるしてほしいのか』彼らは『バラバのほうを』と言った、**『それではキリストといわれるイエスは、どうしたらよいか』**彼らはいっせいに**『十字架につけよ』**と言った（「マタイ」27：21-22）。

　こうして改めてみると誘導行為は人権を踏みにじり、事と次第によっては人命にもかかわるあるまじき言語行為であると言わざるを得ない。

⑦**脅迫**（threatening behavior / act of intimidation）
　一般的な意味での脅迫とは、「相手を脅して、あることをするように無理強いすること。」（『**明鏡国語辞典**』）といたって単純な定義がなされている。それでは法的な定義はどうであろうか。

　刑法の脅迫罪とは、「被害者の生命、身体、自由、名誉又は財産に対し害を加える旨を告知して人を脅迫することによって成立する犯罪」**（刑法第222条）**と定めている。

　脅迫という行為は被害者を恐怖に陥れ、精神的に苦痛を与えるのみならず、その結果、その人の財産が奪われることにもなりかねない。誘拐犯や反社会的勢力が用いる典型的な手口である。まさしく、ことばの悪魔的な使い方の最たるものであることは今更言を俟たない。

(4) 真実を隠すことば（隠蔽）

　バブル絶頂期に筆者が体験したある出来事を思い出す。あの経済の狂乱期に首都圏の地価高騰ぶりはまさに常軌を逸していた。当時、「地価は決して下がることはない」という「神話」が国民に深く浸透してい

た。誰しも今を逃すともう永久に東京に土地を手に入れることはできないという強迫観念に駆られていた。筆者も恥ずかしながらすっかりそう信じ込んでいた一人であった。

　そろそろマイホームを考え始めていた時であった。あるとき、家人と連れ立って不動産屋に物件を探しに行ったところ、東京23区内のある土地付き中古住宅を紹介された。価格を聞いて耳を疑った。何と周辺地域の相場の半値ほどではないか。夢のような話である。早速、業者の案内で現地を観に行った。猫の額ほどの土地ではあったが、駅からそう遠くないし、住環境も特に問題はなさそうだ。不動産屋からは「早い者勝ちですので決断は早めに」と急かすように言われた。明日までに返事をする旨を伝えて、その日は一旦帰った。

　翌日、朝一番に再びその物件を観に行った。破格の安さがどうしても気になって、念のために隣家の住人に、例の物件が極端に安いことを話し、何か思い当たる節がないかと訊いた。すると、訳あり物件であることが判明した。半年ほど前に、その家の若い娘が自殺したと言う。いわゆる事故物件だったのである。

　売る側からすれば訊かれなかったから言わなかったまでだと弁明するだろう。そう言えば、昨今、国会の証人喚問や参考人質疑の場で自分の都合の悪いことは「訊かれなかったから言わなかった」という弁明のオンパレードである。これを**隠蔽**という。

　<u>ことばの不使用によって</u>事実・真実を隠す状況は事欠かない。検察や警察の取り調べにおける否認や黙秘もその類いであろう。

　隠蔽とは逆に、事実・真実とは異なることを述べるのは**偽証**である。「法律により宣誓した証人が虚偽の陳述をしたときは、3ヶ月以上10年以下の懲役に処する」(刑法第169条) 事実を歪曲、矮小化、意図的に省略する行為も厳密に言えば偽証の一種であると見ることもできる。

(5) ことばを使った犯罪

　人を殺すことばが極端な形で現れるのがことばを使った種々の犯罪行為である。年々新手の犯罪手口が生まれ、警察と犯人(グループ)がイ

タチごっこを演じている。
　ことばを駆使した犯罪の種類は実に多種多様である。よくも次から次へと巧妙な手口を考えつくものだと寒心に堪えない。その中の主だった手口としては「オレオレ（振り込め）詐欺」「寸借詐欺」「結婚詐欺」「脅迫」「恐喝」ネットを悪用した事実無根の名誉棄損、人権侵害行為、いじめ等、無言電話による嫌がらせ、ヘイトスピーチ等がある。
　以下に筆者が特に印象に残っている凶悪犯罪事件とその犯行の手口をいくつか紹介しよう。

☑ グリコ・森永（かい人21面相）事件
　これは1984（昭和59）年から1985（昭和60）年にかけて阪神を舞台にして食品会社を標的にした一連の企業脅迫事件に関する新聞記事を筆者が要約したものである。
　犯人グループが「かい人21面相」を名乗ったことから、「かい人21面相事件」とも呼ばれた。2000（平成12）年2月13日に愛知青酸入り菓子ばら撒き事件の殺人未遂罪が時効を迎え、全ての事件の公訴時効が成立し、警察庁広域重要指定事件では初の未解決事件となった。
　当初は単なる誘拐事件と見られていたが、大手食品会社が次々と脅迫され、実際にシアン化ナトリウム入りの食品がばら撒かれるなど、当時の社会に与えた影響は計り知れないものがあった。
　この国中を震撼させた犯人グループの犯行の手口は毒物を無差別に菓子類に混入するという卑劣極まりない凶行であった。加えて、警察をおちょくって挑発したり、被害企業を脅迫して心理的に追い込み、まんまと莫大な金を奪い取るという前例のない集団による犯罪であった。ことばの持つ悪魔の力を最大限に悪用した例である。この卑劣な手口は誘拐犯人が身代金を奪う際に決まって使う「ことばによる脅し」と共通している。

☑ サイバー空間におけることばの犯罪
　本章の「③ **自己増殖性**」の項で扱った風評、デマ、流言飛語といっ

たことばの悪用・乱用と内容的に重なる部分があるが、従来のそれとは比較にならないほどの波及効果を持つことばを使った新手の犯罪が出てきた。

　それは**情報通信技術**の進歩に伴って登場した**ソーシャル・ネットワーキング・サービス（Social Networking Service 略称 SNS）**と呼ばれるコミュニケーション・システムを悪用するものだ。

　SNS は**フェイスブック（Facebook [FB]）、ツイッター（Twitter）、ライン（LINE）、インスタグラム（Instagram）、ブログ（blog）**等々、種類も実に多彩である。

　SNS の本来の目的は、個人間のコミュニケーションの便宜・促進を図ることにある。利用範囲は急速に広がっており、今やなくてはならない国民の重要な通信手段になった。しかし、その反面、深刻な負の面も露呈して、大きな社会問題を惹起している。

　一つは、SNS には本人確認が徹底していないサービスもあり、実在の人物・組織を語る偽アカウントや、架空アカウントで投稿されているケースもある。昨今は、これらを悪用して、不正リンクの投稿や詐欺の手口として使われる事件が後を絶たない。

　二つ目の問題点はその匿名性である。投稿者の特定が難しいことをよいことに、他人を誹謗中傷し、プライバシーを侵害し、名誉を棄損する反倫理的・反社会的行為だ。自らは安全圏に身を置いて、他人を一方的に攻撃する、卑劣極まりない所業であり、断じて許されるものではない。

　三つ目はその拡散性と伝搬の速度だ。一瞬にして情報が地球上のサイバー空間を駆け巡る。しかもそれを削除するのは容易ではない。これまでになかった極めて悪質な犯罪と言えよう。

☑ 捏造・改竄・剽窃

　また、これまで挙げたものとは次元と性質の異なる以下のような様々なことばの犯罪もある。

　学術論文のデータや研究成果の**捏造**、改竄、他人が書いた文章・論

文・作品・著書等を盗用する**剽窃**および、自分の書いた論文や著書を無断で引用する**自己剽窃**、学位論文・著作物などを、ゴーストライターに代筆させて自分の名義で発表する行為、キャッチコピー、商標などの盗用などである。

　他人の知的創作物を盗用して己の業績とする行為は法的にも倫理的にも許されないことは言うまでもない。近年は**「知的所有権」**という概念が徐々に定着してきたとは言え、この種の犯罪が未だに野放しにされている国もあり、今後早急な対策が求められる。

　受験での不正行為にとどまらず、学問・研究レベルにおける不正行為も後を絶たない。それを未然に防ぐ為に大学・大学院等で、否、それ以前に中学校・高等学校の段階から、基本教育を徹底する必要性を痛感する。

4　ことばの価値

(1) 言語の絶対的価値

　世界には推計3,000～6,000種類の言語があるとされている。この数字に大きな幅があるのは一つの独立した言語とみるか、それとも方言として分類するかを巡って言語学的に解釈が分かれていることが一つの理由だ。例えば筆者の母語である琉球（沖縄）語を日本語の一方言と分類するか、一つの独立した言語と位置づけるかといったことで数え方も違ってくる。このような語族分類の問題は世界各地の多くの言語に存在する。

　世界の言語の種類が把握困難なもう一つの理由は**少数言語（minority language）**が急速に消滅していることだ。D. クリスタルは *A LITTLE BOOK OF LANGUAGE* で**「100年後には世界の言語の半数は消滅するかもしれない」「平均すると世界のどこかで２週間ごとに一つの言語が消えている」**とする驚くべき推測をしている。この数字は常に流動的なことから正確には把握できないが極めて衝撃的な数字と消滅の速度である。この問題に関してはこの後に続く項で詳述したい。

第Ⅱ章　ことばのワンダーランド

　いずれにせよ、これらの多種多様な言語を母語とする個人・民族は自分の母語に誇りを抱いている。母語は誰にとっても心の故郷であり、精神のよりどころであり、魂の揺りかごである。人は誰でもこの世に生を受けたときからことばという知のフィルターを通して現実世界を観察し、認識し、判断しながら人生観、価値観・倫理観、世界観・美意識、死生観などを形成していく。また母語は個々人が所属する民族・文化のアイデンティティーの確立に必要不可欠なものである。母語は内面世界を構築するためになくてはならない目に見えない内なる世界の基盤である。けして他のいかなる言語に置き換えることも、天秤にかけることもできない。したがって、世界中のどの言語も本質的には平等であり、優劣は存在しない。単に相違や特徴があるだけだ。
　それぞれの言語のフィルターを通して見える世界は異なる。それ故に独自の文化が生まれる。これがことばの絶対的価値である。

(2) 言語の相対的価値 —— 経済的価値・知的情報へのアクセスの優位性

　相対的価値とは何を意味するか。簡単な譬え話から始めよう。アメリカ人のAさんとラオス人のBさんがそれぞれ仕事を求めて日本にやって来たとしよう。Aさんの母語は英語、Bさんの母語はラオス語である。二人とも日本語はほとんど話せない。Aさんは何らかの方法で英語を教えながらとりあえず食べていける可能性が高い。しかし、Bさんがラオス語を教えて生活を支えることは容易ではない。
　この違いは言うまでもなく二人の言語のニーズの違いによる。言い換えれば、「稼げる言語」であるか否かにかかっているのだ。Aさんは特別な努力をしなくても、英語の母語話者（native speaker of English / speaker of English as a native tongue）であるというだけで、最初からある種の特権が与えられている。他方、ニーズの低いラオス語話者のBさんはかなり不利な状況に置かれている。この事実は、言語には実利的価値があり、それぞれの言語によって大きく異なることを示している。
　では何が言語による価値の格差を決定づけているのだろうか。主な要

因としては以下のようなことが考えられる。

　第一に、コミュニケーションの手段として**使用できる人口**である。世界中にその言語の使用者が多ければ多いほど、何かにつけて有利に働く。第二に、その言語の**地理的な使用範囲の広さ**だ。通用する地域が広いほど使用する機会も増える。第三に、**生産手段としての言語の機能**である。すなわち、それがどれだけ広い分野・領域で**媒体言語（vehicular language）**として使用され、どのような成果を上げることができるかという実利性である。

　わが国の英語教育への経済的側面の一部を例に挙げて、英語の経済的優位性に目を向けてみよう。英語教育を推進するためには次のような条件を整備する必要がある。まず、大学・大学院における英語教員の養成、教員（ALTを含む）の人件費、検定教科書の出版および無償配布、周辺教材の諸経費、語学指導［学習］設備への設備投資・教材機器の整備などの経費等々、と実に多岐にわたっている。

　また、官民における経済効果も相当な規模である。例えば、語学産業が最も分かりやすい例だ。その中には次のようなものが含まれている。英会話学校、英語学習教材の開発、英和辞書や和英辞書の出版、英語の各種出版物の輸出入、国内における関連分野の出版物、視聴覚教材の開発・販売など。こうしたものから得られる利益は計り知れないものがある。英語は英国の最も重要な**「輸出品目」**であると冗談交じりに言われているほどだ。

　また、国際機関における**公用語（official language）・作業言語（working language）**、各種国際会議における**共通言語（lingua franca）**としての価値、それらに伴う通訳・翻訳の人件費等々、その使用範囲は極めて広範囲に及んでいる。

　英語に限らず、フランス語、ドイツ語、スペイン語、ロシア語などの影響力の大きい言語はもとより、近年は経済力・国力の増大に伴い、中国語のニーズも高まっている。また、国際情勢の不安定化・流動化、戦争・地域紛争などに起因して、アラビア語のニーズも認識されるようになってきた。

第Ⅱ章　ことばのワンダーランド

　これらの有力言語の習得は一つの大きな資産になることは間違いない。どの言語を身につけるかによって、得られる利益の度合いが大きく異なってくる。その言語の習熟度が高度になればなるほど、知的活動や職業選択の幅も広がる。
　これまで述べた経済的価値は、**すべての言語は平等で、言語間に優劣は存在しない**とする「**言語の絶対的価値**」と相反する。しかし、現実には世界の言語には明らかに実利的な面で格差があることも否定できない。従来の言語学は言語のこうした側面に関心を払ってこなかった。しかし、近年、言語の平等思想を疑問視する考え方が現れ、**言語経済学（economics of language）** という新たな学問領域が生まれた。それは言語学と経済学の中間に位置し、個人および社会・国家における言語と経済との関連性を探り、言語の価値を明らかにしようとするものである。
　「**言語は富である**」という観点からことばの経済的価値を最初に詳細に分析し、体系化したのはおそらく**フロリアン・クルマス（Florian, Coulmas）** であろう。その著書『**ことばの経済学**』(1993) で、クルマスは言語のもつ「経済的側面」を規定する要因について以下のような諸相を論じている。同書の内容構成を以下に引用する。なお、ここでは内容を詳しく紹介する余裕はないので関心のある向きは同書に当たっていただきたい。

　　第1章　「言語は富である」── 経済発展における言語と貨幣／第2章　言語の価値 ── 言語の経済的側面を形成する諸要因／第3章　多言語世界の諸費用 ── 国家と経済にとってコスト費目となる言語／第4章　栄達への道程 ── ことばの勢力拡大を決定する経済因子／第5章　言語の経済性 ── 言語体系の経済的なアスペクト／第6章　ことばの適応 ── 分化と統合

　また、言語の価値を論じる際に経済的価値に勝るとも劣らない、極めて重要なもう一つの側面が言うまでもなく「**知的情報へのアクセス機能**」である。この点に関してはすでに他の項でも述べた通り、古今東西

に集積されている、あるいはこれからも集積され続ける知的財産への不可欠のアクセス機能である。

　情報媒介として見た場合、明らかに言語によってその有益性には大きな格差が見られる。**「世界言語」(global language / world lingua franca)** と位置付けられている英語は他のどの言語よりもあらゆる分野の情報の発信・受信に有利であるとされている。学問分野、科学技術、国際政治、外交、安全保障、経済活動、情報通信、宗教、文学、哲学、思想、教育、芸術・芸能、スポーツ等々、ほぼあらゆる分野において英語の優位性はいまのところ揺るぎないと思われる。

　その一つである情報通信の分野に目を向けてみよう。今や地球規模でその情報網を張り巡らせ、パソコンやモバイル端末に限らず多種多様な機器によって利用されているインターネット。文字通り「世界を縦横無尽に駆け巡る」ネット（網）である。

(3) English Divide and Digital Divide

　あまり馴染みがないかもしれないが、English Divide and Digital Divide ということばがある。'divide' とは「分水嶺」とか「分岐点」が原義であるが、ここでは「格差」の意味で使われている。つまり English divide とは**「英語によるコミュニケーション能力・情報収集能力によって生じる格差」**である。他方 digital divide とは**「コンピュータによる情報通信能力（computer literacy）によって生じる格差」**のことだ。

　言い換えれば English Divide and Digital Divide とは、英語を媒介にし、コンピュータを駆使して様々な分野の価値ある情報を受信・発信する能力の有無によって生じてくる結果の格差と言ってもよい。その格差は個人間、都市部と地方間、国家間、地球上の地域間における放送・通信の情報量やサービスの可否に現れ、その結果、経済成長、科学技術の進歩、その他の知的・文化的レベル全般に計り知れないほどの大きな格差が生じてしまうことを意味する。

　逆に言えば、**英語による発信・受信能力**も乏しく、**コンピュータ・リタラシー（computer literacy ＝コンピュータ活用能力）**も備えていなけ

れば様々な面で不利な立場に置かれることになる。そしてこの状況を放置すればその格差は幾何級数的に拡大するばかりである。この英語と情報活用能力が自動車の両輪のように連動して加速的に前進する。このどちらかが欠けても効率的に回っていかないことになる。

(4) どの言語を選ぶか

　ことばには譲れない**絶対的価値**がある反面、現実世界で使用する際に実利的価値を生み出すという極めて重要な**相対的価値**も併せ持っていることを示してきた。繰り返しになるが、世界中で使われている言語（3,000〜6,000種類）には実利性という基準で測った場合、明らかに格差が存在する。それは経済的利益、言語情報を通して得られる知的情報を通しての利益である。

　あなたが一生のうちに何か一つ第2言語の習得を思い立ったとしよう。その際、どのような目的や基準でどの言語を選択するだろうか。平均的な日本人なら一生のうちにマスターできる異言語は精々一つであろう。よほど異言語習得に情熱を燃やし、かつ語学のセンスが優れておれば2言語をものにすることができるかもしれない。しかし、人生にはやるべきこと、成し遂げたいことが他にもあり、異言語習得にばかりそうそう時間、金、エネルギーをかけるわけにはいかない。従って、どれか一つに絞る必要がある。その際の学習動機として大まかに次の三つのタイプが考えられる。

1）ロマンチック型

　その言語が話されている国が育んできた伝統、芸術、文化、歴史などに非常に関心がある。その言語をマスターしてその国の情報を集め、もっとよく知りたい。その国に友人を作り交流したい。その国出身の恋人がいて彼（彼女）のことばで愛を語りたい。いろいろな国の友人と電話、メール、SNSを使って自由にやり取りしたい。いずれはその国に留学、または移住したい。大好きな観光地なので何度でも訪れ、地元の人々とその言語で触れ合いたい。本場で映画、ミュージカル、オペラを

観たい、音楽を鑑賞したい。その国出身の映画俳優・ミュージシャン、アスリートなどの熱烈なファンである等々、理由や動機は多種多様であろう。

2）実利追求型
　その言語をコミュニケーションの手段として最大限に活用し、情報を得たい。国境や文化を越えてビジネスを展開するのに不可欠である。その言語を駆使して様々な経済活動をして利益に結び付け、いつか成功して億万長者になりたい。

3）知的探究型
　文学作品、思想、哲学、宗教関連の書籍を原典で読んで教養を深めたい。知的地平を拡大深化させたい。学問・研究を深めるために不可欠である。さまざまな分野の知的欲求を満たしたい。

　それではグローバル言語として不動の地位を確立しているとされる英語を上述した三つの基準を念頭に置いて、少々専門的な視点から分析するとどのような実態が浮び上がってくるであろうか。以下の統計的数字は最新情報ではないが大まかな状況はつかめると思う。なお、以下の資料は *English as a Global Language*（D. クリスタル　2003）から引用し、筆者が要約したものである。クリスタルは英語がグローバル言語になった理由として、(1)使用人口、(2)使用人口の地理的分布、(3)使用域の範囲の広さ・使用頻度の三つを挙げている。

(1) 使用者人口
　世界中の英語使用者人口は以下のような三つのグループに大別される。それぞれの話者の住む地域は① **Inner Circle**（内円）、② **Outer Circle**（外円）、③ **Expanding Circle**（拡大円）と呼ばれ、同心円を描くように外へ広がっている。
　このような英語の使用状況を三重の同心円で分類したのは Braj

Kachru である（Kachru 1992）*7。

① **母語としての英語話者**（Speakers of English as a Native language）
英語を母語としている国。アメリカ合衆国、大英帝国、カナダ、オーストラリア、ニュージーランド、南アフリカ共和国など。約3億8千万人。

② **第2言語・公用語としての英語話者**（Speakers of English as a Second / Official language）
英語は母語ではないが、歴史的な経緯から、国家の制度に重要な役割を果たしている国。インド、フィリピン、シンガポール、香港、バングラデシュ、パキスタン、マレーシア、タンザニア、ケニアなど。約1億5千万～3億人。

③ **異言語としての英語話者**（Speakers of English as a Foreign [International] Language）
英語が異言語、または共通言語（lingua franca）として広く使用されている国。日本、台湾、韓国、中国、インドネシア、ロシア、ヨーロッパ全域、エジプトなど。約10億人。

(2) **使用者人口の地理的分布と通用度**

南北アメリカ、ヨーロッパ、東アジア、東南アジア、南アジア、オーストラリア、アフリカ、中東、ロシア、アラブなどの各地域等ほぼ全域に及んでいる。具体的数字は挙げていないが、世界で**使用人口が最も多い地域は東南アジアである**ということは注目に値する。例えば**ASEAN（東南アジア諸国連合）の会議・フォーラム等の共通言語・業務言語はすべて英語が使用されている**。

(3) **使用域の広さと使用頻度**

情報通信、経済（ビジネス・貿易）、国際政治（外交）、安全保障、学

---

*7：使用人口は流動的であることから概数を示している。

問（研究）・科学技術、芸術（音楽）、文学（翻訳の媒体言語）、文化情報一般、通訳・翻訳の媒体言語、スポーツ、マスメディア（新聞、ラジオ、テレビ、インターネットの媒体言語）、国際ボランティア活動、国際交流などにおける使用域が極めて広く、通用度が群を抜いて高い。

上述したような実情に加えて、近年のグローバル化と連動して英語の世界的規模の拡散現象が進んでいる。これは**世界英語（world Englishes）**と呼ばれ、世界各地で地域の言語と接触することによって**局地化（localized）**、あるいは**土着化（indigenized）**した英語の変種のことである。例えば、インド英語（Indian English）、シンガポール英語（Singapore English）、香港英語（Hong Kong English）、フィリピン英語（Philippine English）といった具合である。

このようなある強大な影響力を持った特定言語が国境を越えて、政治・経済・科学技術・文化・軍事力など、ほぼすべての分野で圧倒的な影響力・支配力を持つ状況は**言語帝国主義（linguistic imperialism）**と呼ばれている。先述した言語の絶対的価値という観点からすれば、明らかに言語間の不平等であると言える。少数弱小言語とその文化を守ろうとする**言語生態学（language ecology）**の視点から深刻な問題として強い批判の対象となっている。

言語帝国主義の立場から見れば、英語は少数弱小言語・文化の消滅に加担している最たる「悪の根源」として槍玉に挙げられて、**killer language（殺し屋言語）**という汚名を着せられている。

(5) 消滅の危機に瀕する言語 ── 消えゆく言語を守れるか

言語には絶対的価値と相対的価値が併存することは何度も触れてきた。そのどちらも極めて重要であり、単純に二者択一はできない。しかし、現実は冷酷非情である。つまり、ニーズ・相対的価値の低い少数言語（minority language）は英語を始めとする一部の主要言語（major languages）の圧倒的な影響力によって追いやられ、母語話者人口は細っていく。

ことばはそれぞれの民族の精神・価値観を投影し、支え、文化の創

造、維持、継承、発展に不可欠である。とは言え少数言語、または競争力の弱い言語を母語とする人々は生き残るために主要言語に頼らざるを得ないのも現実だ。背に腹は代えられないのである。やむなく母語を捨てて、経済的な実利をもたらしてくれる有力言語を身につけざるを得ない。こうして徐々に少数言語は消滅の危機に瀕していく。

　この状況が続けば、少数言語話者は減少の一途を辿り、最後の母語話者（native speaker）と共に地球上から消えていく。それは一つの文化の消滅をも意味する。非常に残念ではあるが言語の盛衰も生態系における**弱肉強食（the law of the jungle）・適者生存の法則（the law of the survival of the fittest）**と通底するものがある。

　この文脈において、先述した言語帝国主義の主張は個々の言語とその文化を尊重し、守っていこうとする一つのイデオロギーとして十分理解できる。他方で、言語の相対的価値を否定することも現実的とは言えない。両者の相克を乗り越えるのは至難の業であり、その解決策は現時点ではまだ見えていない。

　ここで述べた**「危機言語」（endangered language）**と密接に関連した鍵概念を以下に挙げておく。一部重複する語もあるが、関心のある向きは検索の参考にしていただければ幸いである。

　「少数言語」（minority language）「言語死滅」（lingucide）「言語帝国主義」（linguistic imperialism）「言語の多様性」（language diversity）「言語生態学」（ecology of language）「言語維持」（language maintenance）「言語庭園」（language garden）「複言語主義」（plurilingualism）「世界言語権宣言」（UNIVERSAL DECLARATION ON LINGUISTIC RIGHTS）「言語復興（再活性化）」（language revitalization [revival]）

5　ことばと人権

　ことばを使って他者の名誉を棄損し、人権を侵害し、心を傷つけ、社

会の秩序を乱すさまざまな行為については**本章の「3 ことばの特質」の「[7] 真理性と反真理性」**をはじめ、随所で触れている。

ここではことばと人権の関わりを中心に(1)**差別表現**、(2)**差別表現と表現の自由の相克**、(3)**言語権（language rights）**という三つの側面から考えてみたい。

(1) 差別表現

差別表現とは、言うまでもなく、個人または集団を攻撃して人権を侵害し、名誉を棄損し、人格を貶め、社会的に排除し、心理的に追いつめ、傷つける暴力性に満ちたことばの総称である。差別表現が向けられる対象・状況は概ね以下のようなものが挙げられる。

> 人種（racism）・民族（ethnic discrimination）/ 性（sexism）—— 特に女性に対するセクシュアル・ハラスメント（sexual harassment）・性的マイノリティー（sexual minority=lesbian / gay / bisexual / transgender / asexual など）/ 障碍者・身体的欠陥や特徴・病人・容姿（lookism）など / 職業・階級・社会階層 / 高齢者（ageism）/ 社会的弱者（the socially vulnerable）/ 政治的イデオロギーで対立する者・政敵への誹謗中傷・ヘイトスピーチ・ネガティブキャンペーンなど / 対象に対する揶揄的表現・否定的な語感を持つ表現［例：動物（キツネ、タヌキ、サル、イヌ、ネズミなど）や害虫（ゴキブリ、蛆など）に例える表現］

時代・社会の変化、民主化、平等思想（egalitarianism）、フェミニズム（feminism）、人権意識の芽生えによって、このような差別表現を撤廃しようとする動きが世界各地で起きている。また、かつては差別表現として認識されていなかった表現も先に述べた**ポリティカル・コレクトネス（political correctness / politically correct language）**運動の進展の結果、差別的響きを持たない中立的表現への言い換えが我が国も含めて欧米先進国を中心に広がりを見せている。

(2) 差別表現と表現の自由の相克

　上述したように差別表現は紛れもなく相手の名誉を棄損し、心を傷つけ、人権を侵害することばの悪魔の顔である。しかし、物事には必ず表と裏の両面がある。つまり、差別表現はどのような**文脈（context）**であろうと決して使用することは許されないのだろうか。例えば文学作品で、テーマとして差別問題を扱う場合はどうだろうか。いかなる正当と思われる理由、根拠があっても問答無用とばかりに、「差別語」を画一的に排除すれば**「ことば狩り」（language policing）**という別の問題を惹起する。表現・言論の自由とのせめぎ合いが生じる。両者は対極に位置し、基本的に相容れない矛と盾の関係なのである。

　この問題を論じる際に避けて通れないのが作家の**筒井康隆**氏の断筆宣言である。1993年、同氏が角川書店発行の高校国語の教科書に収録されることになった**『無人警察』**の中で、癲癇の記述が差別的であるとして、日本てんかん協会から抗議を受けた。両者の間で数度にわたり交渉がなされたものの決裂に終わった。さらに、角川書店が、同作品を無断で教科書から削除したことに筒井氏が抗議して断筆宣言した。

　この問題は、さまざまな障碍者団体や人権団体、文学界、出版社を巻き込み、「表現の自由とはなにか」を巡って大きな論争に発展し、紛糾した。その後、筒井氏は日本てんかん協会との和解が成立し、1996年に断筆を解いた。

　文学作品でこういう被差別者とされる対象を扱う場合、たとえ書き手の側に差別意識が全くなくても、それによって傷つけられる人がいたならばどうするか。差別表現と表現の自由の相克という難しい課題を改めて突きつける一つの転機となった。容易には解が出ない永遠のジレンマといえる。

(3) 言語権 (language right)
☑ 言語権の概念

　「言語権」なることばは一般的にはあまり馴染みがないかもしれない。そこで、まずその定義を要約すると以下のようになる。

正式には**言語的人権（linguistic human rights）**と呼ばれている。「言語権運動の社会的背景」（米谷美耶　2003）によれば、この定義は1987年にブラジルの「**多文化コミュニケーション国際協会**」によって、以下のように決議されたものとされている（Skutnabb-Kangas 1994）。

1．すべての社会集団は、一つまたは複数の言語に肯定的帰属意識を持つ権利、およびその帰属意識を他者から認められ尊重される権利を有する。
2．すべての子供は、自集団の言語を十分に習得する権利を有する。
3．すべての人は、あらゆる公式の場で自集団の言語を使用する権利を有する。
4．すべての人は、自身の選択にしたがって、居住国の公用語のうち少なくとも一言語を十分に習得する権利を有する。

筆者なりに敷衍すれば、ある領域で、その人の属性（民族的背景・国籍・母語話者の人口規模など）にかかわらず、公私の場で意思疎通を図るために自分の意志で言語を選択する権利であり、精神の自由権の一部であると言い換えることができる。

☑ 言語戦争

多民族・多言語・多文化が共存する国家が珍しくないヨーロッパ諸国では20世紀の末頃からこの言語権の確立への取り組みがなされてきた。その背景には少数民族言語の話者が社会的・政治的にさまざまな面で差別を受け、不利な状況に置かれてきたという事情がある。

日本人には想像し難いことであるが、歴史的に見ると、一国内で複数の言語を話すグループが、言語に関連して政治的・社会的に鋭く対立している状況がある。これを**言語戦争（language war）**と呼んでいる。多民族・多言語・多文化が共存する複合国家は、ほぼ例外なくこの言語戦争に苦しんでいる。

ここでは三つの言語戦争（紛争）の事例を見てみよう。

第Ⅱ章　ことばのワンダーランド

　一つはベルギーにおけるラテン系とゲルマン系の住民間の激しい言語戦争である。以下は**「世界史の窓」**の解説を要約したものである。「1831年にオランダから独立したベルギー王国は、1839年にヨーロッパ諸国から独立を認められたが、その内部に深刻な対立を抱えている。それは、北部のフラマン語圏（オランダ語系）地域＝フランデレンと、南部のワロン語圏（フランス語系）地域＝ワロニーの対立である。独立以来フランス語系の方が優勢で公用語とされたが、フランデレン地域の住民がフラマン語の公用語化を強く要求するようになり、しばしば対立は実力行使にも及んだ。」

　二つ目はカナダの例である。英語圏のカナダでもフランス語話者人口の多いケベック州がフランス語のみを公用語とする運動を展開している。

　カナダは本来フランスの植民地として開拓されたが、英仏七年戦争によってイギリスに譲渡されたという歴史的経緯により、英語話者とフランス語話者の２大グループが共存する状況が続いている。

　連邦レベルでは両語を公用語と定めているが、州レベルの公用語は各州に任されている。特に、フランス語話者の多いケベック州ではフランス語のみを州の公用語としており、長きにわたって分離独立運動が続いている。英語圏と対立して、これまで暴動や流血事件に至るものまで様々な抗争があった。

　三つ目として典型的な多言語国家であるアメリカ合衆国でも言語権の問題が大きな国家的課題となった。意外なことであるが、連邦レベルでは英語は公用語としては位置づけられていない。しかし、1980年代以降英語によるアメリカの理想の実現を目指そうとする言語の**同化主義**（English Only）と英語以外の言語の使用も公の場で認めるべきだとする**多元主義**（English Plus）とのせめぎあいが繰り広げられてきた。この対立は**英語公用語化論争**（Official English Controversy）として米国内を議論の渦に巻き込んだ。同化主義と多元主義の選択は各州によって

対応が分かれているのが現状である*8。
　これらの事例以外にも世界の各地で言語戦争（紛争）が起きている。これはまさに言語権が脅かされた少数派集団がさまざまな政治的・社会的不利益を被ったり、文化的アイデンティティーが危機にさらされたりしたことから、発生した民族間の権利闘争なのである。

☑ 基本的人権としての言語権

　言語権という問題の重大性は歴史的に遡ってみるともっと明確になる。これがどれほど深刻に人権に関わっているかを知るために二つの歴史的事例を挙げたいと思う。
　一つは、アメリカ建国の時代にアフリカから奴隷船で強制連行されてきたアフリカ人たちの言語権にまつわることである。奴隷として白人の家庭に送り込まれた人々は、白人支配者によって奴隷同士の接触を絶たれ、母語を話す機会を失い、英語社会に吸収され、やがて母語を奪われていったとされている。こうして支配者たちは確実に、急速に奴隷への言語同化策を進めていった。主人に服従させる最も有効な方法である。
　比較的新しい言語権にまつわる重大な歴史的事例としてはかつての大日本帝国政府が行った植民地における日本語教育と創氏改名を挙げることができる。
　第二次世界大戦期の日本は、国内では国語の醇化、海外では東亜新秩序から大東亜共栄圏の構想の下、朝鮮、満洲国、中国大陸、台湾、南方諸地域において日本語・日本語教育を推し進めた。
　また、**『ブリタニカ国際大百科事典』**によれば創氏改名は「日韓併合下における皇民化政策の一環として、1939年に朝鮮人の姓名を半強制的に日本式の氏名に変えるように、大日本帝国朝鮮総督府が始めた制度であった。この結果、ほとんどの朝鮮人男性が日本式の『氏』に変えた

---

*8 ：アメリカ連邦政府レベルにおける**英語公用語運動**が始まったのは、1981年である。カナダ生まれの日系人言語学者・連邦上院議員だったS. I. Hayakawaが、英語を公用語とする修正条項を憲法に付加することを提案したことに端を発してこの運動が始まった。

とされている。」。

　植民地政策の一環として共通するのは、支配者が被支配者に対して言語的・文化的同化政策を講じ、表現と思想の自由を奪うのが常套手段であるということである。

　アメリカ、ハワイ、オーストラリア、ニュージーランドなどの先住民へも言語同化政策が講じられた。かつての欧米列強によるアフリカ・南米、アジア諸国における植民地政策にも例外なくこうした言語の同化政策がとられたことは周知のとおりである。わが国においても言語同化政策によって**アイヌ語**はほぼ消滅し、**琉球語（シマクトゥバ）**も消滅の危機に瀕していることは本章の「**11 標準語と方言**」の項で少し触れているので確認していただければ幸いである。

　母語を奪われ、あるいは公共の場で自由に使用することを制限されるということは何を意味するか。また、何よりもアイデンティティーの根幹をなす氏名まで強制的に変えさせられることが、人間にとってどれほどの屈辱で、耐え難いことであるか、想像して余りある。その心の傷は簡単に癒えるものではない。

☑ もう一つの言語権

　この**言語権**の問題は我々日本人にとっては対岸の火事かと言えば決してそんなことはない。**多言語国家（multilingual country / polyglot nation）**ではないけれども、わが国でも異なる文脈における言語権問題が浮かびあがってきた。

　グローバル化に伴って、近年、外国から多様な目的で、日本語の話せない人々が急速に流入している。このような**新しい住民（new comer）**が日本で安心・安全に暮らせるように、日本語習得支援、またその子どもたちには日本語に加えて、彼らの母語能力保持支援の必要性が喫緊の課題として認識されるようになり、徐々にではあるがその対応策が自治体レベルで講じられつつある。

　日本語習得は彼らが日本で働いて収入を得、十分な学校教育を受け、将来にわたって生活していく上で必要不可欠なものである。新しい住民

たちにとって、日本語を習得し、教育を受け、仕事につき、不自由なく生活することが最低の条件であるが現実は極めて厳しい。親世代と比べて、第2世代は母語を保持しつつ、日本語を習得する成功例が多い。しかし、十分な支援がなければ第2世代は**セミリンガル（semi-lingual）**になるリスクを負うことになる。semi-lingual とは母語の保持もできず、日本語も一定のレベルに到達しない中途半端な言語能力のことで、進学や就職を始め、社会生活全般に適応することが困難になる事が多い[*9]。

また、火災や地震・津波・洪水・噴火などの自然災害、事件、事故、非常事態や病気、けがなどの緊急事態に対処するためにも日本語能力は彼らにとって生死にかかわる問題である。あの阪神淡路大震災が発生したとき、外国籍の住民が多い神戸市、及びその周辺地区においても、マスメディアや自治体から安全確保に関するさまざまな情報（避難指示・避難場所・避難方法など）が流された。しかし、日本語が十分理解できない人々はパニックに陥り、大きな混乱を招いたことも**言語サービス（language service）**の必要性が痛切に認識される大きなきっかけになったとされる。

6 ことばの危機

(1) 政財界とメディアに広がることばの危機

メディアとしてのことばの役割・機能が今ほど危機に瀕している時代はないのではないだろうか。2016年、民主党のヒラリー・クリントンと共和党から勝ち上がってきたドナルド・トランプ間で始まったアメリカ大統領選挙戦の頃から、その兆候が急速に顕在化し、深刻さがアメリカに留まらず世界中に広がっている。

トランプ政権誕生後は、新政権に批判的な論調、異論や対立する考え方をすべて **fake news（偽ニュース）** と断じて、問答無用とばかりに切り捨てる。自らの政策・発言に関してはその真偽を問わず**ポスト・トゥ**

[*9]：'semi-lingual' の定着した訳語は筆者の知るところでは今のところない。

ルース（post-truth）だの、**オルタナティブ・トゥルース（alternative truth）**だの、全く意味不明のナンセンスの「コトバ」を垂れ流している。かつて耳にしたことのないこれらの戯れ言の実質は「虚偽」と同義であることは明々白々だ。黒を白と言いくるめ、白を黒と決めつける。知性も理性もあったものではない。**反知性主義（anti-intellectualism）**の最たるものだ。権力を握った側がこういうことになれば、無理が通れば道理は引っ込む。一体、何が真実、あるいは事実で、何がでっち上げ（嘘）なのか、新聞記事を読んでも、ラジオ、テレビ、ネットのニュースを見聞きしても、すぐには判断できないことが多くなった。伝統的なマスメディアは深刻な危機に遭遇している。

このような前代未聞の状況を受けて、特に2016年のアメリカ大統領選以降、本来の意味での**ファクトチェック（fact-checking）**とは全く別次元でのファクトチェックが必要になってきた。本来のファクトチェックというのは、事実として言及された情報を検出し、その内容が事実誤認や誇張などを含まない正しい情報であるかどうかを確認することである。いわば人為的な過誤（human errors）を正すことであるが、新たな「ファクトチェック」は意図的に真実をまげて報道される偽ニュースを監視し、正すことが目的である。

アメリカ大統領選では当時のトランプ候補を支持する **Alt (Alternative) right 勢力**がこうした状況を後押しした。いわゆる**ネット発の新しいタイプの右派層（online right wingers）**である。クリントン候補の支持基盤である米国社会の**エリート層（the established）**への反発がその引き金になったとされている。社会の主流派（政財界のエリート、学者などの知識層）への反発。そんな主流派によって推し進められ、現在の社会では当然のように正しいことと考えられている**多文化主義（multiculturalism）**、**ポリティカル・コレクトネス（political correctness）**、**移民推進政策（pro-immigration policy）**、**フェミニズム（feminism）**などへの反発。こうした既成事実に異議を唱えると、差別主義者呼ばわりされる現代社会への反発。白人であるというだけで罪悪感を持つように仕向けられる社会への反発。**民族的マイノリティーへの配慮**

(**affirmative action**)を白人への逆差別として捉えた結果、生じた怨嗟。権力基盤を背景にしているクリントンに露骨に肩入れする主流派メディアへの反発。ポリティカル・コレクトネスでがんじがらめになり、言いたいことも言えないそのような社会への反発等々が背景にあるとされている。

こうして顕在化した"**post [alternative]-truth**"なるものは、「**世論形成において、感情や個人的信念への訴えかけの方が、客観的事実よりも影響力を持つ状況**」（Oxford Dictionaries Word of the Year 2016）である。Alt (Alternative) right（ネット上の右派層）は事実関係を無視して、あるいはありもしないことを捏造して、気に入らない相手を感情の趣くままに攻撃し、名誉を棄損し、傷つけて憚らない、という点で日本の**ネトウヨ（ネット上の右翼層）**と共通するところがある。かつてのドイツの**ナチズム（Nazism）**、イタリアの**ファシズム（Fascism）**、近年台頭しつつあるヨーロッパの**ネオナチズム（neo-Nazism）**のような極右勢力の思想・言動を連想させるもので、戦慄を覚える。以下はアメリカの現状を痛烈に皮肉った新聞記事である。

"Obama founded ISIS. George Bush was behind 9/11. Welcome to post-truth politics."「オバマがISISを創った。9・11はジョージ・ブッシュが仕掛けた。（そして）ポスト真実の政治の出番だ」（2016年11月1日 ***The Economist***）

⑵ フェイクニュースとサイバー犯罪

ことばの危機は政界に留まらず、あらゆる分野に広がっている。いわゆる**ソーシャル・ネットワーキング・サービス（SNS）**の地球規模の普及によって、インターネットの環境さえあれば誰でも情報の受信者にも発信者にもなれる時代になった。しかし、SNSは非常に便利なメディアである反面、その弊害も深刻さを増している。SNSを悪用したフェイクニュースの主なタイプは次のように大別できそうだ。

第一に、ビジネス目的にますます悪用されるようになった。今や、世界各地でフェイクニュース産業なるものが成り立っているという。例え

ば、本物そっくりのネットショップの**ホームページ（website）**を偽造して、利用者を騙し、巨万の富を築く。なかには家族ぐるみで「共同経営」している詐欺のファミリービジネスも大繁盛しているというから絶句する。地球上のどこにいても、**IT技能とある程度の英語力**があれば広告収入を狙ったネット犯罪が可能なのだ。しかも、犯人を特定し、摘発するのは至難の業だという。深刻な事態と言わざるを得ない。皮肉にも英語のグローバル化が悪用されている厄介な事態である。このような卑劣な犯罪は国境をいとも簡単に越えて、善良な一般市民の生活、財産、安全、安心を脅かす。犯罪者が先端技術を悪用している以上、その上を行くようなさらに高度な科学技術の開発とすぐれた大量の**ホワイトハッカー（white hacker）**の養成が急務である[*10]。

　第二に、事実に反する、あるいは根拠のない情報を流してでも自分が注目されたいという異常なまでの自己露出、承認欲求の手段になっている。鬱屈した心理、社会への怨嗟などが引き金になって、人々を反倫理的・反社会的な情報発信へと駆り立てていると見ることもできる。あるいは昔から存在する愉快犯の可能性も否定できない。

　第三に、匿名性を盾にして、思想信条の異なる者、さまざまな社会的弱者、**少数民族集団（minority ethnic group）**などへ差別感情を露骨にぶつけ、一方的に攻撃する極めて卑劣な暴力装置にもなっている。先述したネトウヨによるヘイトスピーチなどはその一つの典型例である。こうなるともはや無法地帯であり、倫理的カオスと言わざるを得ない。

　このような状況は不特定多数の情報受信者にも深刻な波及効果を及ぼす。思考停止の結果、客観的・理性的な判断ができなくなると、自分の考え、感情、願望に見合った情報をその真偽、情報源の信頼性を確かめることなしに、安易に信じて、受け入れてしまう。それが拡散し、増幅される。一度ネット空間に拡散するとコントロールが利かなくなる、と

[*10]:「ホワイトハッカーとは、コンピュータやネットワークに関する高度な知識や技術を持つ者を指す呼び名である『ハッカー』のうち、特にその技術を善良な目的に活かす者のこと」（『**Weblio辞書**』）

いう悪循環が起こる。
　2016年のアメリカ大統領選が大詰めを迎えた頃、ローマカトリック教会の**フランシス教皇（Pope Francis）**の名を騙って、フェイクニュースが世界中に流された。「フランシス教皇が世界に衝撃、大統領選でドナルド・トランプ氏を支持、声明を公表」というものである。このような憂慮すべき状況を受けて、フランシス教皇は世界に向けて次のように警告している。"Pope Francis has denounced fake news as evil, comparing it to the snake in the Garden of Eden, and urged journalists to make it their mission to search for the truth."（フランシス教皇はフェイクニュースをエデンの園における蛇になぞらえて、悪であると非難し、ジャーナリストたちに対して真実を追求することを使命とするように促した。）（中略）"He said the first fake news dated from the biblical beginning of time, when Eve was tempted to take an apple from the Garden of Eden based on disinformation from the serpent."（教皇曰く、最初のフェイクニュースは、イブが蛇から与えられた虚偽情報によってリンゴ〈知恵の実〉を食べるようにそそのかされた、聖書の原初に遡るとした。）（**Associated Press** 24 January 2018）
　残念ながら、フェイクニュースはどうやら人間の本質（原罪）に根差しているようだ。

7　ことばの障害

　ことばの障害には様々な種類と特徴があるが、それらの原因は以下のように大きく分けることができる。

(1) 言語習得臨界期における環境の不備
　本章の「1　ことばの獲得」の項でも触れたように母語習得の臨界期に何らかの原因で言語刺激を受ける機会を失い、左脳の言語習得装置が作動せず、言語習得ができない場合である。幼児期に人間社会から隔絶されて育った野生児または孤立児と呼ばれる子どもや、正常な言語環境から隔絶された子どものケースが知られている。このケースでは正常な

言語環境であらゆるリハビリテーション措置を施しても言語習得には限界があり、文法の確立は不可能であることがこれまでの事例で明らかになっている。

(2) 脳の機能障害

　脳梗塞後遺症、脳出血後遺症、脳血管障害など脳の機能中枢がダメージを受けて起きる言語障害である。ことばの理解と表現が困難になる症状で、「発声機能の障害」と「言語機能の障害」に大別される。前者には「発声機能の麻痺」「発声機能の運動障害」、発音が正しく出来ない「構音障害」、「吃音症」、発声時に声門の筋肉が極端に収縮し、締め付けられたような声や発音が震えたりする「痙攣性発声障害」、「早口言語症」などがある。後者は「失語症」と呼ばれ、失読障害（dyslexia）と書字障害（dysgraphia）に大別される。

　失語症は知的能力や知覚能力には異常がないにもかかわらず、文字の読み書きが困難になる障害で学習障害の一つとされている。形が似た文字を区別できない、文字を読みながら同時に言葉の意味を理解することができないため読むのに時間がかかる、意図した言葉を正確に書けないなどの症状がみられる。視覚的に認識した文字や単語を音に結びつけて理解したり、単語や文節の形から直接意味を理解するプロセスに何らかの障害が起きたことによるものと考えられているが、詳しい原因は解明されていない。

　失語症にはこれ以外にも「高次脳機能障害」「言語発達障害」「知的障害」「自閉症」等が含まれるがここでは詳述しない（『デジタル大辞泉』）。

(3) 脳の器質障害

　精神の器質異常により、文法機能が破壊された場合である。器質的要因としては精神疾患という病で総称されているが様々な様態に分類されている。「統合失調症」を例にとると言語の異常で始まることが多いのは周知のとおりで、おし黙ってしまい、一言も発しなくなる無言症、支

離滅裂なことばをしゃべる言語錯乱、談話の途中でことばが急に途切れてしまう思考途絶、相手のことばをそのまま繰り返す反響言語などがある。これらはすべて言語解体の諸現象ということができる。また、存在しない文字を創る「作字」をする症状もあると言う。精神疾患を発症した旧友から手紙をもらったことがあるが、文面は論理性がなく、全く支離滅裂で意味不明であった。

　また、生まれつき、あるいは事故や病気などの後天的な理由により、唇・舌・口蓋・顔面などの形に異常があり、うまく発音ができない場合もある。口蓋裂、口唇裂、口唇口蓋裂、舌小帯短縮症などがこれに当たる（日本聴能言語士協会講習会実行委員会**『口蓋裂・構音障害』**協同医書出版社）。

(4) 先天的聴覚障害による発話障害

　音が聞こえにくい、または音が聞こえない状態を「聴覚障害」と呼ぶ。聴覚障害者はコミュニケーションに以下のような問題が生じることがある。①相手の声が聞こえないので、声をかけられても聞こえず、無視していると勘違いされる。②情報の伝達において、誤解を生じさせやすい。③社会の中で必要な情報が伝わりにくい。④多人数での会議に加わることが容易ではない。⑤聴覚障害があることによって、情報の収集・伝達が困難なだけではなく、社会から孤立しやすい。

　例えば、聴覚障害者には、身体障害者の車椅子や、視覚障害者の白杖のように、一見して分かる特徴がない。聴覚障害者が使っている補聴器や人工内耳などの補聴機器も、最近は目立ちにくいデザインの物が増えてきている。そのため、外見からは聴覚障害者であることが分からず、周りの人から必要な助けが受けられない場合もあり、孤立感を与えてしまうことがある（宇都宮市**『心のバリアフリーハンドブック』**）。

　先天的な聴覚障害者は音声言語を習得することが困難であることから**手話（sign language）**を習得することによりコミュニケーションを図る。手話とは**手指動作（manual signal）**と**非手指動作（non-manual signals）**を同時に使う書記言語の文字に対応させた視覚言語で、音声言

語と並ぶ言語である。

　しかし、手話システムは、音声言語や書記言語と比べると語彙の数が格段に少ないため、手話単語にない単語は、**指文字（finger alphabet / finger character）や手文字（manual alphabet）** を用いて一字ずつ書記言語の綴りを表現する。

(5) 不可思議な言語現象

　ことばにまつわる身近に見聞きした不思議な二つの事例を紹介しよう。一つは筆者がかつて勤めていた大学の同僚の話である。彼は不幸にして脳梗塞が原因で、ことばが一切出なくなってしまった。側聞したところによれば、ある日、入院先で非常に不思議なことが起きた。傍らにいた夫人に突然英語で何やら話しかけてきたと言うのである。重い発話障害で、それまで日本語は一言も出てこなかったのに英語がいきなり飛び出したと言うのだ。彼は米国留学経験があり、英語が堪能だったようだ。しかし、なぜこのような状況で、母語である日本語ではなく、普段はあまり使っていない異言語が飛び出したのか。そのとき、彼の脳の中で一体何が起きていたのか知る由もないが、脳の仕組みの不可思議さを改めて思った次第である。

　二つ目は言語障害ではないが、不思議な言語現象の事例である。英国留学中に目の当たりにしたミステリーだ。所用でロンドンに出かけた折、たまたま出席したある教会の日曜礼拝でのこと。礼拝が佳境に入った頃、筆者の少し前の席に座っていた男性が突然立ち上がり、体を小刻みに震わせながら、大きな声で何か叫び出したのだ。ただならぬ様相である。英語ではないということは分かったが、まるで理解不能であった。否、それよりも何よりもただならぬ空気に私は固まってしまった。同席していたと思われる人物が何やら通訳のように解説し出した。会衆（教会のメンバー）は特に動揺している様子もない。しばらくすると、その男性は落ち着きを取り戻して腰を下ろした。時間にしてほんの1分足らずの出来事である。

　礼拝後、隣の人に、何が起きたのか尋ねたところ、「彼は時折『異言』

を語るんです」（He speaks in tongues once in a while.）と言う。「異言」（glossolalia / the gift of tongues）とは「聖霊を受けて、学んだことのない言語、もしくは理解不能で複雑な言語を操ることのできる超自然的な言語知識、およびそのような現象」という大ざっぱな定義がある（https://ja.wikipedia.org/wiki/異言）。

聖書にもそのような言語現象に関する記事がある（新約聖書「使徒行伝」2：11〜13/「使徒行伝」19：1〜7/「コリント」第112：1〜14：40など）。常人には理解できないがそれを解き明かすには特殊な能力を持つ人もいるらしい。そのような現象が存在することは予てから聞いてはいたものの、目の前で起きて少なからず驚いたことを覚えている。これはどう説明すればよいのだろうか。ことばのもう一つの謎である。言語中枢、あるいは言語能力の仕組みは限りなく未知の世界であると言わざるを得ない[*11]。

8　ことばの変化

① ことばは現実と共に変化する（Language changes as reality changes）

先述したように、ことばは人間と同じように誕生し、成長（変化）し、他の言語と接触（結婚）し、新しい語を加えて（養子を迎え入れて）表現力を増していく。またやがて老年期に達し（古くなり）、役割を終えて寿命を迎える。

個人のレベルでもことばは常に変化し続けている。幼児、児童、少年期、青年期、熟年期、老年期と年齢と経験を重ねるにつれて声質、語彙、表現方法、内容なども変化する。また、その人の成育した環境（家

---

*11：「異言」（glossolalia＝glōssa「舌・言語」）＋(laliá「声・言語・言葉・発話・説明・意見」)＝「舌から発せられる声」を意味するギリシャ語で、glossary（用語集）と同じ語源。

第Ⅱ章　ことばのワンダーランド

庭・地域・教育程度）や関心領域・職業・社会的地位などによってもそれぞれ異なることばを身につける。

　ことばの変化に大きく貢献しているものの一つが**借用語**（**loan word**）である。新しいカタカナ語が雪崩を打つ勢いで次々に日本語に入ってくる。言語学的視点から言えば、とりわけ受け入れやすいカタカナ語の品詞は圧倒的に名詞である。それは文法的に他の品詞とは違い、そのまま日本語の文構造にすっぽりはめ込んでも齟齬を来さず、違和感がないからである。

　名詞はそのままそっくり使えるだけではなく、「名詞」＋「～する」という組み合わせによってほとんど無限に動詞になる。例えば、「アドバイスする」「コピーする」「メールする」「エンジョイする」「エントリーする」「アピールする」「アナウンスする」といった具合である。また、「サボる」「トラブる」「ネゴる」「ハモる」「ダブる」といった変則的な組み合わせも可能だ。それに次いで多いのが形容詞と副詞（句）であろう。「リッチな生活」、「ハードな訓練」、「ハングリー精神」、「キュートな女の子」、「ダーティーなやり口」、「タフな交渉相手」、「クリーンな政治」、「ブラック企業」、「クレバーな人物」といった形容詞や「ビッグになる」、「シビアに対応する」、「リアルに感じる」、「アクティブに活動する」などの副詞句表現等々は今や借用語という意識すらなく使っている。

　新しいことばが登場する背景には先端科学技術を始めとする新しい事物の流入があることは言うまでもない。これらは従来日本語にはなかった「モノ」や「コト」なので、すべてカタカナ語で表記される。情報通信に限ってもすっかり日本語の一部として溶け込んでいる。**インターネット（Internet）、ウェブサイト（website）、Ｅメール（E-mail）、ブログ（blog）、ツイッター（twitter）、フェイスブック（Facebook）、インスタグラム（Instagram）、ライン（LINE）、エス・エヌ・エス（SNS）、スカイプ（Skype）、ワイファイ（Wi-Fi）**等々、枚挙にいとまがない。これらは20年前にはまったく存在しなかったモノ（コトバ）である。20年後には一体どのような新語が世界中を飛び交っているの

か想像すらできない。

　それぞれの新語は人々に受け入れられ、公私にわたって使われるようになる。市民権を得て、日本語としてすっかり定着するものもあれば、一定の期間使われて、いつしか新しいものにとって代わられ、やがては死語になるものもある。

　次に英語の変化の諸相に目を向けてみたい。一口に英語と言っても様々な**国際的変種（international variety of English）**がある。音声パターン（発音、ストレス、イントネーション）、語彙、表現形態、綴り字（スペリング）なども国によって異なる。本家本元のイギリス英語を始め、アメリカ英語、カナダ英語、オーストラリア英語、ニュージーランド英語、南アフリカ英語などがある。また地域による違い（regional variety）も大きい。アメリカ英語を例にとると南部英語、東部英語などの違いや、社会階層による違いも決して小さくない。さらに近年は**世界英語（world Englishes）**も市民権を得てきた。これらは地理的距離がもたらした変化である。

　また、東南アジアや南西太平洋諸国で用いられている、英語と現地語の混成語である**ピジン英語（pidgin English）**や、非ヨーロッパの言語と接触して成立した混成語のうち、母語として話されている**クレオール英語（Creole English）**も英語の地理的変種であるとみなすことができる。

　また、歴史的な変化も極めて大きい要因である。時の流れとともに、大まかに**古英語（Old English）**、**中期英語（Middle English）**、**現代英語（Modern English）**のように変化を遂げてきたことは周知のとおりである。

　変化しにくいと見られている文法も決して例外ではない。**D. クリスタル**の *A LITTLE BOOK OF LANGUAGE*（2010）と聖書の箇所から次のような文法の変化例を引用して確認してみよう。以下は18世紀、小説家のJane Austenが書いた手紙文に見られる古い文である。以下に挙げた構文は現代英語の文法基準に照らすと非文法的ということになる。

　　［注］下線部は現代英語と異なる部分、カッコ内は現代英語の語法を表

第Ⅱ章　ことばのワンダーランド

す。

①Jenny and James <u>are walked</u> to Charmouth this afternoon. (=walked)
②<u>Shall not</u> put them into our own room? (=Won't you put them in our room?)
③Mr Murray's letter <u>is come.</u> (=has come)
④When the <u>even</u> (=evening) <u>was come</u> (=came), there came a rich man. . . .
（『14世紀ウィクリフによる欽定訳聖書』Matthew 25–27）
⑤"Christ <u>is become</u> (=has become) of no effect unto you, whosoever of you are justified by the law; ye <u>are fallen</u> (=have fallen) from grace." (Galatians 5:4)
⑥I <u>was graduated</u> from Oxford University. (=graduated) という文も過去の統語構造の名残と考えられる。これは現在では標準英語とは見なされていないが、ごく最近まで正則語法だったのである。

また、最も変化の遅い言語領域とされている書記体系（writing system）もやはり不変ではない。次の例も上述の**クリスタル**からの引用である。

⑦Imitate the best <u>E</u>xamples, and have a constant <u>E</u>ye at your <u>C</u>opy.（1786年に出版された文章の手引き書より）当時は名詞の頭文字を大文字にするのが流行していたという。
⑧綴り字（spelling）も時代ととも変化している。古英語（Old English）のアルファベットと綴り字に変化が見られる。特に語の綴り字は現代英語とは別の言語のように見える。以下は古英語のアルファベットと語の例である。

　　［注］下線を施した文字は現代英語にないもの。カッコ内は現代英語の対応語を示す。

小文字：a, b, c, d, e, f, <u>ȝ</u>, h, i, k, l, m, n, o, p, r, s, t, u, x, y, z, <u>þ</u>, <u>ð</u>, <u>ƿ</u>, <u>æ</u>
大文字：A, B, C, D, E, F, <u>ȝ</u>, H, I, K, L, M, N, O, P, R, S, T, U, X, Y, Z, <u>Þ</u>, <u>Ð</u>, <u>Ƿ</u>, <u>Æ</u>
単　語：bēce (beech) / dic (ditch) / ic (I) / sūþerne (southern) / hūs (house) / þanc (thank) / tæg (day) / geong (young) / byrgan (bury) / fylgan

(follow) / gan (own) / fugol (fowl) / gōs (goose) / hlāf (loaf) / cniht (knight) / nāht (naught) / seah (saw) / ȳtel (little) / asce (ashes) / scild (shield)

それではここで言語変化の原因をまとめて確認しておこう。

1）時の経過とともに無意識のうちに変わっていく場合
2）地理的な距離が変化をもたらす場合
　British English / American English / Canadian English / Australian [Aussie] English / New Zealand [Kiwi] English, etc.
3）異言語・異文化との接触による場合
　World Englishes (Indian English / Singaporean English / Filipino English, etc.) および Pidgin English / Creole English, etc.
4）意識的にある思想や価値観に基づいて変えられる場合
　Politically correct English (PC) fireman⇒fire fighter / poetess⇒poet / housewife⇒homemaker / American Indian⇒Native American / handicapped⇒physically challenged [disabled] / blind⇒visually impaired

② 英語の語義変化のパターン

　新語や廃語に見られるように言語の中で最も変化の激しい部門が語義である。語の意味が変わりやすいのは、語の形態と内容の間に論理的な関係がないことによる。**本章「3 ことばの特質」**で述べたように、記号表現と記号内容とは本質的に恣意的（arbitrary）な関係であり、ある語とその意味との結びつきには全く必然性はない。つまり、語とその意味の関係は言語によっても異なるし、ヒト、モノ、コトの実態によっても変化しうるということになる。両者の結びつきは一時的なものであり、語の意味は本来的に変化することが前提とされていると言ってよい。

　意味変化には典型的なパターンがいくつか見られる。そのなかでも特

第Ⅱ章　ことばのワンダーランド

によく取り上げられるのは、次の10通りのパターンである。以下のリストは ***NTC's Dictionary of CHANGES in MEANINGS*** の分類法といくつかの例を引用した。紙幅の都合でそれぞれの中から特に興味深い変化例について若干補足説明を加えた。

(1) 機能変化（Functional transfer of meaning）
事物や行為そのものの内容が変化したことによる変化。
grocer まとめ売りをする人⇒食料雑貨商 /**hospital** 宿泊所・ホテル⇒病院 /**secretary** 信頼のおける人・秘密を委ねることのできる人⇒文書を扱う人・記録文書を管理する役人・大臣・長官・書記官・秘書

(2) 狭小化（Narrowing of meaning）
「一般的意味」から「特殊な意味」へ /「広い意味」から「狭い意味」への変化。
accident 出来事⇒事件 /**box** 木製の箱⇒箱全般 /**butcher** 山羊を屠る者⇒食肉加工業者・肉屋 /**brown** 暗い・薄暗い⇒茶色の /**corpse** 身体・人⇒死体・死骸 /**girl** 性別を問わず子ども・若者・少女⇒女の子 /**hound** 猟犬⇒犬全般 /**lust** 欲求⇒性欲・情欲 /**meat** 食べ物⇒動物・鳥の肉 /**passenger** 通行人・通過する人⇒乗客・旅客 /**ride** 乗馬する⇒乗り物に乗る /**science** 知識⇒科学・自然界の法則・現象の学問 /**sermon** スピーチ・談話⇒（キリスト教の教会における）説教 /**starve** 死ぬ⇒餓死する /**wife** 女⇒妻

(3) 悪化（Deterioration of meaning）
プラス・中立的な意味からマイナスの意味への変化。
bully 恋人・素晴らしい男・好男子⇒いじめっ子 /**silly** 祝福された・幸福な・神聖な⇒愚かな・軽率な /**cunning** 博識な・知識豊富な⇒悪賢い・狡猾な・抜け目がない

(4) 拡大化 (Expansion of meaning)
限定的な意味から特定の意味への拡大。

beach 砂利浜・小石⇒浜・海辺 /**crisis** 転換期・岐路⇒危機・重大局面 /**holy day** 聖日⇒ holiday 休日 /**sanctuary** 神聖な場所・聖域⇒野生動物の保護区域・禁猟区・安らぎの場所

(5) 連想による変化 (Associate transfer of meaning)
原義からの連想によって生じた変化。

budget 小物入れ・財布⇒予算 /**cash** 銭函・金庫・現金箱⇒お金・現金 /**gossip** 代父母⇒噂話・他愛のない話が好きな人

(6) 抽象化 (Abstraction of meaning)
具象的意味から抽象的意味への変化・文字どおりの意味から比喩的意味への変化。

polite 磨かれた・滑らかな・洗練された⇒丁寧な・礼儀正しい /**aftermath** 秋の草刈りの後⇒災害や不運などの余波・後遺症・影響

(7) 良化 (Amelioration of meaning)
マイナスの（悪い）意味からプラスの（よい）意味への変化。

boy 男の召使い・悪人⇒男の子 /**nice** 愚かな・バカげた・単純な⇒親切な・礼儀正しい・丁寧な・好意的な・友好的な・愛想がいい /**pretty** ずるい・悪賢い・狡猾な・抜け目のない⇒（女性や子どもが）かわいらしい・美しい /**success** 結末・結果・成果⇒成功・達成・立身出世

(8) 弱化 (Weakening of meaning)
強い意味から弱い意味への変化・矮小化された意味への変化。

awful full of awe 畏敬の念に溢れた⇒ひどく嫌な・とても不快な・ひどく悪い /**friend** 恋人・愛する人⇒友人 /**naughty** 貧しい・困窮している⇒行儀の悪い・いたずら好きな、悪ふざけの

第Ⅱ章 ことばのワンダーランド

(9) 科学・科学技術の影響・概念の拡大・変容による変化

科学の知識・技術の進歩・新しい思潮による変化。

computer 自動計算機⇒コンピュータ（飛躍的な機能拡大により適切な訳語はない）/innovation 新基軸・新事項⇒技術革新/platform 教壇、演壇・講壇・舞台・〈人が立つ〉台・駅の乗降場⇒フォーラムの会場・〈主義・根本方針・目標などの〉声明・政策要綱宣言・主義や信条・〈コンピュータの〉プラットフォームなど

(10) その他の変化のタイプ

1) 固有名詞の一般名詞化

偉大なギリシャの戦士 Achilles ⇒ Achilles heel（アキレス腱）/Adam's apple ⇒ 喉仏/ドイツの精神医学者・神経病理学者 Alois Alzheimer ⇒ Alzheimer's disease（アルツハイマー病）/ロシアの外交官 Pavel Alexandrovich Stroganov ⇒（ビーフ）ストロガノフ/女権拡張指導者だった Amelia Jenks Bloomer ⇒ bloomers（ブルーマー）/フランス人教育者 Louis Braille（3歳で失明）⇒ Braille（点字）/帝王切開で生まれたローマ皇帝 Gaius Julius Caesar ⇒ Caesarean section（帝王切開）/イギリス人の不動産管理人 Charles Cunningham Boycott ⇒ ボイコット/初代ローマ皇帝 Caesar Augustus ⇒ August（8月）/スイス人植物学者 Anders Dahl より変化⇒ dahlia（ダリア）/ドイツ人の自動車技術者 Rudolf Diesel ⇒ diesel engine（ディーゼル・エンジン）/カーディガン伯爵 Earl of Cardigan ⇒ cardigan（カーディガン）/ギリシャの愛の神 Eros ⇒ エロス/ドイツ人物理学者 Gabriel Daniel Fahrenheit ⇒ 華氏（温度）/イギリスの陰謀家 Guy Fawkes ⇒ guy（男・奴）/この処刑法を提案したフランスの医師 Joseph Ignace Guillotine ⇒ guillotine（ギロチン）/ドイツ人物理学者 Heinrichs Rudolf Hertz ⇒ hertz（周波数の単位ヘルツ）/ロバート・ルイス・スティーブンソンの小説 Jekyll and Hyde ⇒ ジキルとハイド（二重人格者）/イエス・キリストを裏切った使徒 Judas Iscariot ⇒ 裏切り者/これを考案したフランスの空中曲芸師 Jules

Leotard ⇒ leotard（レオタード）/ アメリカ革命戦争時に、イギリス支持者を法律によらず収監した、Captain William **Lynch** ⇒ リンチ / オーストラリアの化学者 John **Macadam** ⇒ macadamia nut（マカダミア・ナッツ）/ 古代ローマの農業の神 **Mars** ⇒ March（3月）/ オーストリアの小説家 Leopold von Sacher-**Masoch** ⇒ masochism（マゾヒズム）［関連語 masochist / masochistic］/ アメリカの発明家 Samuel Finley Breese **Morse** ⇒ morse code（モールス信号）/ スウェーデンの化学者 Alfred Bernhard **Nobel** ⇒ Nobel prize（ノーベル賞）/ フランスに1500年にタバコを持ち込んだ **Nicot** ⇒ nicotine（ニコチン）/ ドイツ人物理学者 Georg Simon **Ohm** ⇒ Ohm's law［law of Ohm］（オームの法則）/ ギリシャ神話の女神 **Pandora** ⇒ Pandora's box（パンドラの箱、災難の根源）/ 英国の医師 James **Parkinson** ⇒ Parkinson's disease（パーキンソン病）/ フランスの悪名高い作家 Marquis de **Sade** ⇒ sadism（サディズム）［関連語 sadistic, sadist / sadistic］/ 英国の政治家・伯爵 Earl of **Sandwich** ⇒ sandwich（サンドイッチ）/ シェイクスピアの『ヴェニスの商人』の登場人物 **Shylock** ⇒［無慈悲な］高利貸し / フランスの財務大臣 Etienne de **Silhouette** ⇒ silhouette（シルエット）/ イタリアの物理学者 Count Alessandro Giuseppe Anastasio **Volta** ⇒ volt（電圧の単位ボルト）/ スコットランドのエンジニア・発明家 James **Watt** ⇒ watt（電力の単位ワット）

2）地名の一般名詞化

bikini（原爆実験を行ったビキニ島 **Bikini** ⇒ 女性の水着ビキニ）/ cheddar（チェダーチーズ発祥の地 **Cheddar**）/ 中国 China ⇒ 瀬戸物・陶磁器 / denim（南フランス serge de Nim ⇒ デニム）/ ドイツ北部の州 **Hamburg** ⇒ hamburger（Hamburg steak ⇒ ハンバーガー）/ 日本 Japan ⇒ 漆器 / jean（イタリアの **Genova** 市）/ turkey（**Turkey** トルコ ⇒ 七面鳥）/ casanova（女たらしで有名だったイタリアの作家 Giovanni Jacopo **Casanova** ⇒ 女たらし、漁色家、浮気者）/ morphine（**Morpheus**, the son of the Greek God of sleep ⇒ モルヒネ）/ ギリシャ

第Ⅱ章　ことばのワンダーランド

神話の牧畜の神 **Pan** ⇒ panic ⇒ パニック /platonic（an early Greek philosopher **Plato** ⇒ プラトニック）/ ギリシャ神話の半身半馬 **Satyr** ⇒ satyr ⇒ 風刺に富んだ

3）商標の一般名詞化
Band-aid ⇒ バンドエイド /Jello ⇒ ゼリー /tampax ⇒ タンポン（生理用品）/Zipper ⇒ ジッパー /Hotchkiss（ホチキス⇒日本では stapler の意味で使われている）

(11) 大化けした語義の例

これらの語義変化はどれをとっても興味深いものであるが、とりわけ以下の例は劇的変化を遂げた最たるものであり、その変貌ぶりには驚きを禁じ得ない。これらの語義変化について若干の補足説明をしてみたい。

boy 原義「男の召使い・悪党・人でなし」には lowly「身分が低い」、menial「卑しい」「悪質な」といったマイナス評価の含意があった。かつてアフリカ系アメリカ人が奴隷として白人（主人）に仕えていた時代に、男性の召使い（servant）は 'boy' と呼ばれていた。それを連想させることから今でも成人の黒人男性に 'Boy' と呼びかけることは極めて侮蔑的であり、絶対のタブーとされている。

bully 「恋人・素晴らしい男・好男子」から「自分より弱い者をいじめる卑劣な人間」という対極への凋落ぶりにはただただ驚かされる。まさに天国から地獄、天使から悪魔への大転落である。

corpse 現代英語では「死体」「遺骸」の意味であるが、原義の「身体」は corporal punishment（体罰）、corporal defect（肉体的欠陥）、corporally（肉体的に）、Corpus Christi（キリストの聖体）等の語に今でも残っている。

cunning なまじ「知識が豊富な」人間は、一歩間違えば狡猾で、抜け目なく立ち回り、不正を働くようになりかねないということを今

更ながら教えてくれる。「知識が豊かである」ことが正直で、誠実な人格を保証するものにあらずということか。世にエリートとかインテリと呼ばれている人種にもその傾向があるのもむべなるかな。

friend　原義の「恋人」は John and Beth are boyfriend and girlfriend relationship.（ジョンとベスは恋人同士だ）という表現で現在もその元の意味の名残を留めている。なお、現代英語では boyfriend ［girlfriend］は「男性の友だち・女性の友だち」というよりは「恋人」という意味で使うのが一般的である。また、男性が my boyfriend、女性が my girlfriend と言う場合は、通例「友人」のことではなく「同性の恋人」を意味する。

harbor　ラテン語の arbour「小さな庭・花園・木陰の休息所」を英語の harbour「避難所・隠れ場所」と誤って連想をした結果定着した語である。その意味がさらに拡大して「船舶を嵐から避難させるための場所＝港」の意味になったようである。

girl　原義「子ども」は男子にも女子にも使われる通性名詞だった。しかし、紛らわしいことから、男子は **knave girl**（=boy）というふうに使い分けていたようだ。

grocer　「単位」を表す 'gross' が語源である。15世紀ごろ、輸入した香辛料、砂糖、ドライフルーツなどの品を扱う商人は品物を<u>まとめ売りしていた</u>（sold foreign products <u>in the gross</u>）ことに由来する。

hospital　語源は旅人、巡礼者、よそから来た人々に寝る場所と食事などを提供する「宿泊所」であった。現代のホテル（**hotel**）は、当時は hospital と呼ばれていた。ホスピス（**hospice**）も本来は宿泊所であったが、現代では「終末期ケアを行う施設」を意味するようになった。ユースホステル（**youth hostel**）は若者の旅に安全かつ安価な宿泊場所を提供するための宿泊施設で、基本的にはホテルの機能を継承している。そこから **hospital**（病院）、**hospitable**（温かくもてなす、好意をもって受け入れる、歓待する）、その名詞形 **hospitality**（手厚いもてなし、接待、歓待、厚遇、もてなしの心）、**host [hostess] / host family**（客を迎えてもてなす人・家族）、オリン

第Ⅱ章　ことばのワンダーランド

ピックなどの **host county**（開催国）のように意味が広がっていった。これらに共通する概念は、それぞれのニーズに合わせて、「もてなす」、「世話をする」、「接待する」、「治療・看護する」などである。

[nice] 原義の「愚かな・バカげた・単純な」から「親切な・礼儀正しい・丁寧な・好意的な・友好的な・愛想がいい」への変貌ぶりには驚かされる。それこそ「最低」から「最高」ランクへの大出世である。

[pretty] 「ずるい・悪賢い・狡猾な・抜け目のない」から「かわいらしい・美しい」へと十階級特進と言ってよいほどの大躍進である。しかし、ネガティブな意味合いが次のような表現に今でもかすかに残っている。A pretty state of affairs.（ひどい混乱）/This is a pretty mess.（こいつは全くひどい）

[science] 「知識」から「科学」へと意味が特殊化した例であるが、今日でも自然科学に限らず、特定の学問分野の知識体系を表すとき使われている。次のような例に原義の名残を見ることができる。political science（政治学）、social science（社会学）、historical sciences（歴史学）、sports sciences（スポーツ科学）、information sciences（情報科学）、cultural science（人文科学）。また「知識」という原義は sciential（博識の・有能な）、the Omniscient（全知の神）、conscience（共に知っている⇒良心）、conscientious（良心的な）といった語に残っている。

[silly] 「祝福された・幸福な・神聖な」という、これ以上ない素晴らしい意味が「愚かな・軽率な・分別がない・くだらない」に変わった。信じがたいような株の大暴落である。天国から地獄へ真っ逆さまの転落ぶりだ。

[wife] 「女」が原義。同じ語族のドイツ語の Weib（=woman）、オランダ語の wiif がそれを示している。現代英語には housewife や midwife のような複合語の中に辛うじて見られるだけである。

[with] 「〜と共に・一緒に・一体になって」という原義から **against**

「反対して、逆らって、そむいて、反抗して、違反して」へと正反対の意味に大化けした。「賛成・肯定・協力」から「反対・否定・敵対」という逆の概念になったわけで、本当に驚くばかりである。しかし、この原義は現代英語にもちゃんと生き残っている。例えば、compete with「競争する・張り合う」、fight with（〜と）「戦う・争う・けんかする・言い争いをする」、quarrel with「争う・喧嘩する・口論する・逆らう」、struggle with「闘う・悪戦苦闘する」、be at odds with「〜と不和で［争って・意見が食い違って・関係が悪化して］」、go to law with「〜を相手取って訴訟を起こす」といった表現が健在だ。なぜ fight against と fight with が同じ意味で共存しているか、これで納得がいく。

⑿ 日本語における語法の変化

それでは日本語における変化に目を向けてみよう。以下の例は気になる最近の日本語の文法（品詞活用）の破格表現である。

☑ 形容詞⇒名詞化
　日本のおいしい（＝おいしい物）を食べ尽くす。/ 手作りの旨い（＝旨い物・料理）を感じてください*12 / 児童貧困のリアル（＝実情・実態）/ ○○は女性のキレイ（＝美容）によい / お任せください電気の困った（＝電気で困ったこと）*13

☑ カタカナ語の名詞＋「する」⇒動詞
　アップ［インスタグラム / ツイッター / ブログ / メール / ライン］する

☑ 名詞⇒形容詞化
　彼はメンタル（＝精神力）が強い選手だ / フィジカル（＝身体面）で劣る / 彼女のビジュアル（＝容姿）の魅力

---

*12：ある居酒屋の貼り紙。
*13：電器店のチラシ。

☑ 形容詞⇒副詞化
　リアル（＝本当）においしい
☑ 副詞⇒名詞化
　上野恩賜公園には話したくなる初めて（＝まだ見たことのないもの）がある
☑ 形容詞⇒副詞化
　すごいおいしい（＝すごく・とても）
☑ 動詞⇒名詞化
　被疑者の取り調べを見える化する（＝可視化する）/レーザーカラオケの登場によって人々の歌いたい（＝歌いたいという気持ち）を掘り起こした/ファッション界の今欲しい（＝すぐに欲しい気持ち）に応える/新社会人の始める（＝スタート）を応援する/好きをバイトにしませんか（＝好きなこと）[*14]/私の見たいがあるテレビ（＝見たいこと・もの）
☑ その他の不規則語法
　本来「超」は「ある限度・程度を超えている」という意味で「超過」「超音波」、「超高速」、「超満員」、「超自然」のように名詞を修飾する働きがあるが、「超やばい」/「超うまい」/「超嬉しい」/「超怖い」のように形容詞に冠して、その程度が甚だしいことを強調する「非常に」の意味で使われて定着しつつある。

　これらの非標準的表現に共通しているのは①品詞の混用（＝文法的な破格）、②無理な省略表現、③曖昧な表現、④従来とは意味の異なる使い方、⑤意味不明な日本語と英語の混合、である。

(13) その他の破格表現例

　残念な社員（人、会社）⇒（「残念」は「期待に反する結果や状態に落胆し、心残りに感じる」という意味で、人間とか組織とは共起しな

[*14]：アルバイトの募集コピー。

い）／ニュースな芸能人（＝話題になっている・話題性がある）／ハンパない（＝半端じゃない）／〜を知れてよかった（知ることができて〜）／渋谷ナウ（今、渋谷にいる）／〜はアリだね（＝〜の可能性はある）／〜するのも悪くない（＝選択肢としてはありうる）／リア充（＝リアル〈現実〉の生活が充実している人）／〇〇はあの店に売っている（＝で）／なにげに（＝なにげなく）／違かった（＝違っていた）／違くて（＝違っていて）／わたし的にはOKです（＝私としては）

⒁ 新たな意味・ニュアンス・用法

携帯電話→携帯→ケータイ／炎上（火が燃え上がること）⇒ネット上の特定SNSに大量のアクセスや反論コメントが集中したり、そのためにそのSNSを管理するサーバーコンピュータの動きが遅くなったりすること／メール（郵便物・郵送する）⇒電子メール→メール／[古い例] シラバス（syllabus＝ローマカトリックの謬説表）⇒講義の概要／危ない→やばい（危険を意味する隠語）⇒「すばらしい・おいしい・最高だ・とても良い・かっこいい」[*15]／マジ（本当に／実に）[マジうまい／マジ切れする／マジやばい]／（堪忍袋の緒が）切れる⇒キレル[ブチギレする／マジギレする／逆ギレする]／滅茶苦茶「おいしい」（プラスイメージへの転換）／凄い[心に強烈な戦慄や衝撃を感じさせる様・ぞっとするほど恐ろしい・気味が悪い・鬼気迫るようである]（凄い目つき）→[形容しがたいほど素晴らしい]「凄い努力家」「すごい選手」／うるさい（プラスイメージへの転換）「ワインにはうるさい」／痛い（本来の意味⇒見ている側の気持ちが痛々しく感じられる）「痛い芸人」／こだわる[つまらないことに拘泥する]⇒[細かなことまで気を使って価値を追求する]「鮮度にこだわる」（マイナスからプラスイメージへの転換）／耳障り⇒「耳触り（がよい）」（誤用からプラ

[*15]：「やばい」の意味変化は次のようなプロセスを経たと推測される。[対象に対して危険だと感じる]⇒[対象に対して話し手がある種のプラス感情を抱き、それを抑制できない気持ちになる]（マイナスからプラスのイメージへの転換）

第Ⅱ章　ことばのワンダーランド

スイメージへの転換）/「コーヒーでもいかがですか」「大丈夫です」⇒「結構です（＝No, thank you）」

☑ **短縮形の流行語**
きもい（気持ち悪い）/きしょい（気色悪い）/うざい（うざったい）/チクる（告げ口する・密告する）/コクる（告白する）/カモる（カモにする）/パクる（ものを盗む）/エロい（いやらしい）/けばい（けばけばしい）/ぼっち（一人ぼっち）

☑ **カタカナ語と日本語の混合動詞**
サボる/トラブる/フルぼっこされる（＝袋叩きにされる）/ディスる（＝見下す・侮辱する・無礼を働く）/ミスる（＝ミスを犯す・失敗する）/バズる（＝インターネット上で噂話などでガヤガヤ騒ぐ）/リアル書店＝「実店舗をもち、実際に書籍や雑誌を並べて売っている店。現物を手に取ることができる店」（『デジタル大辞泉』）
　＊「リアル書店」のように、時代の変化に伴って、本来のことばに別のことばが加わり、区別が必要になって変化した語を**レトロニム(retronym 再命名語）** という。語源［retro（レトロ）＋ synonym（同意語）］。
　［レトロニムの他の例］（エレキギターの登場で）ギター（guitar）⇒アコースティックギター/(携帯電話の普及で）電話⇒固定電話

☑ **断言を避けるあいまい表現**
自分の気持ち・考え・欲求などを明言しない表現。
　例：ぼくは〇〇が好き<u>かも知れない</u>（⇒好きだ）/寂しい<u>かなと思う</u>（⇒寂しい）/ビミョウ（⇒何とも曰く言い難し/どう言っていいか分からない）/ご協力いただけ<u>たりとか</u>しますか（⇒いただけますでしょうか）

☑ 情報通信技術の革新による変化

　情報通信技術（information and communications technology）の進歩はさまざまな面でことばに大きな影響を与えている。その一つが電話でのやり取り（interaction）である。携帯電話とそれに続くスマートフォンといった技術革新によって、持ち運び可能な電話（portable [movable] phone）での会話のパターンにも急速な変化が見られる。

　例えば、固定電話と携帯電話をかける際の基本的なやり取りの違いを見てみよう。

　　［注］（　）内は省略可能の意。

- **固定電話での会話の基本パターン**
「もしもし、○○さんの御宅でしょうか。（わたくし）××と申しますが、△△さん、ご在宅でしたらお電話口までお願いいたします［お取りつぎいただけませんでしょうか］」→「はい、少々お待ちください（ませ）」
- **携帯電話（スマホその他の端末器）での会話の基本パターン**
「（もしもし）○○君。おはよう。今（話しても）いい［大丈夫］？今どこ（にいるの）？」→「あー、おはよう。うん、大丈夫だよ。今、渋谷（にいるんだ）」*16
- **電子メール（LINE・Facebookなど）での送受信のパターン**
従来の手紙やはがき、カードのような形式にとらわれず、より簡潔、かつ迅速にメッセージを交換する傾向が大きな特徴である。また、正式な綴り字の代わりに簡略表現を多用し、顔文字・絵文字（emoticon=emotion+icon）を使って、その時々の気持ちを表すことも日常的である。
- **電子メールの文体で使われる英語の略語表現例**
asap (as soon as possible) / amap (as much as possible) / b/c (because) / bf (boyfriend) / B4 (before) / BFN (Bye for now) / BTW (by the way) / CUL

---

*16：「今どこ（にいるの）？」は固定電話ではありえなかった質問だった。

(see you later) / 4U (for you) / fb (Facebook) / FYI (for your information) / gf (girl friend) / GL (good luck) / gtgn (got to go now) / H2 (how to) / IC (I see) / IDK (I don't know) / IMO (in my opinion) / ILU (I love you) / JAM (just a moment) / J/K (just kidding) / LTNS (long time no see) / n/m (Never mind) / NRN (no reply necessary) / OIC (oh, I see) / PCB (please call back) / pic (picture) / RE (regarding) / SIT (stay in touch) / TIA (thanks in advance) / TY (Thank you) / U (you)

- 顔文字・絵文字の例

!(^^)! /)^o^((^_^) 笑顔 😊 嬉し泣き ァ'' '' (ﾉ∀｀) '' '' 笑い転げる 😠 怒り 😉 ウィンク ✌ Vサイン 👌 OK ☀ ☁ ☂ 🎍 😊 😊 ☀ ☾ ♀ ♁ ♂ ♨ ☕ 🚗 ✈ ✉ ♥ ♒ 〒 ✂ ☎ 📠 ☠ ☢ ⚥ ♨

⒂ 誤解・誤用に基づく意味の変容・拡大

　本来の意味を誤解や誤用、あるいは拡大解釈によって間違った表現がいつの間にか定着し、すっかり市民権を獲得したことばがある。ことばは常に変化する生き物なので、当然認められるべきではあるが、同時にその本来の意味も併せて知っておくことは極めて重要である。以下によく知られたユダヤ・キリスト教、および仏教に由来する身近な例を挙げて本来の意味と変容した意味・用法を対照してみよう。

1）「洗礼」

　一般的な定義は、キリスト教徒となるために教会が執り行う儀式。
　⇒生き方や考え方に大きな変化をもたらすような経験。またある集団の一員となるために、避けて通れない試練。大きな苦難との遭遇。「新思想の洗礼を受ける」／「新入部員が特訓の洗礼を受ける」／「広島と長崎は死の灰の洗礼を受けた」／「その新人投手はデビュー戦でプロの打者の洗礼を浴びた」

2）「狭き門」
　キリスト教で、救いに至る道が困難であることをたとえた語。
「狭き門より入れ。滅びに至る門は大きくその路は広く、これより入る者多し。いのちに至る門は狭く、その路は細く、これを見出す者なし」（「マタイ」7章/「ルカ」13章）
　⇒競争者が多くて入学や就職などが困難なことのたとえ。「狭き門を突破する」

3）「迷える子羊」
「（前略）ある人が羊を百匹持っていて、その一匹が迷い出たとすれば、九十九匹を山に残しておいて、迷い出た一匹を捜しに行かないだろうか。はっきり言っておくが、もし、それを見つけたら、迷わずにいた九十九匹より、その一匹のことを喜ぶだろう。そのように、これらの小さな者が一人でも滅びることは、あなたがたの天の父の御心ではない。」（「マタイ」18：10〜14/「ルカ」15：3〜7）
　⇒どうすればよいのか迷っている人。

4）「(はじめに)〜ありき」(In the beginning was~)
「はじめに言ありき、言は神とともにあり、言は神なりき」(後略)（「ヨハネ」1：1-3)
　⇒「はじめに言ありき〜」の語尾「〜ありき」の部分だけが切り離されて応用された表現である。あるものが最初から結論として決まっているという意味。「はじめに結論ありき（＝結論は初めから決まっていた）」

5）三位一体
　父なる神（God the Father）、子なる神（Son of God）、聖霊（the Holy Spirit）
　⇒三つのものがそろっていること「安さ、うまさ、速さの三位一体」・三つの異なるものが一つになること。三者が心を合わせるこ

と。「三位一体となって難局を乗り切る」

6)「目には目を、歯には歯を」
「目には目を，歯には歯を，手には手を，足には足を（後略）」（「出エジプト記」21：22-25）

　しかし、イエスの十字架の死によって旧約のこの律法は乗り越えられたことから、イエスは報復自体をしてはならないと教えている。「『目には目を、歯には歯で。』と言われたのを、あなたがたは聞いています。しかし、わたしはあなたがたに言います。悪い者に手向かってはいけません。あなたの右の頬を打つような者には、左の頬も向けなさい。」（「マタイの福音書」5：38-39）

　　⇒「やられたらやり返す、毒をもって毒を制す」というような意味で使われているが、復讐を勧めるものではない。ましてや倍返しのような過剰な報復を禁じ、同等の懲罰にとどめて報復合戦の拡大を防ぐというのが本来の教えである。

7)「バイブル」（聖書・ユダヤ・キリスト教の聖典）
　　⇒比喩的に、それぞれの領域で最も権威のあるとされる書物。例「幼児教育のバイブル」*17

8) 意味が拡大・変容した聖書由来のその他の例
「復讐するは我にあり」（「ローマ書」12・19）、「裁いてはならない。裁かれないためである」（「マタイ」7：1～2）、「求めよ、さらば与えられん」（「マタイ」7章7-11）

9)「刹那主義」
　釈迦が自分の前世や来世について相談に来る弟子たちに対し、過去や未来ではなく「今この刹那を大切に生きなさい」と説いたことがその由

---

*17：「幼児教育の聖書」という言い方はしない。

来である。自分勝手に今を生きるというマイナスイメージではなく、今を大切にし、今できることに最善を尽くしなさいという教えである。
　⇒過去や将来のことを考えないで、ただ現在の瞬間を充実させて生きればよいとする考え方。また、一時的な快楽を求めようとする考え方。例「刹那主義の若者」「刹那的な生き方」。

10)「(天上天下) 唯我独尊」
　伝説によると、釈迦は生まれた途端、七歩歩いて右手で天を指し、左手で地を指して『天上天下唯我独尊』と言われたと伝えられている。それは「この世に個として存在する我より尊い存在はない」という意味。
　⇒この世で自分だけが偉いとうぬぼれること。

11) 他力本願
　自己の修業の功徳によって悟りを得るのではなく、もっぱら阿弥陀仏の本願によって救済されること。
　⇒事を成すのに、ひたすら他人の力を当てにすること。

12) 往生する
　現世を去って、仏の浄土に生まれること。特に極楽浄土に往って生まれ変わること。
　⇒すっかりあきらめ、行動をやめること。どうにもしようがなくなって、困ること。

13) 意味が拡大・変容したその他の仏教由来の表現例
　ありがとう / 有頂天 / 億劫 / 快楽 / 我慢 / 金輪際 / 餓鬼 / 大丈夫 / 達者 / 大衆 / 畜生 / 悲願 / 不思議 / 法螺を吹く / 邪魔 / 精進 / 世間 / 世界 / 退屈 / 道楽 / 微塵 / 迷惑

⒃ その他の原因によることばの変化
　ことばは心理的要因でも変化する。青少年が非行に走ったり、犯罪に

手を染める人々によく見られることば遣いの変化である。人間は反社会的・非倫理的な考え方や行動をするようになるとそれがことばに如実に反映される。内面の動きが言語によって表面化するので極めて分かりやすい。彼らは自分が社会の規範、倫理を無視し、攻撃態勢に入っていることを行動とことばにより表明する。その手段として粗暴で品性に欠けることば、相手を威嚇・恫喝するような物言いをするようになる。これもある種のことばの崩壊現象である。ことばはまさに人格を表す（You are what you say and you are how you speak.）典型的な例だ。

このようなことば遣いの変化は一時的ではあるにせよ誰にでも日常的に起きることだ。何かが引き金になって理性を失い、堪忍袋の緒が切れたときなどに攻撃的な激しいことばを投げつける場合のことば遣いもこの種のことばの変化と共通している。

9 ことばと沈黙

ことばの本質を論じる上でことばと同じように、いや場合によってはそれ以上に重要な役割を担っているのが沈黙である。沈黙は以下のように三通りの次元に分類して捉えることができる。

① 政治・社会的沈黙

「発話」と対置されるもの。すなわちことばを使わない（発話・発言しない・無言）状態である。もっと平たく言えば「黙っていること」だ。例：「彼は何を言われても沈黙を守った」「沈黙は金、雄弁は銀」などと言うときなどのそれである。では人間が沈黙するのはどのような状況、あるいは理由が考えられるだろうか。日本人を例に取るとおよそ以下の場合が考えられる。

　　［注］（順不同）内発的な沈黙・外圧による沈黙・自然の静寂に分類する。

①相手への畏敬の念から、質問したり、私見を述べることが畏れ多

いと感じる。
② 相手に対して何らかの否定的な感情を抱き、コミュニケーションを拒否したいとき。反発・抗議の意思表示をする。
③ 軽蔑や憎悪の対象である相手を自分の世界から排除するために意識的に相手のことを自分のことばにしない。
④ 頭の中で様々なことを想像したり、あることに想念を巡らせる（沈思黙考）。
⑤ 相手との信頼関係があり、特に何かを言語化しなくても気まずさを覚えない。
⑥ 長い期間時を共有してきた夫婦・親子、または恋人同士のようなごく親密な関係でことばを必要としない。
⑦ 心理カウンセリングなどで相手の言うことにひたすら傾聴する。
⑧ 自分の質問や意見が他の人にどのように受け止められるかということを気にして発言を控える場合。自分の考えに自信が持てないか、コメントが的外れではないかと恐れる。
⑨ 大多数が特定の意見を支持しているときに、少数意見はそれに抗しきれない。
⑩ 恐怖政治下における言論統制・言論弾圧のような状況でことばが圧殺されている。silent majority（声なき声）とか speechless community といった言い方における silence である。
⑪ ある強い感情でものが言えないとき、あきれて開いた口が塞がらないとき、ことばでは表せないほどの精神的な衝撃を受けた。
⑫ コミュニケーションにおける発話の省略も一種の沈黙と捉えることができる。すなわち言おうと思えば言えるにもかかわらずあえて言わずに省くことがある。言わないことによってかえって印象づける効果を狙う場合がそれに当たる。以下はそれを表す英語表現の数々である。

a tacit understanding / an untold rule / follow an unwritten rule / implicit assumption / implicit understanding / implicitly / silent agreement / silent assumption / tacit acknowledgment / tacit approval / tacit consent /

tacit knowing [knowledge] / tacit nod (of approval) / tacit recognition / unspoken / unspoken agreement / unspoken assumption / unspoken understanding / unstated / unwritten rule / with (a) tacit understanding

⑬相手に心理的な圧力をかける。例：無言電話など。

⑭ことばを発すると不利になると判断する。例：黙秘権の行使。

⑮人間の視点から言う場合は「沈黙」、「無言」、「無声」、「寡黙」、「暗黙」などとなる。

⇒beyond words [description]/ calm / dumbfounded / inaudible / indescribable / keep (something) a secret / mute / noiseless / quiet / reticent / serene / silence / speechless / still / taciturn / unspeakable / voiceless / wordless *18

② 沈黙のことば

二つ目の沈黙はいわゆる E. T. Hall が呼ぶところの **『沈黙のことば』(The Silent Language)** である。「目は口ほどにものをいう」と古くから言われているように、どの文化にも顔の表情（顔色、微笑、口元、舌など）、目の表情（目の動き、視線、目配せ、凝視、流し目、アイコンタクト、瞬き、眉間の皺、目尻など）、声（トーン、高低、テンポ、リズム、声質など）、身振り、手振り、体の姿勢、相手との物理的な距離の置き方、服装や髪型、香水、呼吸などによって感情や欲求を伝える手段がある。このような言語を媒体としない意志・感情の伝達法を非言語コミュニケーション（non-communication）という。これらの多くは文化によって異なるが、言語の代用、あるいは補強機能という点では共通している。この種の「沈黙」は**本章「２ ことばの働き」**の項でも若干触れたので参照していただきたい。

---

*18：人間以外に言う場合は「静寂」、「無音」、「しじま」、「静穏」⇒ tranquil, hush, repose, peace。

③ 形而上的沈黙

　三つ目の沈黙は複雑で宗教哲学的な次元に属する概念である。ここで取り上げる沈黙は**第Ⅲ章の「英語文化圏の基本的言語観」**の項で触れる創世記に出てくる「ダバール」ということばの概念と密接に関連している。このことを予め念頭においていただきたい。

　『沈黙の世界』でピカート（Picard, Max）は絶対的な「沈黙」とは**創造主の言（ダバール）**がカオスに向かって発せられる以前の状態であるという。また、あらゆる被造物の世界はこの沈黙とことばの中間に位置するとしている。ダバールによって「有の世界」に引き出された存在（被造物）はいずれは必ず消滅して（形がなくなって）、再び「沈黙の世界」へ還っていく。「沈黙の世界」から「ことばの世界」へ、再び「沈黙の世界」へと連続体をなしていることになる。言い換えればこの深い静寂の世界は天地創造の始原より存在し、あまねく覆い尽くし、永遠に存在し続けていると言う。沈黙は時を超え、空間を超えた世界である。沈黙は無限の世界でありことばは有限（無常）の世界に属している。沈黙が万物の背景にあって、人間のことばは文字通り「事の端（言の葉）」に過ぎない。ことばは沈黙という普遍的な世界のごく一部が表出しているだけだと言える。ことばは発せられた瞬間に消え去っていく。沈黙という世界から表れては消え、消えてはまた表れる。まさにことばが「事の端（言の葉）」と呼ばれる所以である。被造物（人間や動物）は生まれる前には黙して語らないし、死後もまたしかりである。人間や動物が生命を受ける前も生を終えた後も声や音を聞いた者は誰ひとりとしていない。なぜなら「ことばの世界」に属する以前も以後も被造物は「沈黙の世界」に属しているからである。

　ピカートは言う、「もしも言葉に沈黙の背景がなければ、言葉は深さを失ってしまうであろう。」。

　この人間を超越した**言（ダバール）**と、それに対応する新約聖書に登場するもう一つの**神のことば「ロゴス」**（logos）については**第Ⅲ章の「英語文化圏の基本的言語観」**の項で少し詳細に検討する。

第Ⅱ章　ことばのワンダーランド

　ピカートが言うこの「沈黙の世界」と「ことばの世界（被造物の世界）」という概念をいくつかの**アナロジー（analogy）**を用いて説明してみよう。『**余白の旅**』で井上洋治は、京都の龍安寺の石庭における砂の部分を現実世界の背景に存在する目に見えない世界・広大無辺の大宇宙を、また庭に配置された石を目に見える（被造物の）世界として捉えている。さらに井上は山水画における山水の部分を目に見える世界（被造物の世界）、余白の部分を目に見えない世界になぞらえて、解釈している。極めて説得力があり、ストンと腑に落ちる。また、筆者の頭に浮かんだアナロジーであるが、無限に広がる物理的な宇宙（physical universe）と、その中に点在する地球を含む星の群れとの関係にも相似する。

　ピカートはまた沈黙とことばの間に存在するものが音楽であるとする極めて興味深い考察をしている。確かに音楽の世界は不思議に満ちている。同じ芸術でも視覚芸術（visual art）とは根本的、かつ決定的な違いが見られる。前者が連続性・非物質性・永遠性を備えている音を媒体としているのに対して、後者は非連続性・有限性である物質という表現媒体の制約を受けている点だ。楽曲は目には見えず、聴覚が唯一の媒体であるが、一度創作されたら消滅することはない。何人もそれを破壊することもできない。永遠に存在する形而上の次元に属しているのに対して、後者は形而下の次元の創作物であるが故に、すなわち「物質」を媒体にしているが故に破壊される可能性もあるし、いつかは消滅する宿命を背負っている。

　仏教、特に**禅仏教**（Zen Buddhism）もこのユダヤ・キリスト教の「沈黙」と共通する概念をすでに確立している。真理はことば（知性・論理）では到達できないこと、悟りはことばを超えたものであり、理性では伝達不可能なことを的確に認識している。**不立文字、教外別伝、以心伝心**、また**老荘思想**（Lao Zi and Zhuang Zi thought）における**非言非黙、無為自然・万物斉同の理**といった思想にも通底するところがある。「禅的体験は言説を絶するものである……。」（「**禅仏教の言語観**」岡島1993）

無限である悟りの世界に有限であることば（理性・論理）では到達できないし、伝達することもできない（**岡島　同上**）。しかし、ことばは真理を探求し、伝達するには限界がある、もしくは非力であるという事実もまたことばに依らずしては伝えることができない。

　禅仏教における「沈黙」については**「第Ⅲ章　日本語の心と英語の精神」**でも扱っているので参照していただければ幸いである。

10　名前の言語学（命名に隠された文化/名前の由来）

(1) 名前はアイデンティティーである

　先年、故郷の実家の近くをふらっと散歩していた時のこと。向かいから歩いて来た年配の紳士が不意に筆者の名前を呼びながら、にこやかに話しかけてきた。全くお顔に見覚えがない。戸惑っている筆者に、畳みかけるように、戦前、お互いの実家が隣同士で、とても親しい付き合いをしていたこと、お互いの両親はもとより、姉や兄たちのことをよく知っていることなどを矢継ぎ早に話すのである。戦後生まれの筆者には体験外のことなので、どう対応していいか分からず、やや困惑した。相手は一方的に当方の親兄弟のことをよく知っているようである。しかし、話を聞いているうちに、いつしか緊張もほぐれて、相手に心を開いている自分に気づいた。

　自分の名前を知っている人には警戒心が緩んでしまう傾向があるということである。名前はアイデンティティーに欠かせぬ一部である。ある人の名前を知った瞬間から、その人と何らかの関わりが生じると言ってもよい。老子も**「名無きは天地の始め　名有るは万物の母」**（名づけられることで存在が生まれる）と言っている。人間関係を築くための最も基本であるという意味で、名前の持つ力は極めて大きな役割を果たしていると言える。

(2) 命名は祈りである

　子どもが生まれると当然名前が必要になる。命名はこの広い地球上に

第Ⅱ章　ことばのワンダーランド

住むあらゆる人間から区別し、唯一無二の存在であることを示すためのものに他ならない。

　また、親ならば誰しも子にいい名前を付けようと頭をひねるものだ。将来、この子にはこういう人間になって欲しい、このように成長して、こういうことのできる人間になることをと心から願う。命名するという行為は一種の祈りと言ってもよい。

　今日、わが国では大抵の場合、親が子に名を付けるのが一般的であるが、少し前までは母方の祖父が命名するというしきたりがあった。もう少し歴史を遡れば、両親以外の特定の人に依頼して名をつけてもらい、その庇護を頼む名付け親という慣習があった。

　欧米ではどうであろうか。例えば、キリスト教の場合、カトリック教会や聖公会（英国国教会系の教派）には**代父母（God parents）**という伝統がある。**代父（Godfather）** と **代母（Godmother）** は、受洗者が成人の場合は本人から、幼児の場合はその親の依頼を受けて立てられるのが一般的である。この代父母の役割と責任は受洗者の将来の日常生活において、主に信仰上の事がらに関する相談に乗り、困難のときには助け、励まし、また信仰生活を全うすることであるとされている。わが国には結婚に際し、新郎新婦の人生の指南役として、生涯にわたって精神的支えになってくれる**仲人（go-between / middleperson）**という慣習があるが、それと一部重なるところがある。

　カトリックや聖公会では今でも受洗者に**洗礼名（baptismal [Christian] name）**を付ける伝統があるが、プロテスタントにはこの慣習はない*19。

(3) 役割としての名前

　"All the world's a stage, And all the men and women merely players."
（全世界は一つの舞台であり、すべての男と女は、その役者にすぎない

---

*19：日本聖公会では godparents, godfather, godmother をそれぞれ「教父母」、「教父」、「教母」と訳している。

……）(*As You Like It*)

とシェイクスピア（Shakespeare, William）が喩(たと)えているように、人はそれぞれの役柄を演じながらこの世という舞台で生きている。そして、その役割がそれぞれの社会的アイデンティティーを形成し、支えている。最も核となる自己（self）を中心にして、親、兄弟姉妹、恋人、夫、妻、友人、仲間、所属集団（学校・会社など）、地域社会（市町村）、都道府県、国家、外国（世界）へと同心円を描くようにアイデンティティーは外の世界へと広がっていく。そして、それぞれの役割には必ず名前がついている。山田一郎という50歳の日本人男性を想定してみよう。彼は山田家の一員である。血縁という単位では誰かの息子、孫、ひ孫、子孫、夫、父、弟、兄、叔父（伯父）という立場でありうる。女性から見れば男性であり、近所では誰かの隣人であり、町内会の一員でもある。職場では社員で、〇〇部〇〇課の課長かもしれない。上司からすれば部下でもあり、部下から見れば上司、または同じ職場の同僚でもある。卒業した学校という視点から言えば、恩師から見れば教え子であり、同窓という面では後輩、同期、または先輩でもある。私的な場面では誰かの友人であり、趣味のサークルでは仲間となる。少し範囲を広げると、どこかの地方自治体に属する住民（村民、町民、市民、県民、国民）でもある。さらに広げていくと〇〇地方の出身であり、異国の人から見れば外国人だ。これらはすべて社会的存在としてのアイデンティティーであり、それぞれには肩書とか役割名が例外なくついて回る。

(4) 出世する名前

歴史を遡ると、わが国には主として、平安時代から江戸時代にかけて、武士や貴族の子息には元服を迎えるまでの期間に**幼名（童名 childhood name）** を付ける慣習があった。歴史上よく知られている例として源義経の牛若丸、豊臣秀吉の日吉丸（木下藤吉郎）、徳川家康の竹千代などがよく知られている。

婚姻や養子縁組によって姓が変わる。わが国では前者については夫婦

第Ⅱ章　ことばのワンダーランド

別姓の是非を巡って議論が続いているが、いまだに決着を見ていない。婚姻によって女性の姓が変わった場合はそれ以前の姓を**旧姓**（maiden name / original family name）と呼ぶ。

　名前は人間関係によっても変化する。幼い頃は**愛称**（hypocorism）で呼ばれる。家族、友人、仲間の間では**ニックネーム**（nickname）で呼ぶことも少なくない。愛玩動物には**ペットネーム**（pet name）をつける。このような名前には愛情や親しみの情が込められている。

　また、法律（戸籍）上の**本名**（autonym）とは別に、世の中には多種多様な通名・偽名を使っている人々がいる。日常よく見聞きする例としては俳優の**舞台名**（stage name）、映画俳優の**芸名**（screen name）、文筆家、作詞家、作曲家などが用いる**筆名・ペンネーム**（pen name / pseudonym）、俳人、歌人、詩人、画家、書家などの**雅号**（artist's pseudonym / literary pseudonym）、古くは遊女、芸妓、今日ではバーのホステス、風俗業界の女性の呼び名として用いる**源氏名**（professional name）、インターネット上で活動するときの**ハンドルネーム**（online name）、リスナーがラジオ番組に参加する際に用いる**ラジオネーム**（pseudonym used when calling in or writing to a radio program）などがある。このように、社会における役割や目的に沿って名前を使い分けている[*20]。

(5) なぜ通名（偽名）を使うのか

　本名を法律的に変えるのは容易なことではない。自分の名前が気に入らないからと言って改名するのは非常にハードルが高い。しかし、非公式に自分が呼ばれたい名前を法に触れずに付けて使うのは自由である。ではなぜ通名（偽名）を使うのであろうか、その背景にはさまざまな理由があるようだ。

　主だった例を挙げてみよう。作家は小説という形で自分の内面・思想をさらけ出す営みであり、そのことに抵抗を覚えると思われる。個人と

＊20：radio name は和製英語。

してのアイデンティティーはできるだけ知られたくない。プライバシーを守りたいということもある。また、本名だと住所を特定され、嫌がらせや脅迫、場合によっては危害を加えられるリスクもないとは言えない。

　遊び心のあるユニークなペンネームもある。いくつか例を挙げると、江戸川乱歩（アメリカの作家 Edgar Allan Poe）、二葉亭四迷（くたばってしめえ）、半村良（イーデス・ハンソン）、伊奈かっぺい（田舎っぺ）、漫画家の武論尊（チャールズ・ブロンソン）、同じく漫画家の西尾維新（nisioisin とアルファベットにすると回文になる）、阿佐田哲也＝色川武大（朝だ、徹夜）などが知られている。

　俳優・歌手・タレントなどが芸名を用いるのは、本名が覚えにくい、文字が読みづらい、魅力に欠ける、ありきたりでインパクトがない、印象が薄い、訴える力が弱い、などの理由が考えられる。そこで、人目にとまりやすく、響きがよく、おしゃれで、読みやすく、覚えやすく、役柄・容姿のイメージと合っているもの、ファンの心をつかむ名前をつける傾向がある。

⑹ 企業名に隠された遊び心

　企業名や商品名には遊び心が隠されているケースがある。以下にいくつかの例を挙げておく。

- サントリー……創業者**鳥居さん**を逆にして、サン＋トリイ⇒サントリー
- ブリヂストン……創業者の**石橋**正二郎氏の苗字「石」と「橋」の英訳「stone」「bridge」を逆にして bridge stone ⇒ Bridgestone ⇒ ブリヂストン
- キヤノン……観音（KWANON）⇒ CANON
- ブックオフ……Book Price OFF
- 東宝（映画製作・配給会社）……**東**京**宝**塚
- ダイハツ……**大**阪**発**動機工業の「大」と発動機の「発」をとって

- 「大発」⇒ダイハツ工業
- オリコン……**Ori**ginal **Con**fidence の略
- DWANGO（ドワンゴ）……**D**ial-up **W**ide **A**rea **N**etwork **G**aming **O**peration の頭文字
- セガゲームス……サービス（**SE**RVICE）＋ゲーム（**GA**MES）⇒ SEGA ゲームをサービスする会社の意

(7) 名は誉であり人格そのものである

　昔から「名」というものは大切なものとされてきた。「名は体をあらわす」とか「名は実をあらわす」と言われるように、名前は人や事物を指し示す単なる記号ではなく、その人自身の重要な部分であると考えられている。だからこそ我々は「名を惜しむ」し、「名を汚し」たならば「汚名を返上」しなければならない。「名折れ」といわれるようなことをしたり、「名を朽ち」させたりすれば、何としても「名を雪」がなければならない。それほど大切な名前であるから、人は「名を立て」たり、「名を揚げ」たり、「名を残そう」とする。また、功績を挙げた者は歴史に「名を留める」。「有名」、「著名」、「高名」、「名誉」、「悪名」、「汚名」といった表現は人の評価を示している。まさに「人は一代、名は末代」と言われる所以だ。名誉は金で買うことはできない故に尊いとされるのである。英語でも big-name / brand name / celebrated / classic [classical] / distinguished / established / famous / illustrious / notable / noted / prestigious / prominent / proverbial / renowned / reputable / reputed / respected / well-known / well-publicized / widely recognized 等々、それぞれニュアンスは異なるが多種多様なプラスイメージの「名」を指すことばがある。

　同時に名前は悪用されることも珍しくない。誰かの名前を語って悪行を為すこともある。英語では「悪名高い」を infamous / notorious と言うし、call someone names（誰かの悪口を言う）という表現があるように、人の名誉を棄損することもある。

　西洋では「だれそれの名にかけて」と言い、名前はその人の人格・力・存在そのものを表す場合がある。祈りの結びに「**主イエス・キリス**

トの御名を通して（through Jesus name / in the name of Jesus Christ our Lord）」と唱えるのはまさにこれを表している。

　名前の起源を示唆するものとして旧約聖書の「**創世記**」と「**イザヤ書**」がある。「**創世記**」には初めて創られた人はヘブル語で「土・人間」を意味するアダムと呼ばれた。「**イザヤ書**」（455：4）には「わがしもベヤコブのために、わたしの選んだイスラエルのために、**わたしはあなたの名を呼んだ**。あなたがわたしを知らなくても、**わたしはあなたに名を与えた**。」と記されている。

　イエス・キリストも次のように名前の根本的な意義を伝えている。「門番は羊飼いには門を開き、羊はその声を聞き分ける。**羊飼いは自分の羊の名を呼んで連れ出す**。」（「ヨハネによる福音書」10：3）

　いわば、「名を呼ぶ」という行為は、「羊たち」を十把一からげにするのではなく、1匹ずつ区別して心を配っているということである。99匹ではなく1匹を大切にする姿勢だ。このように、個々の名前で呼ばれるとき、人は自分の存在、独立した人格を自覚する。

⑻ 名付けること・名付けられること

　「名付ける」「名を呼ぶ」「名を知る」ということは、また「支配する」あるいは「意のままに用いる」ということにも通じる。名付ける者と名付けられる者は上下関係にあり、その原型は上述した旧約聖書の「**創世記**」に遡ることができる。

　「そして主なる神は野のすべての獣と、空のすべての鳥とを土で造り、人のところへ連れてきて、**彼がそれにどんな名をつけるかを見られた。人がすべて生き物に与える名は、その名となるのであった**。」（「創世記」2：19）

　このことから、アダムは名前を付けたすべての被造物（動植物と自然）を支配する権威を与えられたと解釈することができる。したがって、創造主である神が被造物である人間に対して「**あなたの神、主の名をみだりに唱えてはならない。みだりにその名を唱える者を主は罰せずにはおかれない**。」（「出エジプト記」20：7）と戒めるのである。

第Ⅱ章　ことばのワンダーランド

　この「創造主」(名づける者)と「被造物」(名づけられる者)の関係は人間の親子の関係にも受け継がれた。親は子どもの名を付けることができるが、その逆は成り立たない。この関係が逆転することは決してない。言い換えれば、名前を付ける側には権威が与えられていると言える。

　また「自分の物なのに自分より他の人が頻繁に使うものって何？」という謎々にも使われているように**名前は他人のためでもある**。

(9) 名字の履歴書
1) 日本人の名字
　名字を観察すると、そこには人々が生活してきた自然環境、地理的特徴、職業、身分等々、多様な側面が反映しており、極めて興味深い。

2) 日本人の名字の特徴
　日本人と英語文化圏の人々の苗字をよく観察すると、それぞれ特徴があることに気が付く。

　日本人の名字の特徴は何と言っても自然に関わる要素が多い。大ざっぱに言って以下のような種類に分類できる。

(a) **地名に由来する名字**
　　飯田、石川、伊東、岩崎、宇都宮、小笠原、岡田、小野、葛西、金子、菊池、吉川、児玉、佐々木、渋谷、高橋
(b) **地形や風景に由来する名字**
- 山・森・林・丘（岡）……山本、森田、林田、浅丘、岡本
- 川・河・池・沼・沢……小川、河田、小池、沼田、谷沢（澤）
- 谷間……大谷、谷田、谷崎
- 海・沖・浜・岸・江・岬（崎）・湾・潮・波……海部、沖田、浜口、岸川、江田、寺岬、大崎、大湾、潮田、波平
- 島……大島、中島、小島
- 野原……野口、野沢、原、篠原

- 低地・高地・地形・道……下地、仲地、上地、坂本、小坂、仲道
- 市・町・村……市原、町田、今村
- 田畑……田中、原田、川畑、畑山
- 水汲み場……井上、井口、清水、石井、今井
- 植物……芦田、榎本、荻原、柏原、木下、桑原、櫻（桜）井、杉沢、竹田、松本、藤田、柳原
- 寺社……宮本、宮原、寺田、寺下、神田、神谷、二宮、宮本
- 建造物……家田、大屋根、橋本、堀内、堤、戸田、門馬
- その他……辻・関・関口

(c) 方位や位置関係に由来する名字

東門、西田、南原、南田、北原、北村

(d) 職業に由来する名字

犬飼、鳥飼、御厨、服部、大蔵、荘司、公文、田倍、田所、土倉、卜部、物部、綾部、池部、郡司、矢作

3）英語文化圏の名字・名前の特徴

(a) 職業に由来する名字

Arrowsmith, Bailey, Baker, Barker, Bacchus, Bacon, Brewer, Butcher, Butler, Campbell, Carter, Carpenter, Cartwright, Clark, Coffin, Cook (e), Cooper, Coward, Draper, Dyer, Falconer [Falkner], Farmer, Feather, Fisher, Fletcher, Ford, Forester, Forster [Foster], Fowler, Gardner [Gardiner], Glover, Goldsmith, Grieve, Hall, Hawking, Hayward, Hearn, Howard, Hunt, Kellogg, Kepler, King, Lister, Marshall, Mason, Mercer, Merchant, Miller [Mills], Murdoch, Parker, Parson, Plummer, Potter. Porter, Shepherd, Sinclair, Singer, Smith, Spencer, Spooner, Steward, Sargent, Stringer, Tanner, Taylor, Thatcher, Turner, Tyler, Walker, Warner, Ward, Webster, Wheeler, Wright

(b) 親の名前に由来する名字

Adams, Anderson, Davis, Edwards, Evans, Jackson, Jones, Harris Johnson, Nelson, Peterson, Phillips, Richardson, Roberts, Robinson, Rogers,

Thompson, Watson, Williams, Wilson
- スコットランド系の名字　＊Mac=son of
  MacDonald, MacArthur, Macintosh
- アイルランド系の名字　＊Mc=son of　　O'=son of
  Doyle, Kelly, McBride, McAdam, McCarthy, McCafferty, Murphy, O'Brien, O'Connell, O'Connor, O'Neill, O'Reilly, O'Sullivan, Ryan

(c) 容姿・身体的特徴に由来する名字

Armstrong, Bell, Brown, Cameron, Cecil, Chamberlain, Chandler, Chaplin, Chapman, Chaucer, Clark, Dunn, Flanagan, Grey, Kennedy, Kohl, Long, Longfellow, Mitchell, Reed, Russell, Sullivan, White, Whitehead, Young

(d) 性格・人柄に関する名字

Baldwin, Boon, Boyd, Canning, Curtis, Donovan, Doolittle, Green, Howell, Truman

(e) 地名・居住地・地形に関する名字

Brook, Clayton, Clifford, Cox, Green, Crosby, Crawford, Darby, Dellinger, Douglas, Doyle, Gordon, Gore, Haig, Hamilton, Hepburn, Hill, Hilton, Hyatt, Kelly, Kerr, Kissinger, Lewis, Lynch, Maugham, Newton, Raleigh, Scott, Stanford, Wood, Washington, Kingston

(f) 聖書に由来する代表的な名前

男性名：Adam, Abraham (Abe), Andrew (Andy), Aron, Benjamin (Ben), David (Dave / Davy), Isaac, Jacob, James (Jim / Jack), Joel, Jonathan, John, Joseph (Jo /Joe), Luke, Mark, Matthew, Michael (Mike), Paul, Peter, Philip (Phil), Samuel (Sam / Sammy), Simon, Stephen (Steven / Steve), Thomas (Tom / Tommy), William (Bill)

女性名：Agnes, Abigail, Anna (Anne / Nancy), Christie, Dorothy, Elizabeth (Bess / Beth / Eliza / Liz etc.), Esther, Deborah, Eve, Jane, Josephine, Hannah, Mariah, Marilyn, Mary, Miriam, Monica, Paula, Priscilla, Rachel, Rebecca, Ruth, Sarah, Sharon, Stefanie [Stephanie], Susan

11　標準語と方言

(1) 標準語の基準

　東京を中心とする首都圏に移り住んだ地方出身者は大なり小なり様々な「国内カルチャーショック」に遭遇する。その一つがことばの違いであろう。周りの人々が話していることばの音声パターン（発音やストレス、イントネーション）や語彙（生活用語）などが自分の地方語（regional dialect）とは大きく違うことに気づき困惑することが少なくない。そのために、多勢に無勢で少数派（minority）としては「標準語」とされる東京（首都圏）のことばにいわれのない負い目や劣等感を抱くことになる。

　もっとも近年の若い世代は幼少期からテレビやラジオなどから流れる「標準日本語」がインプット（input）されて育っているせいか、あるいは適応能力に優れているのか、筆者の世代よりそういう気苦労はさほどないかもしれない。ことばの地域差は急速に縮小している印象を受ける。

　しかし、人にもよるが筆者の場合は何十年も東京に住んでいながら「標準語」が一向に身につかず、地方語の訛りがいつまでも消えない。

　それはさておき、ここで注目したいのは**「標準語」**（standard language）という概念である。**『広辞苑』**によれば、標準語とは「一国の規範となる言語として、公用文や学校・放送・新聞などで広く用いられるもの。日本語では、おおむね東京の中流階級の使う東京方言に基づくものとされている」と定義されている。

　この「規範となる言語」という定義には優劣、上下という価値判断が含まれている。つまり、標準語は権威のある目指すべき上位語であるのに対して、地方語はその下位に位置づけられている。

　地方語（方言）は劣ったもの、恥ずべきものと見なされてきた。今でもその受け止め方に大きな変化はない。かつて国家が率先して「標準語励行」を啓蒙し、学校教育を通して言語同化政策を強力に推進した時期があった。

第Ⅱ章　ことばのワンダーランド

　筆者が小学生のころまでは学校で**「方言札」**を使った標準語への矯正（強制？）指導がまだ実施されていた。校内でうっかり方言を使おうものなら教師から方言札を首にかけられて晒し者にされたものだ。また生徒同士を監視させて、方言がポロッと出た「犯人」を教師に報告することを義務づけたりした。「方言札」をかけられた生徒は、その屈辱から一刻も早く逃れるために別の「犯人」を見つけてはそれを渡すという有様だった。今改めて振り返ると、およそ教育現場にあるまじき異常な状況である。
　違反者は見せしめに体罰も受けた。腿と膝の間に竹の棒を挟んで正座させられた。今でもあの痛みと、理不尽な扱いは忘れることができない。こうして「方言」を話すことへの罪悪感が植え付けられて、肩身の狭い思いをする引き金となった。いまだにトラウマ（trauma）としてある世代の地方出身者の心に根強く残っている。
　上述した「方言札」のようなものは「罰札」と総称され、ヨーロッパでは、ブルターニュ、バスク地方、スコットランド、アイルランド、ウエールズなどにもあったことが報告されている。また、沖縄と同様に体罰を加える罰則事例はケニア、アメリカ先住民（native American）、ハワイ、ニュージーランドでもあったことが分かっている（**『多言語社会がやってきた』**2004）。
　あらためて「標準語」について検討してみよう。「規範となる言語」の必要性は認めるとしても、「標準語」が優劣・上下という基準に基づくというのは論理的根拠が乏しく、納得できるものではない。言語の本質から見れば標準語が優れ、方言は劣るということはない。あるのは言語的特徴、役割、あるいは使用域（register）の相違だけである。
　方言はそれぞれの風土で自然発生した、手が加えられていないことばである。それに対して、標準語は「理想・手本」と考えられていることばだ。方言はそれぞれの土壌に根ざしたいわばそこに生きる人々の息遣いであり、魂であり、アイデンティティーの根幹である。一つ一つの語彙、言い回し、ニュアンス、イントネーションのすべてがその土地（soil）の人々の生の営みそのものであり、存在の一部である。標準語で

は心と心が響き合わないことばが方言にはある。したがって言語の絶対的価値からすればこの「標準語」の価値・存在意義はあくまでも限定的なものに過ぎないことを指摘しておきたい。

(2) 標準語と共通語
「標準語」とよく混用されがちなものが**「共通語」**である。**『広辞苑』**によれば、共通語には次の二通りの定義がある。①各地方の方言の違いを超えて誰でも共通に理解しあえる言語。例えば、青森の人と沖縄の人がそれぞれの方言で会話しようとすると相互理解が困難であるが、明治時代に制定された標準語を基にして、第二次世界大戦後に整備され普及した共通語で話せば、互いの意思疎通を容易にすることができる。②方言の話されている地域よりもっと広範囲で話されている音声パターン、語彙、言い回しに共通の特徴を持ったことば。例えば、東北方言、関東方言、関西方言、九州方言などの区別である。

(3) 標準語の日英比較
面白いことに「標準語」の基準は国によって変わってくる。ここでは日本語と英語(イギリス英語・アメリカ英語)を例にとってその違いを比較してみたい。

まず日本語の標準語は先述したとおり東京の山の手を中心としたことばが基準になっているとされている。つまり、首都を基準の中心に据えていることになる。東京遷都以前は京都が首都だった。したがって、かつては京都ことばが標準語であった。今でも京都のみならず関西圏出身の人々はどこでも臆することなく、堂々と関西ことばで通す姿勢が健在であるのはその名残と言えよう。すなわち、日本語の標準語は**「どこで話されていることばであるか」**が基準となっている。

それに連動して知識層(学者・研究者・文化人等)、中央の政財官界、メディアの世界(テレビ、ラジオ、新聞)などで話されることばも標準語として位置づけられている。

それでは英語の場合はどうであろうか。英語といっても国によって大

第Ⅱ章　ことばのワンダーランド

きく異なってくる。ここでは英国と米国に限ってみてみよう。
　英語の本家本元である英国の標準語は特定の地域ではなく、**「誰が話していることばであるか」**に基準が置かれている。かつては次のように大まかな４つのカテゴリーに分類されていた。① Queen's [King's] English、② Oxford English、③ Public school English、④ BBC English。①は名前の示すとおり英国王室および貴族階級が話す英語、②はオックスフォード大学という英国の知の象徴であるエリート層の話す英語、③は②と共通するが国家の未来を担う指導者（政治家、高級官僚、財界人など）を養成するパブリック・スクール（public school）で話されている英語、④は公共放送である英国放送協会（British Broadcasting Corporation）に代表されるメディアの英語である[21]。
　この定義は文法、発音（RP=received pronunciation）、語彙、綴りなどを基準に設定されていたが、英国における「ことばの民主化運動」の気運の高まりと共に徐々にその概念は崩れ、今では確固としたものではなくなりつつある。
　かたや標準アメリカ英語の基準は何であろうか。アメリカの場合は英国とは大きく異なり、「標準アメリカ英語」という確立した基準はないが一つの目安として次の説明を挙げておく。"Standard" American English (SAE), when used to describe accents, is identical to the term "General American English", and means American English spoken without any clear regional dialect markers.（「標準アメリカ英語」とはアクセントに関していう場合は「一般アメリカ英語」と同一のものを指しており、明らかな地方方言の痕跡のないアメリカ口語英語のことを意味する。）要するに、アメリカには日本や英国のような明確な標準語の基準はないということになる。アメリカ人は誰もが自分の話す英語が「標準アメリカ語」だと思っている節がある。

---

*21：BBC は日本の NHK（日本放送協会）に相当する国営放送局。

⑷ わが愛しのウチナーグチ（沖縄語）

　方言の話題が出たついでに、ここで筆者の母語である**「ウチナーグチ（沖縄語）」**について別の視点から簡単に触れておきたい。従来、沖縄で話されている地方語を大ざっぱに**「ウチナーグチ」**と総称していたが、近年、この呼び方が見直されている。**「ウチナーグチ」**は沖縄本島内で話されていることばに限定されるという理由から、島嶼地域も網羅した琉球列島全域で話されていることばを指す**「シマクトゥバ」**（島ことば）という表現を使うようになった。

　言語学的視点から言えば**「シマクトゥバ」**と日本語は同じ祖語から枝分かれしてきたことはすでに証明されている。しかし、それを日本語の一地方語（方言）として位置づけることは妥当性に欠ける。というのは、**「シマクトゥバ」**は廃藩置県以前は**「琉球語」**というれっきとした独立言語だったからである。琉球王国が日本国の一部に編入され、言語同化政策が進められた結果、要するに行政上の理由で独立言語から地方語（方言）に格下げされたという経緯を無視するわけにはいかない。したがって、日本語と**シマクトゥバ**は姉妹語の関係として分類すべきである。また、一地方語（方言）の枠を超えるもう一つの決定的な根拠がある。それは両言語の相互通用度（mutual intelligibility）だ。両言語は統語論のレベルではほぼ重なるが、音声と語彙面では相互理解は不可能（mutually unintelligible）に近いという紛れもない事実である。両者の相違の度合いは標準日本語と各地域方言との差異とは比較の対象にならないほど大きい。ロマンス語系諸語（フランス語・イタリア語・スペイン語・ポルトガル語など）同士の距離のほうが遥かに近い。

　すでに強調したように、方言はその母語話者にとってアイデンティティーの拠り所であり、魂の揺り籠である。筆者の場合、母語（第１言語）が**ウチナーグチ**（沖縄本島で話されている言語）、第２言語は標準的な日本語、第３言語が英語である。しかし、私の日本語はさらに三層から成っている。公的な場では「標準語」に近いことばを話すようにしている。沖縄に住む兄弟姉妹や親族、あるいは同郷の親しい友人と

は**首里語**＊22を使う。またインフォーマルな場では俗に**「ウチナーやまとぅぐち」**（沖縄大和口）と呼ばれる標準日本語と**「シマクトゥバ」**が混じり合ったことばを使う。デフォルメされた、**ピジン・ジャパニーズ（pidgin Japanese）** とでも呼ぶべきことばである。この３層構造の「日本語」を相手によって使い分けている。そのどれもが私にはなくてはならない大切なコミュニケーションの手段であり、社会的コンテクストによってこのいずれかを使い分けなければ自分の思いや感情を的確に伝えることはできない。

しかし、大変残念なことに**ウチナーグチ（シマクトゥバ）**は戦後、急速に衰退の一途を辿っている。戦前世代の高齢化に伴い、母語話者人口が自然減少していること、徹底した標準語への同化政策が成功したこと、核家族化によって、母語話者である祖父母世代との日常的な接触が減り、習得環境を失ったことなどが主たる衰退の要因と見ることができる。

戦後生まれの世代が圧倒的多数派となった今日、**シマクトゥバ**はもはや風前の灯火である。「**シマクトゥバ県民運動推進事業県民意識調査**」（平成23年度）によれば、「シマクトゥバの使用頻度については、『シマクトゥバを主に使う』が10.0％、『シマクトゥバと共通語を同じくらい使う』が25.4％（後略）を足しても35％程度に過ぎない。」。

国はこの「**シマクトゥバ**」を「**危機的な状況にある言語（endangered language）**」に認定し、保存・維持する施策を講じるとしているが遅きに失した感は拭えない。遂に**国際連合教育科学文化機関（ユネスコ）**の**「消滅危機言語リスト」**に載ってしまった。

一部の言語学者や「シマクトゥバ」保存に熱心な愛好者グループが復興・普及運動を試みているが決して楽観できる状況にはない。昔は「**シマクトゥバ**」を使うことはまかりならぬとしてお上から禁じられたのが、今になって今度は失いつつある文化遺産を守れという。相も変わら

＊22：かつての琉球王国の都であった首里方言は琉球語を代表する方言とされていた。

ず沖縄は国家権力に翻弄され続けている。

12 言語表現の限界

　ことばは現実も非現実も表現することができる。また時間空間も超えてある事象を伝達することも可能である。ことばは抽象概念を形成するために不可欠な手段でもある。このようなことばの力についてはすでに述べた通りである。しかし同時に決してことばでは表現できない事物や事象もある。例えば以下のそれぞれの図形を使って見てみよう。

Figure 2.3

　これらは左から正方形（square）、長方形（rectangle）、三角形（triangle）、台形（trapezoid）、円（circle）、楕円形（shape of an ellipse）、円柱（cylindrical column）と呼ばれている。これらの形状には名称がつけられている。言い換えればそれぞれの言語でこの形はこう呼ぼうと決めているから理解が可能であるに過ぎない。
　ところがそうではない次のような定形外の形状はどう言い表せばよいだろうか。

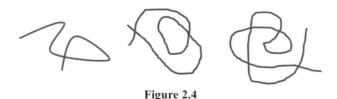

Figure 2.4

　こうなるともうお手上げである。どんな言語表現の大天才でも歯が立たない。これらの形状には約束事としての記号（名称）がついていない

148

からだ。つまりこのような不定形のものは表現のしようがないのである。

　言語表現の限界は視覚情報に限ったことではない。味覚、嗅覚、聴覚、触覚、痛覚もことばで表現するには同様に限界がある、否、不可能といってもよい。初めて味わう食べ物や飲み物の味、嗅いだ臭い（香り）、耳にする音、手触りや痛みなどはことばでは表しようがない。たとえ言語化しても感覚としては伝わらない。これらはすべて非言語領域に属するからである。

　ことばで表せない世界は無限にある。人類は文字を発明する以前から絵を描き、音を使ってリズムを原始的な楽器で奏でていた。それこそが視覚芸術（美術）と聴覚芸術（音楽）という素晴らしい世界が生まれた所以である。

第Ⅲ章 日本語の心（パトス）と英語の精神（ロゴス）

日本語らしさとは何か

日本人の基本的言語観

　日本人の言語観には二つの相矛盾する特徴が見てとれる。日本人は古来より花鳥風月（自然）を愛し、人への心模様を、繊細、かつ美しいことばで表現するパトス（情）の文化を育んできた。それは内と外の宇宙を、極限までそぎ落としたことばによって映し出す俳句や短歌という至高の文学として見事に昇華した。「和歌や俳句は短い詩型に過ぎないが、後ろに背負っている人生の大きさは測りがたい」（大岡信）。和歌はかつて恋愛の対話の手段としても用いられた。これらはまさに「ことばの省力化」によって到達したわが国が世界に誇る文芸である。このような伝統はことばに対する積極的な表現姿勢と捉えることができる。

　他方で、日本人のことばに対する向き合い方には、この隆盛を極めている「パトス」の文化とは対照的な側面があることも否めない。それは言語の力に対する過小評価、消極的な言語使用、そして軽率とでもいうべき言語使用感覚である。これが日本人の言語観の別の側面であり、これから考察の対象とするある種の課題でもある。

　ギリシャの知の伝統を脈々と受け継いできた西欧の「ロゴス文化」から「パトス文化」を眺めた場合、日本人の言語への姿勢や使い方にはさまざまな弱点・欠点が見えてくる。

　西欧のロゴス（知）の文化的土壌からは、ヘブライズム（Hebraism）とヘレニズム（Hellenism）という偉大な知の体系が生まれた。前者のユダヤ・キリスト教からは旧約・新約聖書を基軸にした神学（theology）が、また後者からはギリシャを源流とする哲学、思想が開花し、ヨーロッパに留まらず、世界の歴史と文化の進展に多大な影響を与えてき

第III章　日本語の心（パトス）と英語の精神（ロゴス）

た。

　翻って、これらに匹敵するような、日本固有の体系的な知の伝統文化が存在するかとなると疑問なしとしない。仏教は周知の通り、インド発祥の宗教と哲学の両面を備えた、極めて高度な知の体系であることは疑う余地がない。儒教と老荘思想にしても中国由来のゆるぎない哲学・思想であり、いずれも普遍性を持った偉大な外来文化としてわが国に多大な影響を与えてきた。しかしながら、これらと比肩するような日本由来の世界的影響力をもった、知の伝統があるかとなると残念ながら思いあたらない。その理由は日本語と、日本語を使って生きてきた日本人の言語観・言語使用感覚と無縁ではないと考えられる。そのことを念頭に置きながら考察を進めていきたいと思う。

　まず我々が誇るところのパトス（情）の文化とロゴス（知）の文化を対照的に観ていくと、何が見えてくるだろうか。以下、いくつかの基本的な両者の相違と特徴を比較分析していくことにしたい。

　結論から先に言えば、わが国にはロゴス文化がいまだに深く、広く浸透しているようには見て取れない。具体的に言えば、ロゴス（論理）を基に成り立っている**討論（discussion）**、**論争（debate）**、**演説（speech）**、**口頭発表（oral presentation）**、**シンポジウム（symposium）**、**公開討論会（forum）** といった知的活動の基盤が十分に確立していない。世界はすでに知と人材が大還流するグローバル時代に突入している。にもかかわらず、わが国では時代の趨勢に対応する教育改革も遅々として進んでいない。圧倒的多数の日本人は上述したような知的訓練を受けておらず、筋道を立てて自己表現することに苦手意識を持っている。この状況は大きな課題であると言わざるを得ない。

　筆者はその原因を「言挙げをよしとしない」基本的な言語観に求めることができると考えている。とりわけ、公的な場に身を置くと、ほとんどの日本人は、ことばで自らの感情、欲求、考え、意見を率直に、堂々と発表することに抵抗を覚える。対立を避けるために、自己主張を抑制する。この消極的な言語観、もしくは慎重な言語使用感覚の背景には様々な要因があると思われる。

筆者はその根底に禅仏教、老荘思想、儒教、言霊思想（信仰）などをはじめ、古来より和を重んじる精神文化（調和志向性）、および言語、文化、民族構成における均質性（集団志向性）によって育まれた**高コンテクスト文化**（high-context culture）等々が密接、かつ複雑に絡み合って日本人の基本的な言語観を形成してきたと考えている。

　これらが長い歴史の流れの中で、化学変化を起こし、日本人のことばに対する消極的、ないしは慎重な姿勢、ことばの力に対する過小評価につながっているのではないか。このような推論を立てて、以下に日本人の言語観が形成されたと推測される経緯を探ってみたいと思う。

1　言語観形成過程の背景

　異なる民族はそれぞれ固有のことばを使い、ことばに対する考え方（価値観）も使用感覚も異なる。またその違いに伴って物事の見方、現実世界のとらえ方、行動様式にも相違が見られる。

　日本人も内輪（in-group）や個人的な世間話のレベルでは他の民族に負けず劣らずよくしゃべる。三人寄れば井戸端会議が始まり、話に花が咲く。ところが、いざ公的な場になると状況はとたんに一変する。極端に自己規制がかかってしまい、個人のことばは集団に吸収され、埋没してしまう。自分の質問や意見、コメントが人にどう思われるだろうか慮る。マイナスの印象を与えたらどうしようかと恐れるあまり口をつぐんでしまう。よきにつけ、悪しきにつけ忖度する。

　ことばに対する基本的価値観、ことばの持つ影響力や波及効果についての認識や評価の仕方が欧米文化圏の人々のそれとは大きく異なる。この点に関しては欧米人に限ったことではないがここでは一神教文化圏との対比に重点を置いて論じることにする。

　大学で長年教師をしてきた筆者の経験から言えば、日本人学生の受身的・消極的な姿勢はその典型である。学生に質問の有無を訊き、意見やコメントを求めても、まず反応は期待できない。しーんと水を打ったように静まり返っている。暖簾に腕押しである。

第Ⅲ章　日本語の心（パトス）と英語の精神（ロゴス）

　平均的な日本人は自由闊達な質疑応答、討論、論争などが不得手だ。それに対して、欧米文化圏からの帰国子女、海外留学経験者、これまで指導したことのあるカナダやアジア諸国からの留学生たちは際立って対照的な**姿勢**を見せた。自己表現・自己主張をよしとする文化的背景から来た彼らはよく質問し、私見を述べ、活発に討論する発信型のコミュニケーション・スキルや姿勢が身についていることを実感した。

　西洋にはギリシャ由来の**討論**（discussion / forum / symposium）や**論争**（debate）の長い歴史と伝統がある。特定のテーマ（論点）に沿って、参加者があらかじめ用意した論拠を必要な資料・データなどを駆使して意見を交わし、ある解決、または結論を求める、または相手を論破して意見を変えることを目的とする活動などに慣れ親しんでいる。参考までに *Oxford Dictionary of English* による「討論」と「ディベート」の定義を確認しておこう。"Discussion is the action or process of talking about something in order to reach a decision or to exchange ideas."（討論とはある事柄に関して一つの決定に到る、あるいは見解を交換するために話し合う行為、もしくは過程である。）"Debate is a formal discussion on a particular matter in a public meeting or legislative assembly, in which opposing arguments are put forward. . . ."（論争とは公的な会議や立法議会において、特定の事項に関してなされる公式の討論であり、そこでは対立する議論がなされる……。）としている。

　日本には昔から**座談会**という独特な談話の伝統がある。しかし、その目的、手法、進行形式は西洋における討論や論争とは異質のものである。参加者は自由に意見や感想を述べ合い、特に結論を導くでもない形式ばらない話し合いの場である。客観的な論拠とか、主義主張といったものを大上段に構えて意見を戦わせるわけでもない。言ってみれば井戸端会議の延長のような趣だ。この様式だと西洋流のディスカッションとかディベートにはなかなかなじめない。日本人が企画・主催して行われるパネルディスカッション（シンポジウム）を聴いていると、パネリストは各自の意見を述べることに比重を置きすぎて、パネリスト同士の掘り下げた内容のやり取りが十分ではないことが多い。また、発言内容が

お互いに噛み合わないことも多々あり、フロアとの質疑応答も形式的で中途半端のまま時間切れになるケースがよく見受けられる。物足りなさ、欲求不満を覚えるのは筆者だけだろうか。

　専門分野で活躍している知的階層でさえこういう実態であるから、ましてや平均的な市民となると推して知るべしである。

　ところで、先に触れた帰国子女については笑えないようなエピソードもよく耳にする。堂々と私見を述べ、自然体で質疑応答し、意見が合わない場合は議論することを当然とする言語文化で成長期を過ごした子供たちである。そういう彼らは帰国した途端に、学校をはじめとする社会全体の異様な雰囲気を敏感に感じ取る。集団の中では「空気を読むこと」が不文律とされ、それに逆らうと生きづらさを感じる。目に見えない同調圧力によって心が窒息状態になってしまう。

　信じがたい話であるが、例えば、英語の授業で英語圏からの帰国子女が教師から教科書のある箇所を音読するように指示されたときのエピソードである。ネイティブ・スピーカー並みの発音で流暢に読むと、クラスの中で浮いてしまう。やっかみも手伝って仲間外れになってしまう恐れもある。そこで大変な努力をして、わざと**ジャパニーズ・イングリッシュ**の発音、イントネーションでたどたどしく読む生徒もいるというのである。ただただ唖然とすると同時に、その涙ぐましい努力には同情を禁じ得ない。

　また英語教師の中には自分より英語がよく出来る帰国子女を煙たがる向きもあるというから問題はより深刻だと言わざるを得ない。こういう得難い人材を**インフォーマント（informant＝情報提供者）**として授業に活用しない手はない。筆者はこれまで実際に帰国子女を教えたことが幾度もあり、その教育的メリットを感じた。

　集団の中に身を置くと、大抵の日本人は、本音はどうであれ、対立よりも調和を志向し、自己主張するよりも相手や集団に合わせようとする傾向が強い。したがってNOがなかなか言えない。異論があっても面と向かって表明することは滅多にしない。日本では、意見の食い違いは即人間関係の対立とみなされる傾向がある。それを避けるためには、なる

第Ⅲ章　日本語の心（パトス）と英語の精神（ロゴス）

べく言いたいことも言わずに自己規制することが大切であるとされる。今風に言えば空気を読まなければならないのだ。

　しかし、コミュニケーションを尊重し、お互いに意見の違いがあるのが当然だと考える欧米文化圏では、人間同士の友好・信頼関係はお互いの思っていること、信じていることを明確に伝えあうことで積極的に築かれるという共通認識がある。意見の違いだけで人間関係が損なわれることはまずない。従って、そのような社会で威力を発揮するのはことばの力、言論の力である。それに対して、日本では異見を唱えると人格を否定されたかのように受け取られかねないので、正面切って反対意見を述べることが憚られる。

　このような心理的・社会的・文化的な要因が複雑に絡み合って形成されてきた日本人特有の言語感覚は異文化の人々にはなかなか理解しがたいものであろう。欧米人に限らず、世界各地の人々から日本人は何を考えているのかよく分からないという声をたびたび耳にするのももっともだ。この民族的特性はもはやDNAレベルにまですり込まれているようだ。

　「和をもって貴しとなす」という古来から伝承されてきたわが国の美徳を私は決して軽んじるものでも、否定するものでもない。否、自己を全面に押し出さず、控えめで相手を立てようとするこの国民性をむしろ美徳として好ましいと思っている。しかし、こうした意思伝達のスタイルを、全く異質の言語文化を背景とする人々にもそのまま適用するのは問題なしとしない。相手によってコミュニケーション・スタイルを修正する（切り替える）知識と技能の習得をそろそろ考えるべきではないだろうか。

　今や人、モノ、コト、金、サービスなどが国境を越えて自由に往来し、政治も経済も教育も全地球規模（グローバルスケール）で対応しなければならない時代である。したがって、従来のような消極的コミュニケーション・スタイルでは個人レベルにとどまらず日本の国益全体にも重大な結果を招くことになる。これからは「和して同ぜず」という姿勢で事に当たることが求められる。一朝一夕に改善できるような生易しい

問題ではないが、一つの可能性として、国語（日本語）教育と英（異言）語教育を密接に連携させながら系統的に、かつ長期的展望で取り組んではどうだろうか。

2　日本的コミュニケーションの負の遺産

　こうした日本人特有の「言挙げせぬ」伝統の弊害が積もり積もった結果、重大な問題が次々と露呈している。繰り返しになるが、日本社会では「空気を破る」ことはタブーとされている。企業でも「空気を読めない人間」は調和を乱す厄介者（black sheep）として、仲間からはじき出されたり、出世街道から外されたり、左遷されかねない。

　したがって、企業内部で不正があっても口をつぐみ、リスクを冒してまで内部告発をする勇気ある人はなかなか出てこない。こうした背景には自己保身もあるだろうが、同時に日本人特有の身内意識も働いていると思われる。内部告発することが仲間を裏切ることになるという後ろめたさがあるのだろう。このような同調圧力の負の遺産が重大な結果を生んでいる。

　2017年頃から、世界市場で活躍している日本の大企業で不正事案が次々と露呈している。東芝の7年間に及ぶ粉飾決算。日産自動車では無資格の従業員が検査をしていたことが発覚。スバルでも30年以上にわたって、無資格検査をしていたことが判明。神戸製鋼では製品の強度や寸法をチェックする検査証明書を改竄。さらに三菱マテリアルや三菱伸銅などでも製品材料の特性を改竄。

　これまで高品質を誇り、高い評価を受けてきた世界に冠たる日本のモノづくりの伝統と矜持は一体どこへ行ってしまったのだろうか。信用はすっかり地に落ちてしまった（「『空気を破れない』日本企業で続発する不正が国家を滅ぼす」『週刊朝日』2017年12月6日号）。

　問題はこうした不正行為が長年にわたって行われ、社内では分かっていたにもかかわらず、誰ひとり内部告発をするものがいなかったことだ。この見て見ぬふりをするメンタリティーは「空気を破る」ことが日

第Ⅲ章　日本語の心（パトス）と英語の精神（ロゴス）

本の組織ではいかに困難なことであるかを雄弁に語っている。

　筆者は日本人のこのような受動的・消極的なコミュニケーション・パターンが何に起因しているかを体系的に探ろうと、長きにわたって考察してきた。その結果、以下のようないくつかの推論にたどりついた。

3　言語観の基層構造

　まず民族の基本的価値観はその精神文化と切り離しては成立しえないという前提から出発した。そこから日本人の言語観に影響を及ぼし、かつ形成してきたと思われる主な要因を**仏教（特に禅仏教）、老荘思想（道教）、儒教（儒学思想）、言霊思想（信仰）**に求めた。禅の思想である不立文字、教外別伝、直指人心、見性成仏、拈華微笑、以心伝心、言語道断や**老荘思想**の非言非黙、無為自然、言語に対する正負の相反する価値観を持つ儒教、および日本古来の言霊信仰（思想）を挙げて、それぞれのキーワード（コンセプト）を以下に概略的に注釈していく。

(1) 禅仏教の影響

　第Ⅱ章の「9 ことばと沈黙」の項でも述べたように、禅仏教に見られる基本的な言語観に一貫しているのは、只管打坐（余念を交えず、ひたすら座禅を組む）と称する瞑想修業を通して、知や理に依らずに悟りを開くという基本姿勢である。ことば（概念・理性・知性）の力には限界があり、真理探究へのアプローチとしても、その伝達の手段としても不完全であるというのが基本的な言語観である。以下はそれを様々な角度から表現した主なキーワードである。

☑ 不立文字（ふりゅうもんじ）

　悟りは文字や言説（知識・観念）では伝えることが出来ず、心から心へ伝えるものである。したがって、悟りのためにはあえて文字を立てないという教え。

☑ 教外別伝(きょうげべつでん)

　禅宗の要諦を示すことばの一つで、経典などの文字やことばによらず、仏のさとりを心から心へと直接伝えること。また、その深奥の教義。

☑ 直指人心(じきしにんしん)

　経文などによらずに、座禅により自己の本来の心性を見きわめ、人の心と仏とは本来一体であることを悟って成道すること。

☑ 見性成仏(けんしょうじょうぶつ)

　自己の本性である本来清浄な心を見得して悟りを得ること。

☑ 拈華微笑(ねんげみしょう)

　釈迦が弟子を集めて説法していたとき、一言も語らず、傍らにあった蓮の花をひねって見せた。弟子たちはその意を解せなかったが、迦葉だけが微笑してそれに応えた。それを見た釈迦は、仏法のすべてを迦葉に授けたという[1]。

☑ 以心伝心(いしんでんしん)

　心で以て心を伝える。文字やことば（知識）ではなく、心から心へとその真髄を伝えることを意味し、文字やことばではその真髄を表しきれないことを示す。ことばや動作などを用いずに自らの思い、考えを伝えること。ことばに出さなくても自分の考えや気持ちが自然に相手に通じること。

☑ 言語道断(ごんごどうだん)

　仏法の奥深い真理は言語では解明しうるものではないことを意味す

---

[1] ：宋の僧、道原の『伝灯録』すなわち、仏法の真髄を心と心へと伝えることを教えている。

る*2。

(2) 老荘思想（道教）の影響

　老荘思想の基本的概念は**無為自然**である。「無為」とは、意図や意思、主観をすべて捨て去って、「道」（天地自然の働き）に身を任せて生きているありようを意味する。無為自然のあり方には、己の功績をことばにしたり、不要な情報や一般論に惑わされることなく、ことばで余計な説明を加えることなく、ただあるがままに、"自然"でいるという教えが含まれている。

　老荘思想における言語観を最もよく表すことばは**「知者不言　言者不知」**（知るものは言わず　言うものは知らず One who knows does not speak; one who speaks does not know.）であろう。**『老子の哲学』**（大濱1980）によると、「道は無限定的なものであるから、その名称さえもつけられなかった。（中略）道の内容を深く知るものは、それをことばで表現することは一面的な限定に過ぎないことを知っている。それで、道を知るものは道について言わない。道について言うものは道を知らない（後略）。」また、「道は聞くべからず。聞けば而ち非なり。道は見るべからず。見れば而ち非なり。道は言うべからず。言えば而ち非なり。誰か形の不形なるものを知らん。故に老子曰く、天下皆、善の善たるを知るは、これ不善なり。故に知るものは言わず。言うものは知らざるなり。（中略）道は聴覚を超え、視覚を超え、言表を超える。超越的であるから、耳で道を聞こうとしても聞こえないし、目で見ようとしても見えない。また、ことばで表現しようとしても表現できない。」としている。これは**荘子**の**「弁ずるは黙するにしかず」**とする主張とも相通ずるものがある。ただし、ここで老子の言う「不言」とは、「全く何も言わない、一言も発しない」ということではなく、本質から外れたきらびやかなこ

---

*2：このことから、奥深く、またすぐれていてことばでは言い表せないという意味に広がり、今日では、あまりにひどくてことばも出ないほどである、ということを表すようになった。

とば、不自然な多言、意図のある巧言を退けるという意味である。このような老荘思想の基本的言語観は、真理はことばで捉えることも伝えることもできないとする禅仏教のそれと共通している。

次の論文の一節も老荘思想の言語観を「沈黙」という視点から裏付けるものだ。

In Lao Tzu's opinion, human language is limited and cannot reveal and explain the laws and rules in the world completely. The way plays its part in a silent way, so the relation between human beings and nature cannot be fulfilled or established by language, and the truth of human life is something that can be controlled, exchanged and accumulated by silence.（人間のことばには限界があり、世界の法則や規則を完全に明かし、解釈することは不可能である。道は沈黙の中にその役割を果たす。したがって、人間と自然との関係はことばによって充たされることも、確立することもできない。そして、人生の真実は沈黙によって支配され、交わされ、積み重ねられるものである。）この英文の一節は **Analysis of Silence in Intercultural Communication Yuan, Yuan Quan School of Foreign Languages, Neijiang Normal University, China** より引用した[*3]。

老荘思想における言語観を象徴するもう一つのキーワードが**非言非黙**（ひげんひもく）である。それは沈黙を守ることだけが、真理を伝える唯一の道なのであろうかという問題である。沈黙はことばに対立するものである。そうなると、相対立するものは同じ次元の上にあるということになる。ことばが真理を伝えることができないとすれば、沈黙もまた真理を伝えることができない。したがって**非言非黙**とは、ことばを用いながらも、ことばにとらわれないことになる。だとすれば非言非黙のみが、残された唯一の道であるとしている。この点においては禅仏教の言語観とは大きく異なると言える[*4]。

[*3]：日本語訳は筆者。
[*4]：老子と荘子の思想は**無為自然**という基本概念で共通するが、必ずしもすべてにおいて同一ではない。しかし、言語観が一致していることからここでは両者を老荘思想としてまとめて扱った。

第Ⅲ章　日本語の心（パトス）と英語の精神（ロゴス）

⑶ 儒教（儒学思想）の影響

　論語を中心とする儒学思想にはどのような言語観が見られるのであろうか。それは極めて複雑で多面的であり、容易に示すことは困難であるが、端的に言えばことばに対するプラスとマイナスの対立する評価の併存であると言ってよい。**「ことばは両刃の剣なり」**という厳然とした真実を基に、ことばの用い方は状況や置かれた立場によって変異する。

　以下の解説は**『儒教と「言語」観』**（今浜　1978）における関連箇所から引用し、適宜要約したものである。

　「天文や地文が正しい秩序を失ったらどうなるか。それは天地異変である。だとすれば、人文である『言語』がその正しい有様を失ったならば、その『言語』を口にした人間に恐るべき災難が降りかかるのは理の当然である。恐るべきもの、それは言語だ。（中略）言語は両刃の剣である。それは本質的に輝かしい効力を持ち合わせているが、常に慎重に取り扱わなければならない。言語に対する効力の認識とそれに比例した慎重論との両者が儒学思想に於ける言語観を一貫して支えてきた（後略）。孔子は言語や行動を君主（為政者）たるべき者の絶対条件であるとする。言語と行動に対する実際的な効力を確信しているからだ。故にそれらを備える為政者は成功し、無頓着な者は失敗する。とりわけ、『誠』のない言語使用は、為政者にとって厳に慎むべきものである。孔子はいたずらに言辞を弄して世俗的名声を求める似非君子を激しく非難し、退けた。」また**「巧言令色、色鮮し仁」**も、誠意のともなわないうわべだけの飾りたてたことばを嫌い、退ける孔子の言語使用の慎重な姿勢をよく表している。

　しかし、老荘思想に於ける「言語の価値への否定」に対して、儒学的言語観は一貫して言語の価値・有効性を肯定している点が禅仏教および老荘思想との根本的な相違である。ただし、儒教では言語の価値・有効性を無条件に認めるものではない。価値の認識とその使用における慎重な姿勢とは密接な関係にあり、一貫して**「ことばは両刃の剣である」**ことを根底に据えている。言語使用に対して消極論と積極論とが常に併存する。

The Master said, 'The gentleman desires to be halting in speech but quick in action.'「師曰く、君子は語ることをためらい、行動に速やかであらんと欲す」(Lau［4：24］)

The laws of nature are out of language and cannot be controlled by language.「自然の法則はことばを超越しており、ことばによって制御することは不可能である」(同上)＊5

(4) 言霊思想（信仰）の影響

「しきしまの　大和の国は　言霊の　さきはふ国ぞ　まさきくありこそ」(**柿本人麻呂『万葉集』巻5−894**) と詠まれているように、言霊信仰は古来より日本人の中に、深く根ざしている言語意識である。古代の日本人、つまり、我々の祖先は、**アニミズム（animism）とシャーマニズム（shamanism）** に基づく信仰を持っていた。アニミズムとは、自然界のあらゆる事物には霊魂や精霊が宿り、諸現象はその意思や働きによるものと考えられてきた。また、シャーマニズムは、祖霊や精霊と接触・交流する能力を持つ霊能者を媒体にして発達し、制度化され、体系化されたアニミズムであると考えられている。

わが国のアニミズム的・シャーマニズム的な世界観においては、**ことばが非常に重視されてきた**。古代の日本人は、**ことばには霊的な力が宿っていると信じていた**。それが言霊信仰、または思想である。ことばには不思議な霊威が宿り、その力が働いてことば通りの事象がもたらされると信じられている。言霊がその力を発揮するのは、祈りによる。祈るとは「斎告る(いのる)」というのが原義であり、神の名を呼び、幸いを請い願った。祈りのことばはそれ自体に霊力があるとされ、祈ることによって、ことばに内在する霊力が働いて、人は祖霊や精霊に感応すると考えたのである。

プラスのことばを発すれば良い事が起こり、不吉なことばを発すると凶事が起こるとされている。そのため、祝詞(のりと)を奏上(そうじょう)する時には絶対に

＊5：以上、日本語訳は筆者。

誤読がないように細心の注意が払われた。子どもを命名する際に込められた親の思いや、結婚式などでの**忌み言葉**を忌避することも言霊信仰の名残と言える。

　言霊に対して、日本人は基本的に両極の評価、すなわちその力を認めつつも、負の影響力を恐れて、慎重に、抑制的に、どちらかと言えば消極的に使おうとする姿勢、言語使用を最小限度にとどめようとする自己規制へとつながっていったと考えられる。

　このプラスとマイナスの両極の捉え方は儒教の言語観と一部重なる面があるが、その依ってきた概念的背景は全く異質である。

　言霊信仰に似通ったものはユダヤ・キリスト教にも見られる。幸運の象徴とされている数字の**3**（三位一体）、**7**（創造主が天地を創造して休んだのが**7**日目）、「完全」「世界」を意味する**12**や不吉とされる**13**日の金曜日（イエス・キリストが十字架の死を遂げた日）などがよく知られているが、これらは迷信やタブーとも結合して、その境界線がはっきりしなくなった面もある。

☑『3』にまつわる縁起のよい東西の表現
　三つ子の魂百まで / 早起きは三文の得 / 三度目の正直 / 石の上にも三年 / 三人寄れば文殊の知恵 / 三種の神器 / 日本三景 / 三々九度 / 七五三 / 正月三が日 / 万歳三唱 / 御三家 / 三英傑 / 三原則 / 三人娘

☑『12』にまつわる慣習・伝統
　1年は12カ月、1日は24時間（＝12時間×2）で午前、午後それぞれ12時間、1時間は60分（12×5）、1分は60秒（12×5）で、12がベースになって定められている。**12進法**（1ダース＝12）、**キリストの12使徒**、**ギリシャ神話の12神**、仏教が説く苦しみの元となる**12縁起（因縁）**、**干支の12支**など、他にも12に関わる慣習が多々ある。

　これまで、日本人の言語観を形成してきたと推察される歴史的・宗教的・思想的な基層構造を概観してきたが、要約すると以下のようになる

のではないだろうか。

　まず、禅仏教と老荘思想に共通するのは、根底にことばの力に対する低い評価、不信感、あるいは否定が見られることである。ことばを媒介せずに真理を捉えようとする基本思想が両者に通底している。ことばの限界を見極め、究極的にはことばに依拠することを否とする思想であるが、老荘思想の「非言非黙」の概念は禅思想には見られない特有の言語使用に対する捉え方といえる。

　次に、儒教においては「ことばは両刃の剣なり」とする基本認識の下に、ことばに内在するプラスとマイナスの機能を十分認識・評価した上でことばに慎重に向き合うという姿勢である。日本人のこのようなマイナスの言語観は老荘思想の影響が大きいと推察される。

　また、言霊信仰（思想）においては、言語に内在する不可思議な霊力を信じ、それを畏怖の対象として捉えて慎重に扱おうとする基本姿勢がある。アニミズム・シャーマニズムという成り立ちの背景は儒教とは全く次元が異なるものの、ことばに内在する正負の両極の力を認め、慎重に扱うという点である種の共通性を見てとることができる。

　このような主たる言語観（禅仏教・老荘思想・儒教）がインド、中国から朝鮮半島を通してわが国に伝来し、それらが日本古来の言霊思想と相まって日本の言語文化に多大な影響を及ぼした。その結果、言語に対する過小評価や否定的な、あるいは慎重な姿勢につながった。そしてこれを反映することばの省力化、および寡黙・沈黙を高く評価し、礼賛する態度を培ってきた。そして多弁を戒め、寡黙を尊ぶ表現は枚挙にいとまがないことはその証左であろう。以下にそのごく一部の例を挙げておく。

☑「多弁・巧言」を戒める表現
　「阿吽の呼吸」「つーと言えばかー」「言わぬは言うに勝る」「言わぬが花」「沈黙は金」「能ある鷹は爪を隠す」「秘すれば花」（世阿弥）「雉も鳴かねば撃たれまい」「不言実行」「言葉多き者は品少なし」「話し上手の仕事下手」「口うるさい」「口が軽い」「口は禍の門（元）」「口先だけ

の男」「口だけ達者だ」「口舌の徒」「口数が多い」「口が軽い」「口数が減らない」「口から先に生まれたような人」「口では大阪の城も建つ」「口と財布は緊めるが得」「美辞麗句」「巧言令色（色鮮し仁）」（**『論語』学而篇**）「外交辞令」「ことば巧みに〜」「言は身の文」「おしゃべりな人」「舌先三寸胸三寸」「冗舌」「饒舌多弁」「舌はこれ禍の根」「舌の根も乾かぬうち」「舌の剣は命を絶つ」「二枚舌」「歯のうくようなお世辞」「話の名人は嘘の名人」「理詰めより重詰め」「理の過ぐるは非の百倍」「論ずるものは中から取る」「論より証拠」「理屈っぽい」「多弁を弄する」「空の樽は叩けばよく鳴る」「大言壮語」

☑「寡黙・沈黙」をプラス評価する表現
　「寡黙で男らしい男」「ことば数が少ない誠実そうな人」「無口だが真面目な女性」「物静かな人」「黙々と働く」「口が堅い」「朴訥な」「静聴」「沈思黙考」「黙って耐える」「百黙一言」「黙り猫が鼠を捕る」

(5) 民族的・言語的・文化的同質性

　上述したようにことばに対する過小評価や信頼度の低さに加えて、さらにこの傾向に拍車をかけている要素が日本の民族構成、文化的特質、およびほぼ単一の言語使用状況である。日本は世界でも極めて稀な民族構成の国家である。決して単一民族ではないが、多民族国家というほど多様な人種・民族が多数共存している状況でもない。すなわち、非常に同質性の高い民族で構成される国家であると言える。近年の急速なグローバル化によって世界中から様々な人々が仕事や留学、旅行、その他の目的でわが国へ流入しているとは言え、依然として基本的な民族構成に際立った影響は与えていない。また言語についても、英語のような利便性の高い**国際共通語**（lingua franca / global language）のニーズが高まってはいるものの、平均的な国民は現時点では日本語だけで生活するのに特段不便は感じない。

　要するに平均的な「日本人」と呼ばれる民族は、長い歴史を共に歩み、同じ言語（日本語）を使い、似通った生活様式（lifestyle）、物の見

方（mindset）、行動様式を身につけ、文化を築き上げてきた人々なのである。

　これらの高い同質性（homogeneity）が**高コンテクスト文化（high-context culture）**を育み、その結果、メッセージをことばで厳密・詳細に伝えなくても何となくわかり合える（と信じている）コミュニケーション・スタイルを育んできた。従って、話し手がメッセージのかなりの部分を省略しても聞き手がその情報のギャップを埋めて（補強して）理解してくれる**「察しの文化」**が醸成されてきた。筆者が好んで用いる例文を使って「察しのコミュニケーション」の一端を示そう。

「先日、近くを通りがかったので、立ち寄ったんだけど、あいにくお留守だったので、例の書類を郵便受けに入れておいたのでよろしく。」

　この文には「誰が」、「誰の」家の近くを通りかかり、「誰の」家に立ち寄って、「誰が」留守で、「誰の」郵便受けに、「どういう」書類を、「誰が」入れたのか、また、「誰が」、「誰に」、「何を」よろしく頼んだのか、話し手と聞き手の人間関係などがすべて省略されている。それにもかかわらず、日本語の母語話者であれば、何となくそのやり取りの内容をほぼ間違いなく「察する」ことができる。欧米や他の言語文化圏の人々にとっては、これではメッセージは伝わらず、極めて奇異に感じるに違いない。

　こうした基本的な民族構成、言語、文化、歴史経験、風土、基本的価値観を長い歳月にわたって共有していると、何でもかんでも一々ことばでくどくどと言わなくても、人間関係やその場の状況（context）からメッセージを推測することができるようになる。つまり、状況への依存度が高くなり、その分、言語への依存度は逆に低くなる。卑近な例が長年生活してきた夫婦、親子、兄弟などの間で見られる人間同士のコミュニケーション・スタイルだ。「降ってきたね」と言われて、「何が？」と聞き返す人はまずいない。空から降ってくるのは雨か雪あたりに決まっている。人間が降ってくることはまずあるまい。

　このような文化を**高コンテクスト文化（high-context culture）**という。わが国は世界でも数少ない高コンテクスト文化の国である。日本人

の消極的な言語観や曖昧な言語表現、ゆるい言語使用感覚を形成してきたもう一つの大きな要因はここにある。

[注] **コンテクスト（context）** とはコミュニケーションが成立する要素（状況・背景）のことを指している。すなわち誰と誰が（participants / who）、どういう人間関係（relationship）で、どのような心理状態（psychological condition）で、いつ（when）、どこで（where）、どのような環境（under what circumstance）で、どういう目的（for what purpose）で、またはなぜ（why）コミュニケーション活動を行っているかといったような基本要素のことである。

各要素をもっと具体的に分解すると、「誰と誰（コミュニケーションの当事者）」は個人対個人レベルもあれば、個人対集団、集団同士の場合もある。人間関係も親疎の度合い、長幼、目上と目下の関係・対等な立場など、また心理状態としては喜怒哀楽、相手に対する感情（好き嫌いなど）、「いつ」は一日の時間枠に限らず、週、月、季節、年単位のこともありうる。どこで（where）はさまざまな空間（家・会社・学校など）があるし、環境、目的、理由もそれぞれ多種多様といったように重層構造になっている。こういう要素を総称してコンテクストと呼んでいる。

日本人の基本的言語観・言語使用感覚を最後にまとめると、先述した大きな伝統的な精神的・思想的潮流（禅仏教・老荘思想・儒教・言霊思想）と、高コンテクスト文化が複雑に絡み合った結果、「言挙げをよしとしない」「察しの言語文化」が醸成されてきたという結論にたどり着く。

しかし、世界はグローバル化が着実に進み、あらゆる分野で激しい変化が起きている。旧来の「謙譲」「遠慮」「寡黙」「同調志向」「集団志向」「受信型のコミュニケーション・スタイル」のような、日本人の美徳とされてきた価値観、国民気質、それを反映する大人しい、消極的な言語観・言語使用感覚は果たしてこのままで問題はないのか。読者諸賢はどのように思われるだろうか。じっくり、真摯に議論を深めて、必要に応じて解決策を探るべき時が来ているかもしれない。

日本人のコミュニケーションの特徴

　日本の社会では相手の意見や主張を面と向かって否定し、反論する、頼みごとを直截的に拒否することは非礼であるとされている。たとえ意見が異なる場合でも、あるいは相手の求めに応じられなくても、とりあえずその場は穏便に対応し（空気を読み）、人間関係をなんとか維持しようとする。このような状況で日本人がよく用いる**社会言語学的方略（sociolinguistic strategy）**と**対人コミュニケーション（interpersonal communication）**の特徴の主な例を以下に挙げておこう。

1. 曖昧な、あるいは持って回った表現を好む。要点をストレートに言わない。
2. 自己主張をあまりしない。自分の意見を明確に述べない。
3. 特に公の場では積極的に質問したり、コメントを述べたり、異論を唱えない。議論に積極的に加わらない。
4. とりあえず相手に同調しているような態度を見せる。同意していなくても黙っている。しかも合槌を打ったり、"Yes"とか"I see"とか"Really?"などと言って同調するかのような印象を与える。
5. 批判的なコメントを控える。
6. 教師から意見を求められたら隣の学生と相談する。
7. アイコンタクトを避ける。
8. ほめことばのヴァリエーションが貧弱である。
9. 感謝の気持ちを表す表現が豊かでない。
10. 日本語で十分表現可能なことばにカタカナ語を使う傾向がある。無意味な横文字・カタカナ語をプリントしたTシャツなどを着て平気で街を闊歩する。店には意味不明の横文字の看板や表示が氾濫している。

　上に挙げたような日本人のコミュニケーション・スタイルや対人スト

第III章　日本語の心（パトス）と英語の精神（ロゴス）

ラテジーに対して、外国人からは『理解できない、不可解だ、不満だ、イライラする』などといった声が上がっている。

以下は、日本人が異文化の背景を持つ人々とやり取りをする際に気を付けたいことばの使い方や姿勢である。文化的翻訳（発想の転換）をせずに、そのまま字義通り英［異言］語に置き換えると誤解や摩擦を生じかねない。

日本的な表現例

☑ 曖昧な言い方
　すみません（I'm sorry / Excuse me / Thank you / I feel indebted to you）/「どうも」には次のような表現が省略されていると考えられる（ありがとう・すみません・失礼します［失礼しました］・ご無沙汰しています・お邪魔しました）*6/ちょっと難しい（無理）かも/行けたら行くようにします/結構です（No, thank you.）*7/コーヒーのお代わりはいかがですか？/大丈夫です/〜みたいな/わたしってアルコールだめじゃないですか

☑ 即答を避ける［判断を先延ばしする］
　考えておきます/とりあえず持ち帰って検討させてください/ご指摘の件につきましては調査の上、回答させていただきます/上の者と相談いたしましてご連絡差し上げたいと存じます/私の一存ではちょっと……

---

*6 ：「どうも」には否定表現を伴って、「どうしても」、「いかにすれども」、「まったく」の三つの意味がある。（⇒「どうも解せない」「どうもうまく行かない」「どうも気に食わない」「どうも虫が好かない」）
*7 ：「〜は結構な〜でした」というふうに過去形になると「すばらしかった・よかった」のように肯定の意味になる。

☑ 個人的な考え・好みなどを言わない
何でもいいです / 皆さんと同じもので結構です / そう言われればそうかもしれない / そういう可能性もないとは言えないね（～もあるかも）/ そうともとれますね / そうなんでしょうか / どうなんだろう

☑ ことばを濁す・明確な意思表示を避ける・遠回しの言い方を好む
行けたら行くようにします / おっしゃることはごもっともです / 少々立て込んでおりまして / できるだけのことは致します / おっしゃることはわかりますが / 今あいにく家のものは誰もおりませんので / 自分的にはなんとも言えない感じです / なくはないですね / ないっちゃない　あるっちゃある / もうこんな時間ですか / 暗くなってきましたね（＝そろそろ失礼しなきゃ）/ このままだとちょっとまずいかも / これじゃいくらなんでも / 今消費者が求めているのは、デザイン↗、利便性↗、斬新さ↗、そういうもの↗*8

☑ 謙遜・卑下表現
つまらないものですが［大したものではありませんが / 些少ですが］/ 粗茶でございます / 何もありませんが / お口に合いますかどうか / お口直しに～でもいかがですか / 何のお構いもしませんで / 大変僭越ではありますが～ / 高い所から失礼いたします / 浅学菲才の身ではありますが / 私なんかとても～ / 微力ではございますが / 何もできませんが

日 英両語における発想形式の特徴

日本人の発想形式・コミュニケーションの特質

パトス（情感）志向 / 受動性 / 集団主義（相互依存志向）/ 協調志向 /

---

*8 ：一番最後の例は**半クェスチョン表現**と呼ばれ、上がり調子になる。

状況依存型の表現構造 / 求心性 / 受信型のコミュニケーション / 文脈依存型の言語コミュニケーション / 年齢・階層・性別が反映するコミュニケーション / 論理の展開は帰納法 [*9]

[鍵語の例]
パトス（pathos）/ 察しのコミュニケーション / 以心伝心 / 暗黙の了解 / 言わぬが花 / 沈思黙考 / 知者不言　言者不知

日本の文化的特質

民族的・言語的・文化的同質性 / 高コンテクスト文化 / 多重時間枠志向

英語母語話者の発想形式・コミュニケーションの特質

ロゴス（論理）志向 / 能動性（積極性・自発性）/ 個人主義 / 自立志向 / 平等志向 / 未来志向 [*10] / 人間中心的表現構造 / 単一時間枠志向文化 / 遠心性 / 発信型のコミュニケーション / 文脈非依存型の言語コミュニケーション / 論理の展開は演繹法 [*11]

[鍵語の例]
debate / dialogue / discussion / forum / logic / logical structure (sequence) / paragraph development / presentation / public speech / symposium

---

[*9]：**帰納法**とは「個々の具体的な事例から一般に通用するような原理・法則などを導き出すこと」（『ブリタニカ国際大百科事典』）

[*10]：英語に「先日はお世話になりました」とか「いつぞやは大変失礼しました」といったお礼やお詫びのことばを過去に遡って述べる発想がない。

[*11]：**演繹法**とは「与えられた命題から、論理的形式に頼って推論を重ね、結論を導き出すこと。一般的な理論によって、特殊なものを推論し、説明すること。」（『ブリタニカ国際大百科事典』）

> 英語文化圏の文化的特質

民族的・言語的・文化的異質（多様）性 / 低コンテクスト（言語コミュニケーションへの依存度が低い）文化 / 単一時間枠志向

> 表現形式から見た日本語と英語の特徴と相違点

　英語らしさを形成している一つの大きな要素は表現形式の特徴である。両言語を対比しながら典型的な特徴を整理すると次のようになる。

(1) 日本語は動詞表現 vs. 英語は動詞の名詞化表現を好む

　　［注］以下 J ＝ Japanese　E ＝ English
　　ジム、タバコを吸いますか。
　　　Do you smoke, Jim? ⇒ Are you a smoker, Jim?
　　ジョンは足が速く、泳ぎもうまい。
　　　John can run fast and swim well, too.
　　　　⇒ John is a fast runner and good swimmer as well.

動詞の名詞化表現は主として次の表現パターンに分類できる

　　① Agent noun (runner)
　　② have + a + 名詞化した verb (have a bite)
　　③ take + a + 名詞化した verb (take a look)
　　④ give + a + 名詞化した verb (give a ride)
　　⑤ make + a + 名詞化した verb (make a stop)
　　⑥ do some + v-ing (do some shopping)
　　⑦ be + preposition + the ［a / an / one］ + noun (on the go / in one gulp)

(2) J は具体名詞 vs. E では抽象名詞で表現可能

　　彼は私を惨めな状況から救ってくれた。
　　　He took me out of a miserable situation. ⇒ He took me out of misery.

われわれに残されたことは唯一つ。それは安全な所へたどり着くことだった。
　We had only one job now-to reach a safe place ⇒ safety.

(3) Jは動詞＋動詞で表現 vs. Eは動詞＋副詞で表現できる
スーザンはわたしを食堂に招き入れてくれた。
　Susan invited [showed] me into the dining room.
僕は毎日お昼を食べに家に帰ります。
　I usually go home to have [eat] lunch ⇒ for lunch.

(4) 無生主語構文　Jは基本的に欠如 vs. Eは頻繁に使われる
　現代日本語では「何が彼女をそうさせたか」のような翻訳調の表現も見られるようになったが、無生物を主語にして、人に「〜させる」という表現は元来の日本語にはなじまない。日本語の発想では、英語の無生主語は、意味の上では**副詞句的な働きをすることが多い**ので、理由・原因・条件・時・譲歩などを表す副詞句的な意味に解釈すれば、自然な日本語となる。

　Those tall trees give me privacy.
　　あの高い木のおかげでプライバシーが守れる。
　　＊主語が目的語に何らかの影響を与えるという構文であるから多くの場合他動詞をとる。

☑ 無生主語構文の５つの用法
　理由：These misfortunes almost deprived him of his reason.
　条件：Flying enables us to go from Tokyo to Okinawa only in a few hours.
　時：Ten minute's walk brought us to the lake.
　譲歩：No amount of wealth can satisfy such a greedy man.
　手段・根拠：Our calculation shows that the rocket is off his course.

☑ 無生主語構文の種類
1）運搬・旅行・移動
　　This bus will take you to the station.
　　The hover craft can get you across to the island in half an hour.
2）妨害・抑止
　　The bad weather prevented us from flying to Hokkaido.
　　Her shyness kept her from talking to him.
3）使役
　　The mere sight of a snake makes me sick.
　　A terrible cold caused the singer to lose her voice.
4）継続
　　The annoyance of mosquitoes kept me awake all night long.
　　The news of the aircraft accident left me uneasy.
5）結果
　　The scream struck him into his heart.
　　The sharp bend threw me.
6）結果としての感情
　　The magician's tricks surprised me a lot.
　　The loud noise gave me a terrible fright.
7）動詞＝運搬・旅行・移動→比喩的意味→結果を導入
　　His hard work took him to the top in the company.
　　That song brings me back to my high school days.
8）比喩
　　Guns don't kill people. People kill people.
　　The world saw the beginning of an era of terrorism.

☑ 無生主語をとる他動詞
1）make / cause
　　The news made him happy.
　　Careless driving causes accidents.

2) allow / permit
　　His pride would not allow him to accept any reward.
　　Flexible working hours permit parents to spend much more time with their children.
3) compel / oblige / force
　　His conscience compelled him to confess.
　　The law obliged the companies to pay decent wages to their employees.
　　The typhoon forced me to stay home all day long.
4) take / bring
　　The bus will take you to the center of town.
　　Spring brings warm weather and flowers.
5) keep / leave
　　The cold weather kept us indoors.
　　The new arrangement has left me in a better position.
6) prevent / keep
　　My mother's illness prevented me from attending the meeting.
　　Urgent business kept me from joining you.
7) show / suggest
　　That shows how little you know.
　　His look suggested that he would like us to leave.
8) remind
　　This picture reminds us of our happy schooldays.
9) cost / save / spare
　　The repairs to my car cost me a lot of money.
　　Thank you for your help. It saved me a lot of work.
　　His visit spared me the trouble of writing to him.
10) give
　　This book gives us a good idea of the conservation of nature.
11) convince / satisfy
　　The new evidence convinced me that she had nothing to with the scandal.

The thunder so frightened the horse that it galloped down the road.

(5) Jは状況中心 vs. Eは行為（動作）者中心

歯が痛い。I have a toothache./ 車のタイヤがパンクした。I had a flat tire./ 営業中 (We are) Open/ 準備中 (We are) Closed/ お腹がいっぱいだ。I'm full./ 間もなく新宿に到着します。We're soon arriving at Shinjuku./ 自動車事故に遭った。I had a car accident./ ここはどこですか。Where are we?

(6) Jでは「～ある／～いる」vs. Eでは「～を持つ」

弟が一人と妹が二人います。
 I have a brother and two sisters.
昨夜から熱がある。
 I have had a fever since last night.

(7) Jは点的表現 vs. Eは線的表現

結婚したのは20年前です。（＝結婚して20年になった。）
 We have been married for 20 years.
 ＊日本語では「20年前に結婚しました」は「結婚してもう20年になります」とほぼ同じ意味であるが、"We married 20 years ago." は現在も結婚生活が続いていることを必ずしも意味しない。

7年前にアメリカに来た。（＝アメリカに来て7年たった。）
 I have been in the States for 7 years now. （＝ It has been 7 years since I came to the States.）

(8) Jは「なる」言語 vs. Eは「する」言語

二人の男はとうとう喧嘩になった。
 The two men finally started fighting.
昨夜は大雨になった。
 It rained a lot last night.

第Ⅲ章　日本語の心（パトス）と英語の精神（ロゴス）

(9) Jは相手（聞き手・読み手）に推察させる表現形式 vs. Eは詳細・明確な情報で説明する表現形式

　お釣りはいりません。
　　You can keep the change.
　　＊"I don't need the change."は相手に理解されにくい。
　お話が聞こえません。　　×I can't hear.
　　I can't hear you [what you are saying].
　　＊I can't hear.＝目的語がないと「耳が聞こえない」「聴覚に障碍がある」ことを意味する。

(10) Jは求心的表現 vs. Eは遠心的表現

　ここでいう**求心性（centripetal nature）**とは精神のエネルギーが空間的には「**外から内（中心）へ**」、「**大きな単位から小さな単位へ**」、「**遠くから近くへ**」、「**全体から部分へ**」、「**前から後へ**」と、また時間的には「**過去から現在へ**」と流れる傾向のことを指している。逆に、**遠心性（centrifugal nature）**とは「**内（中心）から外へ**」、「**小さな単位から大きな単位へ**」、「**近くから遠くへ**」、「**部分から全体へ**」、「**後ろから前へ**」と、また時間的には「**現在から過去へ**」と日本語とは逆方向に流れる。日本語は求心的表現、英語はその逆の遠心的表現になる[*12]。以下の日英語の語順に注意していただきたい。

☑ 住所の表記法
　［J］（日本国）東京都新宿区高田馬場1丁目10番地20号
　［E］1-10-20, Takadanobaba, Shinjuku-ku, Tokyo, Japan

☑ 名刺の表記順
　［J］東京都○○区→○○町→○○番→○○号○○株式会社→総務部→人事課→○○係→山田→太郎

＊12：**Dabar**＝「背後から前に押し出す」に根ざす発想形式である。

［E］Taro Yamada ○○ Corporation *13
☑ 履歴書の職歴・学歴記載の順序
　　［J］過去から現在へ（古い順に）
　　　　20××年　　○○高等学校卒業
　　　　20××年　　○○大学○○学部卒業
　　　　20××年　　○○株式会社入社
　　［E］現在から過去へ（新しい順に）*14
☑ その他の例
　　［J］その種の花はあちこちで目にします。
　　［E］We find this kind of flower here and there.
　　［J］あれをしろ、これをしろ。
　　［E］Do this and do that.

⑾ **Negation marker（否定標識）と Interrogation marker（疑問標識）の位置がJとEでは異なる**

　否定標識がJでは文尾にくるのに対し、Eでは文頭か、もしくは文の初めの部分に表れる。

☑ ［E］のNegation marker（否定標識）
　　no / not / neither / nobody / no one / none / nothing / nowhere / nay

　1) 犯行現場で不審者を見たものは誰もいない。
　　　Nobody saw a suspicious figure at the crime scene.
　2) ジョンとトムのどちらも私のタイプじゃない。
　　　Neither John **nor** Tom is my type [the kind of man I like].
　3) そう感情的にならないで。
　　　Don't be so emotional.

---

*13：日本式とは違い、職場の住所、所属部署等は書かない場合が多い。

*14：例は省略。

4）君がここを去ってから特に変わったことはないよ。
   Nothing in particular has happened since you left us.
5）昨日は誰一人訪ねてきた者はいなかった。
   Not a single person came to visit me yesterday.（＝**Nobody** came to visit me yesterday.）

☑ [E] のInterrogation marker（疑問標識）
　①語順（主語と述語の転換）
　②助動詞 do / have / will / would / can / could / shall / should / must など
　③疑問詞 who / what / why / where / when / which / how
　④文頭の疑問詞
　⑤イントネーションの操作（語尾が上昇調）

⑿ Jは否定表現 vs. Eは肯定表現
　日本語では一般的に否定表現になるところが英語では肯定表現になる傾向がある。

☑ allを使った表現
1）That's all I know.　わたしはそれしか知りません。
　　cf. それだけは知っている。
2）That's all there is to it.　それ以上の事情はありません。
3）All the Government can do is to apologize.
　政府は謝罪することしかできません。[*15]

☑ onlyを使った表現
1）That's the only thing I know.　私はそれしか知らない。

---

*15：2005年ロンドン同時爆破事件。私服警官が無実のブラジル青年を射殺した事件を受けての、Prime Minister Tony Blaire のコメント（**BBC: Six O'clock News** より）。

2）There were only three people in the room.
部屋には3人しか人がいなかった。
3）I made only one mistake in the exam.
試験ではたった1つしか間違わなかった。

☑ 比較級を使った表現
1）His way of talking is more than I can stand.
あいつの話し方には我慢がならない。
2）It was more than I was able to understand.
僕にはそれは理解できなかった。
3）I had no more than 5,000 yen. 5千円しかもっていなかった。

☑ 最上級を使った表現
1）He is the last guy that I want to sit next to.
あいつの隣にだけは座りたくない。
2）I have the slightest idea of what you are talking about.
君が何の話をしているのかさっぱり分かりません。
3）John would be the last man to deceive other people.
ジョンは絶対に他人を騙すような人間ではありません。

☑ 質問・勧誘・依頼・禁止・確認などの表現
1）Do you have any questions?
何か質問はありませんか。
（質問があることを前提にした、または期待した尋ね方）
＊何か質問ありますか。（質問はないとは思うが、というニュアンス）
＊何か文句あるか。（文句などあるわけないだろう、というニュアンス）
　　cf. Don't you have any questions?（何にも質問ないの？）
2）Would you like to join us in dinner?
夕食ご一緒しませんか。

第Ⅲ章　日本語の心（パトス）と英語の精神（ロゴス）

　3）Can I have your e-mail address, please?
　　　メールアドレスを教えてくれない？
　4）<u>Remember</u> September 11!　9・11を忘れるな。
　　　＊Don't forget September 11!（間違いではないが使用頻度は低い）
　　　　ヒロシマ・ナガサキを忘れるな。
　　　＊ヒロシマ・ナガサキを覚えておけ。（不自然）
　5）殺人現場周辺に不審者がいなかったか警察は聞き込みに当たっている。
　　　The police are poking around to find if <u>there were</u> any suspicious figures around the murder scene.

☑ 否定的意味を持つ熟語構文
　1）I can give you only 100 dollars at most.（『**College Crown 英和辞典**』**1986**）
　　　君にはせいぜい100ドルしかあげられない。
　2）He can swim only 100 m at best.
　　　彼はせいぜい100メートルしか泳げない。

☑ too〜to do の構文
　1）She was too proud to show her grief in public.
　　　彼女はプライドが高すぎて人前で悲しみを見せることができなかった。
　2）The offer is too good to be true.
　　　その持ちかけ話はうますぎて信じられない。
　3）It's too hot a day for work.　暑すぎて仕事にならない。

☑ 準否定詞を含む文（hardly / scarcely / rarely / seldom / only / few / little）
　1）I can hardly wait to hear the news.　その知らせを待ちきれない。
　2）There is scarcely any work for you to do.

あなたのできる仕事はほとんどない。
3) She seldom [rarely] eats breakfast.
彼女は朝食はめったに食べない。
4) Bob shaves only once a week.
ボブは1週間に一度しか髭を剃らない。
5) Few were surprised by the news of the politician's arrest.
その政治家が逮捕されたことを聞いて驚いた人はほとんどいなかった。
6) Little did we think that he would commit such a brutal crime.
彼がこんな残忍な罪を犯すなんて、思いもよらなかった。

☑ [J]では否定表現 vs. [E]では動詞、形容詞、決まり文句で表現
1) You should refrain from eating greasy food.
脂っこいものは食べないほうがいいですよ。
2) Bob often fails to keep his words.
ボブは約束を守らないことがよくある。
3) An apple a day keeps a doctor away.
1日リンゴ一個で医者要らず。
4) He turned a deaf ear to my advice.
彼は私の忠告に耳を貸さなかった。
5) The man closed his purse to me.
その男はぼくに金を貸してくれなかった。
6) This food is free from artificial additives.
その食品には人工化合物は入っていない。
7) This booklet is free of charge.　この冊子は無料です。
8) Road closed.　通行禁止
9) The river is closed for fishing.　その川で釣りはできません。
10) My camera was missing [gone].　カメラがなくなっていた。
11) I am short for my rent.　家賃が足りない。
12) I am tied up at the moment.　今手が離せません。

13) She is full of herself.　彼女は自分のことしか考えられない。
14) It was a beautiful sight beyond description [words].
　　言い尽くせないほど美しい光景だった。
15) The book is above my understanding [me].
　　私にはこの本は理解できません。
16) If I am correct, the Continent of America was discovered in 1492 by Columbus.
　　もし間違っていなければアメリカ大陸は1492年にコロンブスによって発見された。
17) Who would ask you for advice?（反語表現は J では否定表現になる）
　　おまえの助言など要らないよ。
18) I have run out of gas.　ガソリンがなくなってしまった。
19) The room is bare of furniture.　部屋には家具が何もなかった。
20) My English is far from perfect.　僕の英語は決して完璧じゃない。

発想転換の基本原理

　英語らしい言い回しを身につけるには上に挙げたような表現形式をマスターすることに加えて、英語の発想形式の基底にある基本原理を把握しておくとより一層英語らしい英語に近づくことができる。以下に示したのはその4つの基本原理で、それぞれを反映する言語表現形式と行動パターンの特徴、および具体例である。

基本原理Ⅰ　個人主義 (individualism)

(1)「個」の尊重 (Respect for each individual person)
　　人はみな違っていて当たり前である。(Everyone is different.)
　　個性を尊重する。
(2)「プライバシー」の尊重 (Respect for privacy)
　　他人の領域に首を突っ込むな / 干渉するな / 余計なお節介はやめろ
　　(Don't poke your nose into other's affairs!)

⇒「第Ⅴ章　文化と Culture」「英語文化圏で嫌われる方法」の項参照。
(3) 選択の自由（Freedom of choice）
何事も人任せにしない。自分のことは自分で決める。
例：コース料理では食前酒に始まり、前菜からデザートまでそれぞれ各自で選ぶ*16。
(4) 独創性・創造性への高い評価（High esteem for originality & creativity）
個性・適性・好奇心を重視する。欧米文化圏における学問・研究、科学技術、哲学、思想、宗教、芸術などの各分野の目覚ましい進歩、歴史を変える大発見、大発明は個性の尊重・創造性・独創性から生まれたと見ることができる。
(5) 多様性の受容（Acceptance of diversity）
多民族・多人種・多文化・多言語・多様な価値観などの共存・共生社会。国際結婚・異人種［民族］間の結婚、移民や留学生の受け入れ体制、流動性の高い社会（移住・転職などの頻度）。

基本原理Ⅱ　平等主義（Egaritarianism）── 水平型の人間関係志向
人はみな基本的に対等（であるべき）だ。
現実には上下関係・能力・生育環境・経済状況などに格差があっても建前は対等意識を持っている。
［例］年長者・上司・指導的立場の者とも名前で呼び合う慣習（People address each other by first names）がある。/ 客と店員（応対する側）も対等。お客様は「神様」にあらず。/ 親近感・率直さの伝わることば遣いが歓迎される。/ 親愛の情を込めたことばを多用する。
［例］honey / darling / baby [babe] / sweetheart / sweetie / love / dear [My dear] / やり取りの中で相手の名前を頻繁に呼ぶ。［例］Hi, John.

---

*16：「おまかせします・同じもので結構です・なんでもいいです」は原則NG [no-no] である。

第Ⅲ章　日本語の心（パトス）と英語の精神（ロゴス）

Good morning Susan. What do you think, Bill? / インフォーマルな表現・相手をリラックスさせる表現が好まれる。［例］（相手の緊張をほぐすように）「頑張れ」⇒ Don't work too hard [Don't be so stiff. / Relax. / Hang loose. / Take it easy.] / 来客への心遣い Please make yourself at home [Please lay back and relax. / Please make yourself comfortable]. / Help yourself to anything in the refrigerator.（冷蔵庫の物なんでも自由にやってね）

|基本原理Ⅲ| **自立志向の精神（Independent spirit）**

(1) 独立精神の尊重（Respect for independent spirit）

　　自分でできることは自分でやる。（Do-it-yourself principle）

　　　例：日曜大工（do-it-yourself carpenter）/ 日曜大工センター（do-it-yourself home center）/ 親からの早い精神的・経済的自立を高く評価する。/ 他者依存を良しとしない。「甘え」は一人前でないと見なされ、低い評価を受ける。自立を称える表現：Self-made person / Self-supporting student. / Bob worked his way through college.

(2) 積極性・自律性の尊重（Respect for positiveness & autonmy）

　　開拓者精神（pioneer [frontier] spirit） の伝統。チャレンジ精神を尊ぶ。外圧・同調圧力によらず、自らの意志で選択し、決断して行動に移すことを良しとする。/ ボランティア活動（volunteer activity）の伝統*17。/ 寄付文化はキリスト教の献金の伝統を受け継いでいると考えられる。/ 欧米の起業率の高さはチャレンジ精神・開拓者精神を反映している。日本における起業率は欧米と比べて非常に低い。優秀な人材は一流企業への就職志向がきわめて強い。

---

*17：日本人は他者や集団に同調して行動する「みんながやるから自分もやる（やらなければならない）」という発想が強い。例えば町内会活動、地域の諸行事への参加は自主的にというよりも「協調性」「集団志向」「同調圧力」「義務感」による場合が多い。欧米のボランティア活動は教会を基盤にした主体的な「奉仕精神」に根ざしている。

|原理IV| ロゴス志向（**Logos orientation**）

(1) ことばの力を信じ、思いや感情を言語化することを重視する。
褒めことばが豊富で、お悔やみも自分のことばを尽くして伝える。
言語化しなければ伝わらないという意識が非常に強い[*18]。

(2) 質問・コメントをよくし、意見を交換する伝統がある。

(3) 討論・議論・論争・スピーチ・プレゼンテーションなどの伝統が根付いている。異論・反論もいとわない。

(日本人の言語使用感覚)

　これまで見てきたように、日本人の言語観はさまざまな要因が長い歴史の中で複雑に絡み合って形成されてきたことが分かる。そのような言語に対する向き合い方は、ことばへ与える価値観、およびその使い方に如実に投影されている。具体的な傾向として、**あいまいな表現形式**と**言語使用に対する安易な考え方**である。これらは異文化間のコミュニケーションの場面では誤解されたり、場合によってはトラブルを招くことにもなりかねない。そうした日本人への教訓、または警告として、以下に、極めて日本人的なコミュニケーション・スタイルの特徴と、ことばに対する安易な考え方を物語るいくつかの笑える、否、笑えないエピソードを紹介しよう。なお、ことばに対する基本的な評価の違いを示すために、筆者が見聞きした英語文化圏における対極的なエピソードも加えた。

(悲喜こもごものエピソード)

(1) 木に括りつけられた坊や

　これは昔勤めていた大学の同僚夫婦が語ってくれた体験談である。夫

---

*18：「察する文化」とは対極である。

第Ⅲ章　日本語の心（パトス）と英語の精神（ロゴス）

婦が、幼い息子を連れて、英国の大学に在外研修中に起きた出来事だ。ある日、母親が目を離した隙に坊やの姿が見えないことに気づいた。庭で遊んでいるものと思ったがいない。不安になった。表通りに出たがいない。いよいよ不安が募り、あたりを駆けずり回ったが見当たらない。パニックになりかけた時である。どこからともなく幼児の泣き声が聞こえてきた。彼女は髪を振り乱し、半狂乱になって声のする方へ猛ダッシュした。泣き声はある家の敷地内から聞こえてくるが生垣が生い茂っていて中の様子はうかがい知れない。恐る恐る庭に入ってみると信じがたい光景が目に飛び込んできた。なんと坊やが庭の木に括りつけられているではないか。無我夢中で縄をほどき、泣き叫ぶわが子を抱きしめた。

　事情が掴めぬままに彼女はその家の表ドアをノックした。すると家の主らしき男が出てきた。恐怖と興奮で震えながら「うちの子が何をしたというのか、なぜこんな目に遭わなければいけないのか」と尋ねた。すると**「表の警告板が目に入らないのか。(Don't you see the warning sign out there?)」**とものすごい形相で怒鳴られた。確かに **'No Trespassing'（立ち入り禁止）**と書かれた警告板が立っていた。

　にわかには信じがたい話であるがどうやら実際に起きた出来事のようである。紳士淑女の国イギリス人の名誉のために言っておくが、その男はどう考えても普通の感覚を持ち合わせた人間ではないことは確かである。事の是非はともかく、英語文化圏においてはメッセージをことばに託する度合いが極めて高いことを示す象徴的な例といえる。

(2) **よい英語は身を助ける**

　留学したアメリカの大学院でのこと。新学期に備えて私たち留学生（international student）は英語の総合力を上げるために ESL（English as a Second Language）のコースを一カ月ほど受講した。そのプログラムの講師の一人の Mrs. Keelty という指導経験豊富で学生にとても慕われていた講師の話がとても印象に残っている。

　彼女は若かりし頃ニューヨーク市にある有名大型デパート Macy's で

働いていた。今は定かではないが、彼女が若かりし頃のMacy'sといえば若い女性が憧れる華やかな職場だったそうだ。彼女は折に触れて「Macy'sでいい仕事に就けたのは**自分の英語がよかったから高く買われた**」と誇らしそうに言っていた（I got a good job at Macy's in New York City because they placed great value on my good English.）。

　このエピソードから、アメリカでは正しく、美しいことばづかいをする人は高く評価され、何かにつけて有利に働くということを知った。日本では言葉づかいのきれいな人は好ましい印象を与えることはあってもそれが採用の決め手になることは考えにくいのではないだろうか。

(3) 英語の専門家に聞いてくれ

　これも大学院時代のことである。アメリカの大学・大学院では受講する科目ごとに毎週エッセイを課されるのが一般的である。英語の非母語話者である私のような留学生は正確、かつ論理的な文章を書くのに最初の頃は苦労した。自分の文章にどうしても自信が持てず、提出する前には誰か母語話者に見てもらう必要があった。

　ある時、同じ寮に住む親しいアメリカ人の友人に課題エッセイの添削（proofreading）を頼んだ。すると「**ぼくは英語の専門ではないので英語専攻のボブ・スミス君に頼んだら？**」（I'm not an English major, you see. Why don't you ask Bob Smith to help you? He majors in English.）とアドバイスしてくれた。これとは逆の状況で日本人が外国人留学生に日本語の添削を頼まれたとしよう。おそらく平均的日本人は、自分は日本語の母語話者だからと何の抵抗感も躊躇もなく気軽に応じるであろう。

　この事例からも、ことばの大切さを認識しているが故に、その分野の専門性を尊重する文化とそうでない文化の違いをはっきりと読み取ることができる。

(4) 片言英語でもノープロブレム？

　いつだったかある大手新聞読者欄の投稿記事のことを今でも印象深く覚えている。それはアメリカの高校生を一カ月ほど自宅で預かった日本

第Ⅲ章　日本語の心（パトス）と英語の精神（ロゴス）

人主婦の「誇らしさと充実感」に満ちた体験談であった。投書者曰く、「私たち家族は**挨拶程度の英語しか話せなかった**けれどホームステイの生徒さんとは**お互い気持ちが十分に通じた**。**ことばの壁を越えて同じ人間として分かり合えたのでコミュニケーションの問題はさほど感じなかった**。短い期間ではあったが貴重な**文化交流の機会ともなった**」（下線筆者）という。私はまたかと嘆息し、続いて「おい、おい、ちょいと待ってくれ。それホントかよ？」と心の中で呟いた。

　溢れるほどの親切心を全開にして、異国からやってきた若い客人を心からもてなしたであろうことは想像に難くない。それは間違いなく相手に十分に伝わったと思う。しかしである。挨拶程度の英語（Good morning [afternoon / evening / night]. / How are you? / See you later. / Thank you.）だけで果たしてお互いの気持ちが十分に通じ合い、文化交流までできるものだろうか。ひょっとしたらこのホストファミリーは類いまれなる超能力の持ち主たちではないかしらと思わず苦笑してしまった。

　わが国ではこうした無邪気（naïve）な誤解に基づく「堂々とした」物言いが至る所で散見される。またこれと似通った記事や発言がいつの時代にも後を絶たないし、それに対してさしたる批判や反論もない。こうして見ると、極端な『ことば不要論』あるいは熱烈な「以心伝心の信奉」が日本人の心に根強く浸透していると言えそうだ。

　断っておくが筆者は決して以心伝心を否定するものでも、軽んじるものでもない。それどころかこの日本人特有の「一を聞いて十を知る」優れた**「察しの文化」**とそれによって育まれてきた**「言挙げをよしとしない」**奥深い言語観、コミュニケーション・スタイル、言語文化を非常に高く評価し、また誇りにも思っている。

　ただし、以心伝心は一定の条件（環境）が整って初めて成り立つものであるということを忘れてはならない。例えば、ことば（理知）に依らずに**（不立文字で）**、長い歳月をかけて血の滲むような修行の結果、**「無我の境地」**に到達する禅宗の修行僧（覚者）がそのような境地に到達するとされている。これが本来の「以心伝心」である。

　もう一つは熱烈に愛し合っている恋人同士の場合である。確かにある

一時期に限って二人の間にはことばをそれほど必要としない瞬間もあろう。「目と目で囁く」こともできるかもしれない。いわばトランス状態の二人にはことばの付け入るすきはないだろう。しかしこのような状況がそう長く続くわけはない。いわば限定的な「以心伝心」と言えよう。
　一般的に考えられる「以心伝心」が成り立つ可能性は長い時間と豊富な経験、言語、発想形式、行動様式、成育環境などを共有する者同士（夫婦、親子、兄弟姉妹など）に見られるコミュニケーション・パターンである。言い換えれば後者のこのような状況は**「高コンテクスト文化」**（high-context culture）の中でのみ可能になると考えられている。
　従って、異言語・異文化を背景にする人々とことばを越えて何の問題もなく分かり合えると思い込むのはやはり問題なしとしない。少し想像力を働かせてみよう。ことばの持つ優れた伝達力、真価を十分に認識している人ならば異言語を習得するためにどれほど膨大な時間、エネルギー、金、情熱等々をつぎ込んで格闘しているか。その努力に見合った報酬として初めてきめ細かなコミュニケーションや異文化交流が可能になる。また、高度なコミュニケーション能力を習得することによって物心両面で大きな収穫を得ることもできる。そういうことに少しは思いを馳せて欲しい。ことばの力に対する根強い不信感、軽視、過小評価、あるいは思い違いは平均的日本人が共有する言語観を最も端的に示している。異言語・異文化を背景に持つ人々とのコミュニケーションで、ことばはすべてではないにしても圧倒的に大きな部分を占める、最低必要条件である。それと並行して相手への心配り、知識、同じ人間として対等に向き合う姿勢があればさらに豊かで高度な意思疎通が可能となる。
　したがって異文化の背景を持っている相手の場合は日本人同士とは異なるコミュニケーションの方略を習得して、状況によって使い分ける必要があることを忘れてはならない。
　10年ほど前の苦い体験を今でも時折思い出す。一家でハンガリー（Hungary）を訪ねたときに英語が一向に通じず、困り果てたことがあった。首都の**ブダペスト（Budapest）**から当時留学中の娘が住んでいた**セゲド（Szeged）**というルーマニアとの国境近くにある地方都市へ列車で

第Ⅲ章　日本語の心（パトス）と英語の精神（ロゴス）

行くことになった。残念ながら私たちはハンガリー語にも地理にも不案内だったので、そこへ行く列車がどの駅から出ているか皆目見当もつかない。そこでとりあえず最寄りの駅を探そうと道行く人々に英語で「すみません、最寄りの駅を教えてくれませんか（Excuse me, could you tell me where the nearest train station is?）」と尋ねるが英語が分かる人がいない。やっとのことで、ある駅を見つけて、チケット売り場の女性に「すみません、セゲド行きの列車はここから出ていますか？（Excuse me, does a train for Szeged leave here?）」と簡単な英語で尋ねた。ところが相手は肩をすくめるばかりだ。途方に暮れてしまった。万策尽き果てたとき、たまたま私たちの困った様子を見ていた紳士が声をかけてくれた。幸いにも英語教師をしているというその男性に助けられて事なきをえたが、そのとき自分がまるで重い言語障害を負っているような錯覚に陥った。重要な情報が欲しいときに共通するコミュニケーション手段を持たないことがこれほど不安で、不便で、不利で、いらだたしく、情けないものであるかを嫌というほど思い知らされた。このような非常事態に遭遇しなければ、ことばの真の大切さ、ありがたさは分からないものである。

　先に登場していただいた心優しい日本のホストマザーは、英語が大して通じなくてもそれほど困らない安全な言語状況に身を置いていたので「何も問題がなかった」という錯覚に陥っていたに過ぎない。

　逆に言えば、異言語（特に英語）をマスターすれば国籍、民族、人種を越えて多くの人々と触れ合うことのできる世界が一気に広がる。そして何倍、何十倍、いや何百倍もコミュニケーションの可能性が膨らみ、内容が深くなり、楽しくなること請け合いである。願わくは多くの「ことば不要論者」、「以心伝心の信奉者」、はたまた「超能力をもった善人善女」が本書を手に取って、ことばによる深く、豊かなコミュニケーションの大切さ、素晴らしさに目覚めんことを！

(5) いきなり通訳しろと言われても

　これは長崎に住んでいた頃のエピソードである。**第 I 章の「④ 米国**

留学から研究生活へ」でも触れたが、長崎では広島と並んで、原爆投下記念日前後を**平和週間（Peace Week）**と定め、長崎市平和推進協議会が主体となって平和を訴える様々なイベントが開催されている。

　筆者も毎年、通訳・翻訳のボランティアグループの一員としてささやかな奉仕活動をしていた。ある年の平和祈念式典でのことだ。その悪夢は本島等長崎市長（当時）のスピーチが始まるわずか数分前に私を襲った。平和推進協議会事務局長がつかつかと筆者の所へ歩み寄って来た。嫌な予感がした。彼氏曰く、「上地先生、市長挨拶の通訳をお願いします」と言うではないか。耳を疑った。全くの寝耳に水である。不意を突かれて頭が真っ白になった。血の気が引いた。

　断るわけにもいかず、清水の舞台から飛び降りるような気持ち、否、神風特攻隊のパイロットが敵の戦艦目がけて突っ込んでいくような悲壮な覚悟でその大役を引き受ける羽目になってしまった。

　信じられないことであるが、あらかじめ何の相談もなくである。筆者は英語を生業にしており、一応それなりに英語にはある程度の自信は持っていた。しかし、公の場での通訳となると話は全く別である。プロの通訳でさえ（プロであればなおさらだが）事前に通訳する内容（この場合はスピーチ原稿）を予め受け取って、入念な準備をするのが常識かつ、基本中の基本である。相手がどういう話をするかも知らずに、出たとこ勝負で、的確に英語に置き換える芸当などできる相談ではないのである。

　このようなことを全く知らずに、気安く「通訳をお願いします」と平気で言えるのが素人さんの「恐ろしさ」なのだ。大学で英語を教えている専門家だから「通訳くらいは朝飯前のはずだ（**a piece of cake**）」くらいにしか思っていなかったと見える。本当に唖然とするし、このやりきれなさという立ちは異言語と真剣に格闘している者でなければ絶対に分からないだろう。

　この一件は、平均的な日本人がことば（異言語）に関する職業の専門性に対していかに無知であるかをよく物語っている。通訳という仕事はそのパフォーマンスに対してそれなりの責任を伴うことを知らなければ

第III章　日本語の心（パトス）と英語の精神（ロゴス）

ならない。誤訳すれば、場合によっては深刻な事態を招く。ボランティアで報酬ももらっていないから、少々誤訳しても構わないということにはならない。プロの通訳は当然ながら常に厳しい訓練を怠らずに技能を磨き、必要知識を確り身につけて臨戦態勢をとっていなければならない。まさに真剣勝負である。したがって、通訳を生業としない人に気安く、しかも直前になって「お願い」するようなことがあってはならないのである。

⑹ ことば音痴か異言語教育の総批評家か？

　日本人は総じてことばの果たす本質的な役割や重みを認識していないか、もしくは軽く見る傾向があるということはすでに指摘した。こうした困った風潮にさらに目を転じてみたい。それは異言語に対する関心、習得意欲、および異言語教育（政策）への反応が如実に物語っている。以下、三つの考え方・反応に分けて例示してみよう。

(A) 我関せず型（none-of-my business attitude type）

　このタイプはそもそも異国、異文化に対する関心が薄く、異言語習得の必要性も感じていない人々だ。異言語習得を通してその背景にある、汲めども尽きない貴重な文化資産にアクセスできる大きな価値に気づいていないか、興味を示さないタイプである。「自分は将来日本を離れることも、海外で仕事をすることも、移住することもないだろうから英（異言）語習得は不要だ」と単純に思い込んでいるかも知れない。しかし、どの分野にも言えることだが、あることを学ぶ価値・意義というものは**やってみないと分からない**ものだ。学んだこと、身につけた技能が思いもよらないときに役立つことがある。あの時これをやっていれば、あれをやっておけばよかったと悔やんでも後の祭りである。

　関心の有無はともかく、日常生活で異言語とまったく無縁で暮らしている現代人は今や皆無と言ってもいいだろう。そこかしこにカタカナ語が溢れている。この一事だけでもどれほど私たちが異言語の影響を受けているかは疑う余地はない。また、今日のわが国の発展・繁栄は古今東

193

西の文化・文明に大きく依拠していること、また、それらはすべて**情報（ことば）の恩恵**であることを忘れてはならない。

　わが国には言論の自由があるから、どう思おうと勝手だし、英語や異言語を知らなくても幸せな人生を送れればとやかくいうことではない。しかし一生のスパンで眺めたとき、英（異言）語を習得して多目的に活用するか、否かによって物心両面で測り知れない格差が生じることは紛れもない事実である。もったいないことだ。このことについては**第Ⅱ章の「4　ことばの価値」**の項で説明した**「(3) English Divide and Digital Divide」**を今一度ご確認いただければ幸いである。

(B) 熱狂的片思い型（enthusiastic or / and one-sided love [one-way crush] type）

　二つ目は異言語習得に並々ならぬ情熱を抱く、(A)の「我関せず型」とは対極のタイプだ。異言語（とりわけ英語）をものにしようと「いつか<u>エイカイワ</u>ができるようになりたい」と夢見るも、なかなか現実には行動を起こせない人、頑張ってはみたものの途中で挫折して諦めてしまう人、ある程度のレベルまでは到達するもそこから先の険しい進歩の階段を上がりきれない人々である。

　異言語習得にはいくつかの必須要件がある。明確な動機（目的）、インセンティブ、知的好奇心、気力、集中力、持続力、行動力、十分な時間、習得によって得られる恩恵への期待感、異文化への尽きない関心、必要な学習環境等々が成否を分ける。このうちのいくつかが欠けるとなかなか目的達成は難しい。このタイプが圧倒的多数派を占めている。

　しかし、途中棄権したこの層の多くは「リベンジ」とばかりに、その願望を次の世代に託す傾向が強い。昨今は**「グローバル時代に対応可能な使える英語」**のニーズがますます声高に叫ばれるようになった。そこへ来て、とどめを刺すように、2020年以降に英語が小学校高学年の教科になることが正式に決まった。これが中学校以降の受験事情にも大きく影響を及ぼすことは必至である。

　そうなると英語力がわが子の将来を左右しかねないという強迫観念に

第Ⅲ章　日本語の心（パトス）と英語の精神（ロゴス）

からされるのも無理はない。わが子の「受験対策用の英語力アップ」とその先にある「グローバル人材に必須の使える英語」の習得が大問題となる。泰然自若としてはいられなくなるのも頷ける。

　かくして街のそこかしこの「英会話教室」、「英語の学習塾」、「英語資格試験対策の学校」等々の関連業界はさらなる栄華を極めることとなる。

(C) 日本国万歳型／上から目線型 (nationalistic or condescending type)
　三つ目のタイプは英（異言）語の習得・教育・国策に対して過小評価するか、消極的、または否定的姿勢を取る人々である。これはさらに二種類に分かれる。

　一つはある種のインテリタイプだ。知識層を自認する人々の中には、自分はしっかり異言語習得とそれを通して得た物心両面の恩恵を受けながら、そのことをすっかり忘れたかのような「恩知らず」の言動をする人々がいる。

　異言語習得を単なる技術的な次元で皮相的に捉え、矮小化するような発言をしてはばからない。しかし、真に知の世界を求める者であれば、異言語を習得するということが単なるコミュニケーションの手段をはるかに超えた、深い意味・価値が背後に広がっていることを知らなければならない。母語、異言語を問わず、ことばの力を認識し、それに対して心底から敬意と感謝の念を抱くことが真の知性の基本中の基本である。

　また、真正のインテリならば異言語を通して古今東西の知を訪ね、異文化から様々な文化情報を仕入れて自らの知性を磨いたり、**思索の糧 (food for thought)** として最大限に活かそうとするだろう。知の地平を広げるには母語だけでは十分ではない。できればその言語で異質の世界に触れたいものである。

　ところが、驚くことに、かなり名の通った、しかも海外留学経験もある学者や知識人の中にも異言語習得を軽んずるかのような持論を展開する人がいる。このような非建設的で誤った言説は異言語習得の価値を不当に貶め、一般市民、特に若い世代に誤ったメッセージを送ることにな

りかねない。大きな負の影響を及ぼす無責任な姿勢であり、看過できない。

　数年前に、ある日本人ノーベル受賞者が、英語が苦手であることを理由に、スウェーデン科学アカデミーで行われた恒例の受賞スピーチを日本語で行った。異例のケースではあるが、英語を苦手とする人々を大いに勇気づけたとして話題になったことがある。それ自体は個別のケースとして問題はないが、気になったのは、それを「快挙」として、あるいは「我が意を得たり」とばかりに、過剰な評価と熱烈な共感の声が巻き起こったことだ。

　ここでもまた、愛国心に燃える人々は「日本人なんだから、日本語を使って何が悪い。受賞スピーチの慣例だからと言って、それに迎合して無理に英語でやる必要はない」といった論調さえ聞かれたことだ。しかし、これは論理のすり替えというものである。愛国心だの、日本人のアイデンティティーだのと言ったこととは全く無縁である。受賞のスピーチを英語で行うのはその場にいる聴衆のみならず、メディアを通して聴いている世界中の人々への配慮に他ならない。その高名な学者はたまたま「話す英語（spoken English）」が得意ではなかったということであり、論文や学術書を読んだり、書いたりする高度な英語力は間違いなく備わっているはずである。こうした事情を知らずに、世界トップレベルの学者でさえ、英語を話せないのだから、自分たち一般人も英語が出来なくてよしとするのは短絡、視野狭窄で、事の本質から外れた浅薄な見方である。

　これとは全く異なる次元で異言語能力を過小評価するインテリタイプがいる。英語をマスターして、何不自由なく仕事や研究に活かしている一部エリートと自他ともに認めている人々だ。「今や、英語ぐらいはできて当たり前」だの「英語能力はもはやキャリアアップには必ずしもつながらない」といった主旨の物言いである。「英語能力は単なる道具であって、自分はそのようなレベルをとっくに超えている」と言いたいらしい。そう言い放つことで自らを大きく見せたいという心理が透けて見える。

第Ⅲ章　日本語の心（パトス）と英語の精神（ロゴス）

　しかし、これには強い違和感を覚える。第一に、英語能力の恩恵を十分に享受しておきながら、その価値、有難さをすっかり忘れたかのような言いぶりではないか。育ててもらって、一人前になったら一人で大きくなったような口を叩く、恩知らずで生意気な人間を想起させる。そもそも「言語は単なる道具に過ぎない」と考えること自体があまりにも皮相的な言語観である。昔から最高レベルの職人ほど道具を非常に大切に扱ってきた。道具は職人にとって技能と不離一体であり、魂が込められているとされてきた。それなしには職人としての存在自体があり得ないからだ。同様に、言語なしにはいかなる知的活動も不可能である。それほど言語の背後には重層的で、深奥な世界が広がっていることに思いが至らないらしい。言語に対する向き合い方でその人の真の意味での知性のレベルが分かる。

　もう一つ看過できない点は、事実誤認、もしくは極端な一般化である。「今や、英語ぐらいはできて当たり前」と言い放つけれども、一体誰にとって「当たり前」なのか、まったく根拠のない放言と言わざるを得ない。仮に今日の日本人にとって本当に英語コミュニケーション能力が当たり前だとしよう（これを英文法では**仮定法過去**という）。一口に「英語ができる」と言っても「読む・書く・聞く・話す」の４技能のレベルにもばらつきがある。比較的ましな技能領域と<u>信じられているのが**読解能力**</u>であるが、これとてもそれほど高度な水準に達しているとはとても言い難いのが実情だ。４技能に加えて、**正確さ（accuracy）、流暢さ（fluency）、表現力（expressiveness）、論理展開（logical development）、社会言語的ストラテジー（sociolinguistic strategy）、異文化対応能力（cross-cultural literacy）**などを含んだ総合力となるとさらに要求水準が上がってくる。

　これらを十分に踏まえた上であらためて考えてみよう。<u>**平均的な日本人が、必要に応じて、いつでも、どこでも、何不自由なく、英語を駆使して仕事をし、どんな用でも足せる人がごろごろいる**</u>とはとても思えない。筆者が住む地域の世帯を一軒一軒（door to door）回って確かめたわけではないが、そのような人材はごく限られているのではないか。正確

な数字を示すことは難しいが、およそ1億2500万人の日本国民（2018年現在）の中で、十分な英語運用能力を備えた人の割合は恐らく0.1％（約125,000人）にも満たないと推測する。また、**EF EPI 2017-EF（英語能力指数）**を見ても日本は**調査対象80カ国中37位、アジアでも９位と低迷している**ことからもそのことが窺える。

この統計からだけでも前出の主張がまったく根拠がない妄言だということは明々白々であり、ミスリーディングだ。厳に自戒を求めたい。

さらにもう一つの厄介なタイプは素人評論家諸氏の「御高説」である。科学的、論理的、客観的な根拠も示さずに英（異言）語教育・英（異言）語政策に関して自説を堂々と披歴する勇敢な人々である。紙幅を割くに値するか迷うところではあるが、この際きちんと正しておきたい。以下にお門違いの批判の典型例と、それが事実誤認である理由を簡潔、かつ最小限に示しておく。

１）「我が国は英語教育に予算、時間、労力を投資し過ぎる」

ある調査によれば、わが国の学校教育（中・高・大学）で英語に割いている時間はトータルでせいぜい1,000時間程度に過ぎない。大ざっぱに言って**日常生活を送るのに支障がないレベルの英語力（survival English）**を習得するだけでも最低3,000時間は要するとされている。

学習時数だけでもこういう現状だ。加えて、教員と生徒数の比率（クラスサイズ）、大学における教員養成の充実・強化、学校現場の専任教員不足、諸設備等々の改善すべき諸課題を考えると現在の予算配分は決して十分なものではない。その結果、教員は膨大な雑務に押しつぶされて自己研鑽することはおろか、肝心要の教育にさえ全力投球できないのが現状だ。もっと思い切った予算を組んで**教師の海外研修制度**を飛躍的に充実することも喫緊の課題である。

また英語教育政策、および各種の英語能力検定試験の成績結果を見ても先進諸国や近隣アジア諸国（中国、台湾、韓国など）と比較してわが国の取り組みは大きく遅れを取っていることはこれまでの調査・

第Ⅲ章　日本語の心（パトス）と英語の精神（ロゴス）

統計で立証されている。いずれにせよ、公的な場で私見を披歴するからには客観性・信憑性のある根拠に基づいた意見・主張を望むものである。

　なお、現状の英語授業時数が不十分であることを指摘したが、ここで私見を述べておく。2020年から小学校に正課として英語を導入することが決まったがこれには賛同できない。その理由は簡単明瞭である。異言語の習得は学校の授業だけでは決して身につくものではなく、基礎を叩き込むのが肝である。

　それを基にしてあらゆる機会を捉えて自ら実践訓練するしかない。いくら授業時数を増やしても限りがあり、結局は中途半端に終わることは日を見るより明らかである。**異言語をものにした人は例外なくこのことを体験し、熟知している。**

2）「日本人なんだから英語を教える前に国語教育にもっと力を入れるべきだ。幼少期から英語を学習させると国語学習の妨げになる」

　そもそもこうした前提そのものが事実誤認に基づくものである。子どもは複数の言語を同時並行して、何の苦もなく、無意識に、かつ自然に身につけるということはすでに述べた。日本語を優先すべしとする主張には全く科学的根拠がない。**世界総人口のおよそ三分の一は複数言語話者（bilingual, trilingual, multilingual）である**ことは *A LITTLE BOOK OF LANGUAGE*（D. クリスタル）から引いて示した通りである。筆者の知る限り、複数言語の同時習得の弊害はこれまで報告されていない。したがって、このような主張は全く当を得ていない。

3）「将来、役に立つかどうかも分からない英語教育はほどほどに」

　先述したとおり、子どもの可能性、未来の活躍の場は誰にも予測不能である。その可能性を大人の勝手な思い込みや軽率な独断で奪ってはならない。また、英（異言）語習得の到達度を上げるには習得臨界期があるということも極めて重要であることを忘れてはならない。

4）「英（異言）語コミュニケーション能力はグローバル人材の育成には必ずしもつながらない」

　この言説は「したがって英（異言）語能力は、グローバル人材育成に重要な条件ではない」というふうに受け取れる。これについては一部当たっている部分はある。というのは英（異言）語のコミュニケーション能力に長けている人が例外なくグローバルな視野をもち、異文化対応能力（cross-cultural literacy）を備え、国境を自在に越えてさまざまな分野で活躍できるかどうかは必ずしも保証の限りではない。一例として**帰国子女（returnee）**と一括りにされる子どもたちをみれば分かる。母語話者並みに異言語を流暢に使いこなすことができるからと言って、他の分野でも優れているとは限らないことは言うまでもない。

　しかし、これは極めて一面的、かつ偏向した極論であり、初めから論理的に欠陥がある。筆者は率直に言って**英（異言）語コミュニケーション能力はグローバル人材に絶対不可欠な条件である**と確信している。唯一の条件ではないにしても、必要条件から外すことは論外であろう。「英（異言）語能力だけでは十分ではなく、これこれしかじかの要件も併せて必要である」ということを恐らく言いたいのであろうが、舌足らずで、大きな誤解を与えかねない。

　あらためて確認しておこう。日本語が通用しない環境でどうやってビジネスの交渉、海外貿易、海外市場への進出、知（学問・科学技術等）の交流、外国人との諸分野におけるコラボレーションなどができようか。今一度、頭を冷やして熟慮していただきたい。

　ところが、このような事実誤認に基づく素人さんの自由奔放、かつ無責任な発言に対して世の言語学の専門家たちからの反論・批判の声は一向に聞こえてこない。何も目くじら立てて一々反論するほどのことではない、時間とエネルギーの無駄であるというのがおそらく本音だろうと推測する。これもまた極めて日本人的な反応と言えるかもしれない。

　それではご参考までにある異言語を高度に習得したと言える尺度を筆

者なりに箇条書すると以下のようになる。読者諸賢の参考になれば幸いである。

1) しっかりした文法の基盤ができている。
2) 聴解能力（listening comprehension）と正確な音声パターン（発音、ストレス、イントネーション、センテンス・リズム、流暢さなど〈perception & production の両面で〉）を身につけている。
3) 「聞く」「話す」「読む」「書く」の４技能すべての面で不自由なくコミュニケーションの目的を達成できる。特に発信面では語彙が豊富で表現力があり、論理構造に沿って趣旨を組み立て、豊かで、十分な表現力を備えている。
4) 話題（topic）に見合ったやり取り（interaction）を間断なく、必要に応じていつまででも継続できる。
5) 社会言語学的ストラテジー（socio-linguistic strategy）の基礎ができている。相手との関係（social distance / psychological distance / power distance）、いつ、どこで、どのような状況で、どういう目的（理由）でコミュニケーションを図っているかを十分認識し、それぞれに相応しい待遇表現（politeness strategy）ができる[*19]。
6) 異文化対応能力（cross-cultural literacy）が備わっている。異なる文化背景を持つ人とのコミュニケーションに成功するには相手の文化に関する知識、知ろうとする意欲、好奇心、相手に向き合う姿勢（敬意）、コミュニケーションしようとする意欲等々を持っていることが必須である。
7) その他
誰かとことばを交わすということは心と心が触れ合うことである。相手に対して敬意を払い、よく耳を傾けて、メッセージを受

[*19]：待遇表現とは話し手が、聞き手あるいは話題の人物との人間関係によって、尊敬・親愛・侮蔑などの気持ちをこめて用いる言語表現、またはその形式（『大辞林』第三版）。

け止め、それに対して自分の考え・意見を相手に正確、かつ適切に届けることが大原則である。

また、コミュニケーションをより豊かで、実りあるものにするには、国の内外で起きている事象に常に知的アンテナを張って、好奇心と問題意識を持って、質問やコメントをする力をつけることも極めて重要な要素である。上述したような総合力の獲得を目指したいものである[*20]。

そして自明の理であるが、ことばを学び、スキルを磨くということは母語、異言語にかかわらず**生涯学習（lifelong learning）**として位置づけることが基本である。あらゆる機会を捉えて、4技能（リスニング・スピーキング・リーディング・ライティング）を日頃から鍛える不断の努力を惜しまないということに尽きる。

(7) 吹けば飛ぶよな政治家のことば

日本丸の舵取りを委ねられている筈のわが国の政治家諸侯の中に発言内容がお粗末で、思慮、教養、専門知識の浅い「センセイ」たちが増殖しているように感じるのは筆者だけだろうか。しかも、ことばを粗雑に扱う、あるいは言語能力に疑問符を抱かざるを得ない選良が増えた印象を受ける。

具体的に言えば、常用漢字や、地政学的に極めて重要な地名が読めない、間違ったことば遣いをしても気づかない閣僚もいる。加えて、問題発言をしたり、品格を欠くヤジを飛ばしたり、うっかり口を滑らせて「不適切な」本音が出たりして、反対勢力や世論の厳しい批判を浴びるケースが後を絶たない。その都度釈明会見を開き「このたびは国民の皆様に誤解を与えかねない発言をしてご迷惑をおかけし、云々」と悪びれた様子もなく判で押したような弁解をする。しかし、心から反省してい

[*20]：最近はスマートフォンなどでも手軽に、しかも無料で英語学習のアプリや英語のメディアにアクセスできるので紙媒体のニュースと並行して活用することをお勧めする。

第Ⅲ章　日本語の心（パトス）と英語の精神（ロゴス）

るわけではなく、喉元過ぎれば何とやらで、「誤解を与えかねない発言」を繰り返す。軽佻浮薄、厚顔無恥ここに極まれりである。思わず溜め息が出て脱力感に襲われる。

　＊こんな小話があるらしい。「日本語は世界一難しい言語らしいよ」「へー、そうなの。何で？」「だって、閣僚クラスの政治家でさえ読めない漢字が山ほどあるからね」

　政治家たる者の使命は国民の生命と財産を守ること、福祉を向上させること、安心安全に、かつ文化的に暮らせること、自由と人権を保障すること、平和で豊かな国造りに身命を賭すことと承知している。そのためには身を削るような覚悟と努力で政治哲学をものとし、ことば（論理）を磨き、政策を練り上げ、国会で正々堂々、丁々発止で議論を戦わせ、国民と国家のためになる政策を実践しなければその存在意義も資格もない。

　ところが実態はどうであろうか。ことばが空疎で、盤石な思想信条も持ち合わせていない印象を受ける。実効性のない空論を吹聴し、実現が無理だと知るとあっさり前言を翻してはばからない口舌の徒が目につく。ことばに対する畏怖の念も自分の口から出たことばに対する責任感も持ち合わせていない。金に汚く、権力欲と名誉欲から政界入りする「ミーファーストの政治屋（me-first politician）」が跋扈している。この手の低レベルの政治屋の空疎なことばは国民の心に全く響かない。

　「綸言汗のごとし。君主が一度、口にした言葉は、訂正したり取り消すことはできない。だから『政治家は言葉が命』であり、言葉は彼らの人格を表す。」（フジテレビ解説委員　小林泰一郎　https://www.houdoukyoku.jp/posts/23688）

　まさに「ことばは人なり」（You are what you say）である。

⑻ 浪費され、廃棄されることば

　以前から一部のテレビやラジオ等の番組に関して苦々しく思っていることがある。それは無内容で品性を欠く「日本語」が日がな一日垂れ流されている状況である。語彙や表現力の貧しいチャラチャラした言葉が

飛び交っている。ことばが軽んじられ、浪費され、ところ構わず吐き出されている。ティッシュペーパーのように、パッと鼻をかんでポイと屑籠に捨てるようにことばが粗大ごみのように扱われている。まさに言語汚染だ。

　こう言うと、「見たくなければ見なければいいじゃないか」という反論が聞こえてきそうだが、それは屁理屈（quibble / twisted logic）というものだ。大切な時間をかけて見るに値する番組制作を求める人々の権利も忘れては困る。

　わが国は世界第５位のエネルギー消費国でありながら、原子力を除くエネルギー自給率はわずか７％に留まっている。貴重なエネルギー資源をこのような無益なものに浪費すべきではない。

　かような言葉の公害が成長過程にある子どもたちの知性・感性の発達に及ぼす悪影響は看過できない。日常的にこうした言語汚染に晒されていると知らず知らずに言語表現力、思考力、批判力、想像力、創造力などの発達が妨げられてしまう。

　多くの大人はすっかり言語汚染に毒され、鈍感になっているのですでに手遅れかもしれないが、せめて次代を担う若い魂には感動を呼ぶ、深いことばに触れる機会をできる限り与えたいものだ。

⑼ ことばはお飾りに非ず（禁止・注意・警告表示にご用心！）

　しかし、先に挙げた**「木に括られた坊や」**のエピソードでも述べたように、日本人的な感覚で禁止・注意・警告の標示（ことば）を軽視したり、甘く見ると後悔することになる。欧米などでこのような標識を見かけた際は十分気をつけなければならない。ことばは飾り物ではないということを十分肝に銘じておきたい。そこで、失敗を未然に防ぎ、身を守るために特に知っておきたい様々な禁止・注意・警告表示の種類と実例の一部を以下にご紹介しよう。是非覚えて、活かしていただきたい。

　　No Trespassing〔Keep out / Private / No Admittance / Off Limits〕 立ち入り禁止/**Staff Only〔Authorized Personnel Only / Restricted Area〕**

関係者以外立ち入り禁止/**Unauthorized Entry Prohibited [No Entry (Admittance) Without Authorization]** 許可無く立ち入り禁止/**Keep Off the Grass** 芝生立ち入り禁止/**No parking** 駐車禁止/**Customer Parking Only (Violators Will be Towed)** お客さま専用駐車場（それ以外は強制撤去）/**No Parking Any Time** 終日駐車禁止/**Private Property. No Parking** 私有地につき駐車禁止/**Handicapped Parking (Only)** 身障者専用駐車場/**Unauthorized Vehicles Will be Towed Away** 指定車以外の駐車は強制撤去/**Private Road [Private Drive / No Thru Traffic / Private Road / Private Drive / No Trespassing]**（私道につき自動車の）通り抜け禁止/**No Stopping** 停車禁止/**Fine for Swimming** 遊泳禁止（泳ぐと罰金）/**Fine for Spitting** 唾を吐くと罰金を科す/**No Posting** 貼り紙お断り/**Do Not Drink (This Water)** この水は飲めません/**Falling Rocks** 落石注意/**Do Not Eat or Drink Here** 飲食禁止/**Photography Prohibited [No pictures allowed] here** 撮影禁止/**Caution No Illegal Dumping** 警告不法ゴミ投棄禁止/**Fine for swimming** 遊泳禁止（違反者は）罰金を課す/**No pets allowed** ペット禁止

＊ Language (Sign) means what it says.（ことばはお飾りに非ず）

⑽ 抱腹絶倒　誤訳・珍訳・迷訳オンパレード

　街を歩いていると至る所に怪しげなカタカナ語や横文字が目に飛び込んでくる。とりわけ「英語らしき」単語やフレーズが溢れかえっている。目を疑うような、とんでもない横文字のロゴがプリントされたTシャツを着て平気で闊歩している若者がいる。それを誰も気に留める様子もない。コトバの意味などはどうでもよく、見た目が何となくカッコよければ一向にお構いなしというわけである。

　また、筆者がどうしても理解に苦しむのは日本語を英語に翻訳する際にでたらめな誤訳、珍訳、ないしは迷訳をして平然としていられる神経である。どだい素人が翻訳などに手を付けてはいけないことであるが、百歩譲ったとしてもその場合は母語話者のチェックを受けるのは最低限の仁義（ルール）ではないだろうか。ところがそういう発想が皆無のよ

うである。特に公共の目に触れる看板、表示板などの「英誤」は想像を絶するものがある。

　頭の体操の教材として、以下に選りすぐりの誤訳、珍訳、迷訳、超訳の傑作例を紹介しよう。もし、翻訳だけを読んで理解できたらあなたは類いまれなる英語の天才だ。

　　［注］以下の例は *Engrish* などのウェブサイトから拾った看板・表示板の傑作集である。（　）内は意図している内容。＊は筆者のコメント、下線部は留意点。

We prepared the seat in which it smoke for you.（当店は喫煙席を用意しております）＊あなたに代わってタバコを吸う席をご用意しました？/Please do not drain it other than restroom pepper.（トイレットペーパー以外は流さないでください）＊ペッパー（胡椒）/Don't drink a car under the influence of alcohol!（お車を運転のお客様は飲酒をご遠慮ください）＊流石に車は飲めないでしょう！/Please do not let a pet have feces!（ペットに糞をさせないでください）＊糞を食べさせないで?!/Please use the escalator on your behind.（手前のエスカレーターをご利用ください）＊あなたのお尻の上のエスカレーター？/Don't smoking in the floor from everybody.（フロアーでの喫煙は他のお客様の迷惑になりますのでご遠慮ください）＊コメントのレベルを超えた異次元の迷訳！/Under construction: It wishes understanding to be cooperation.（工事中　ご理解とご協力をお願いします）＊主語の It は誰？/A toilet gets down from back stone steps, and is in the inner part of left open space.（トイレは後ろの石段を下りて、左の奥の広場にございます）＊トイレが自分で下っていく？/Because I do not have a tissue, always ready in the rest, please buy used one.（このトイレはティッシュを常備しておりませんので、ご使用になる方はお買い求めください）＊ティッシュペーパー販売機に書かれた表示文。使用済みのティッシュを買えと？/Breast room（授乳室）＊おっぱい部屋とは？/Building asks a smoked visitor in the outside smoking section that you cannot smoke in.（館内は禁煙となっております。喫煙されるお客様は外の喫煙コーナーでお願いします）＊燻製にされたお客様？/Vertical parking Only!（縦駐車のみ）＊超マジック?!/Dirty Water Punishment Place（汚水処理場）＊Sewage Disposal Plant の意味らしい/Today is under construction（本日は工事中）＊京都・二条城の表示文/Please urinate with precision and elegance（トイレをきれいに使っていただきありがとうございます）＊小便は正確かつ優雅に願います！/Illegally parked cars will be fine（違法駐車は罰金）＊fine は「素晴らしい/すてきな/立派な」などの意味。ここでは **fined**（罰金を課される）と言いたかったと思われる。/Buy one, get half（一つ購入すれば二つ目は50％オフ）＊結局は大損？/Danger! Mind your head! Iced snow wants to contact with you over here!（危険！　頭上に注意！氷雪が落下してきます。）＊氷があなたとコンタクトを取りたがっている？/Take 3 tablets of this medicine a day until passing away.（この薬を1日3錠、なくなるまで飲んでください）＊pass away＝逝去する/亡くなる。＊命取りになる薬？/Excuse me in this neighborhood.（この辺で失礼します）＊手紙文の結びの挨拶/We are full now（ただ今満席）＊私たちは今のところ満腹です？　＊正しくは Full house

お楽しみいただけただろうか。

英語らしさとは何か

(英語文化圏の基本的言語観)

1　言語観形成過程の背景

　一般論ではあるが、英語文化圏は言挙げする文化ということができる。人々は積極的に質問し、私見を述べる。議論をいとわない。異見を排除せず、むしろ歓迎する。YES/NO の意思表示を明確にする。人前で

スピーチすることにもさほど抵抗がない。自分の感情、欲求などを率直に述べる傾向がある。

これが欧米人に対して、日本人が抱いている一般的な印象だ。このような言語観・言語使用感覚は何に起因しているのか。ことばに対する積極的・肯定的な姿勢の底流にあるものは何かと筆者は長い間考えてきた。そしてたどり着いたのが**ユダヤ・キリスト教**と**ギリシャ思想**の底流にある言語概念であり、それに加えてさまざまな言語、民族、人種、文化、価値観の共存、すなわち異質性の共存という特質こそがそのような言語観と言語使用意識を育んできたと考えられる。

2　言語観の基層構造

(1) ユダヤ・キリスト教の影響
☑ ダバールの概念

まず前者から検討してみよう。ユダヤ教もキリスト教も唯一絶対神を信仰する一神教である。**聖書に記されている「言（ことば）」**の力を信じ、信仰の根拠とする。従って、聖職者はことばを尽くして、聖書のメッセージを宣べ伝える。

また、信仰者はことばを通して祈り、賛美し、信仰を告白し、証言し、宣教することを求められている。また聖書の学びは信仰者にとってごく自然なことと受け止める。**「ことばの宗教」**と呼ばれる所以である。こうした背景からことばの力を最大限に活用しようとする積極的な言語観が醸成され、発達してきたと考えられる。そこで、このような言語観の基底を支えていると思われる二つの大きな源流を探ってみた[21]。

まず、ユダヤ教とキリスト教が共有する**旧約聖書**の「**創世記 (Genesis)**」にその重要な手がかりがあるということに着目した。いわゆる天地創造の記述である。最初の数節の一部を引用しよう。

---

[21]：イスラームも一神教で、かつことばの宗教である点では共通する部分が多いがここでは英語文化圏の言語観の源流に絞って論究する。

第Ⅲ章　日本語の心（パトス）と英語の精神（ロゴス）

I In the beginning God created the heavens and the earth. 2 The earth was without form and void, and darkness was upon the face of the deep; and the Spirit of God was moving over the face of the waters. 3 And God **said**, "Let there be light"; and there was light. . . . and God separated the light from the darkness. . . . 5 God called the light Day, and the darkness Night.（後略）（『旧約聖書』第1：1-5）。この中で3節の「神は『光あれ』と言われた。すると光があった。」と5節の「神は光を昼と名づけ、闇を夜と名づけられた。」（中略）

　T. ボーマンは『ヘブライ人とギリシャ人の思惟』（1959）で、この下線部"said"の意味するところに、次のような極めて深い示唆に富む解釈を加えている。
「この天地創造は神が混沌の世界（カオス）に向かって放ったすべてのことば（ダバール dabar）がことごとく現実と成って立ち現れたという記述である。下線（筆者）をほどこした動詞の『言われた』にはいずれもヘブライ語の『ダバール』(dabar) という語が当てられている。これは『無』から『有』(ex nihilo)、あるいは『混沌』(chaos) から『秩序』(order) の世界を現出せしめる力を内在することばである。それは全宇宙を支配する、被造物を根源的に超越した絶対的な力を持った**言（ことば）**である。**ダバール**は人間のことばを越えて必ず結果を生み出す（実現する）、あるいは『行動』を伴う**『聖言』(Divine Word)** である。」
　ボーマンによれば、**ダバール**とは**「背後にあるものを前へ駆り立てる」**が原義であると言う。繰り返しになるが彼は**ダバール**が『無（混沌）から有（秩序）』の世界を創造する力、行動の結果を生成する力を持っていることを強調する。そこから能動的、積極的な言語観が生まれ、発信型のコミュニケーション・パターンにつながっていったことが推察できる。私がこれまで出会ったユダヤ人系の人々（イスラエル人・ユダヤ系アメリカ人やユダヤ系カナダ人）は、後述するギリシャ人と並んで、ほぼ例外なく議論が三度の飯より好きで、強烈な自己主張をする人々であった。

ユダヤ・キリスト教は**一神教（monotheism）**である。「真理は我にあり（truth-claiming religions）」と真正面から宣言し、メッセージを外へ向けて発信する。**「全世界に出て行き、全ての造られた者に、福音を宣べ伝えよ」**（「マルコ」16：14-18）と記されているように、徹底した発信型の言語観が聖書全体を通して流れている。

　「背後にあるものを前へ駆り立てる（dabar）」という内的エネルギーが外へ向かう精神性は積極性、能動性、遠心性を産み、それがボランティア精神、パイオニア精神、フロンティア精神につながっていき、言語の持つ力への高い評価・積極的に言語を使用する姿勢に至ったと筆者は捉えている。

(2) ギリシャ思想の影響
☑ ロゴスの概念

　さて、英語文化圏の言語観に深く影響を及ぼしていると考えられる第二の源流が**ギリシャ語のロゴス（logos）**という概念に集約される知の伝統である。ソクラテス、プラトン、アリストテレスといった古代ギリシャの哲人たちはさまざまな命題を立て、**対話（dialogue）**というアプローチで問答を積み重ねながら真理を追求していったとされている。また**論理（logic）**も連動して発達した。このロゴスに基づいた精神文化は英語圏に限らず、ヨーロッパ全域に影響を及ぼした。この知を愛する営みがいわゆる **philosophy（love of Sophia [wisdom]）** である。

　先に引いた T. ボーマンによれば、**ロゴス（logos）**の原義は**「集める」「並べておく」「整理する」**を意味する 'leg' という語根に遡るという。そこから**「物事を整える」**という意味に拡大し、さらに**「理性」**、**「論理」**、**「法則」**、**「原理」**、**「摂理」**といった概念へと広がっていったとみられる。

　そこからさらに論理学、思想、イデオロギー、学問研究全般へと受け継がれてきた。また、**論理（logic）**を基礎に成り立っている**討論（discussion）**、**debate（論争）**、**演説（public speech）**、**講演（lecture）**、**口頭発表（oral presentation）**、**出版（publication）**、**公開討論（forum / symposium）**といった知的活動の発展に直結していると見られる。

第Ⅲ章　日本語の心（パトス）と英語の精神（ロゴス）

ボーマンは**ダバール**と**ロゴス**の相関を以下のように解釈している。

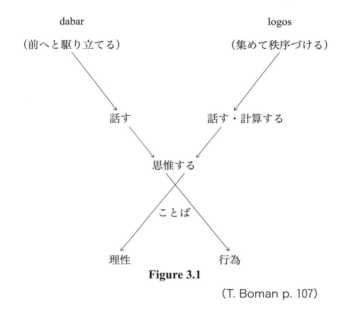

Figure 3.1

(T. Boman p. 107)

　このロゴスの概念がキリスト教に影響を及ぼしたと見ることができる。新約聖書**「ヨハネによる福音書」（1：1-3)** には次のように記されている。

(1) In the beginning was **the Word (Logos)**, and the **Word (Logos) was with God**, and **the Word (Logos)** was God. (2) He was in the beginning with God; (3) all things were made through him, and without him was not anything made that was made. ((1)**初めに言があった。**言は神と共にあった。言は神であった。(2)**この言は初めに神と共にあった。**(3)すべてのものは、これによってできた。できたもののうち、一つとしてこれによらないものはなかった。)

　ここで記述されている **Word（Logos）** とは「**受肉した言**」（**Logos**

incarnate）、すなわち**イエス・キリスト**（Jesus Christ）を指している。

聖書全体を通してみると、旧約聖書における、**「無から有を出現させた言」**（ex nihilo）・**天地を創造した言**（dabar）とこの新約聖書「ヨハネによる福音書」に記されている**「初めにあった言」**（logos）は根源を一にしている。すなわち、**創造主**（the Creator）・**父なる神**（God the Father）から**肉体を帯びて**（人間として）世に遣わされた存在が**子なる神**（the Son of God）**イエス・キリスト**であると神学では解釈する。

この**ロゴス**という概念が新約聖書に登場した背景には何があったのかを知る必要がある。『**ブリタニカ国際大百科事典**』は<u>新約聖書がヘブライ語ではなく、ギリシャ語で書かれた経緯</u>を次のように解説している。

　　［注］引用部分は筆者の要約。下線は筆者による。

「新約聖書がおもに弟子たちによって書かれたのは紀元50年から紀元120年とされている。その舞台背景はギリシャ・ペルシャ時代からローマ帝国へと転換していたが、文化的には、それ以前におけるマケドニアのアレキサンダー大王による東方遠征の影響を受け、広大な**ヘレニズムの世界**が展開されており、ギリシャ文化とペルシャ文化の融合が進む時代でもあった。ローマ帝国の言語はもともとラテン語であったが、<u>多くの地域においてはラテン語よりも**ギリシャ語**が公用語あるいは lingua franca（異言語話者の間で使用される共通言語）</u>としての地位を保っていた。またユダヤ人自身もこの世界に拡散し、<u>ギリシャ語しか解せないユダヤ人もおり、ヘブライ語を読めないヘレニズムの世界（ギリシャ語圏）の在外ユダヤ人のため旧約聖書の**ギリシア語訳聖書（七十人訳聖書）**も紀元前3世紀中葉から前1世紀の間に成立していた。</u>

弟子たちは聖書の教えがユダヤ世界だけに閉じ込められることなく、<u>より広い地域で読まれ、確かに後世に伝えるために**ギリシャ語を選んだ**</u>ものと思われる。（後略）」[*22]

[*22]：新約聖書は「共通語」を意味する**コイネー**（Koine）と呼ばれる前4世紀後半から後6世紀の中頃まで、広くヘレニズム世界で使われたギリシャ語で書かれている（『ブリタニカ国際大百科事典』）。

第Ⅲ章　日本語の心（パトス）と英語の精神（ロゴス）

　上に引いた「ヨハネによる福音書」（1：1-3）において、**ユダヤ語のdabar** ではなくて、**ギリシャ語の logos** が用いられているのはこのような背景があって、この概念がキリスト教、ひいては欧米の思潮や文化全体に多大な影響を与えたとみてよい。
　こうした歴史的経緯を経て、**logos** を語源とすることば（概念）は多岐に渡る文脈で使われるようになった。[**logos**] から派生した [**〜logy**] や [**-logue**] の語尾をもつ語は世界中に広がり、脈々と受け継がれてきた。日本語では「〜論」、「〜説」、「〜学」、「〜科学」等々と訳されている語は様々な分野・領域にわたっている。以下は私たちになじみのある接尾辞［-logy］、［-logue］のつく語の例である。

➢［-logy］の語尾をもつ語
analogy / anthropology / astrology / bioecology / biology / Christology / cosmology / criminology / dialectology / ecology / epidemiology / eschatology / ethnology / etymology / geology / Gerontology / homology / ideology / Immunology / Islamology / Japanology / Judeology / lexicology / meteology / morphology / musicology / mythology / neurology / neuropathology / neurophysiology / oceanology / ontology / pathology / pharmacology / phonology / physiology / psychology / radiology / seismology / semiology / Sinology / sociology / technology / terminology / theology / typology / virology / volcanology [volcanology] / zoology

➢［-logue］の語尾を持つ語
analogue / catalogue / dialogue / epilogue / monologue / ideologue / prologue / travelogue/ trialogue

などがある。またことばに関連した次のような表現もある。log in［out］/ log on［off］/ blog (web+log) などは情報通信技術（Information and Communication Technology）の進歩に伴ってできたことばで、日常的に使われている。

tongue［bitter-tongued / double-tongued］/ glot (=tongue)［polyglot］/ lip
［lip service / Don't give me any of your lip / None of your lip=Don't talk
back］/ lngual［monolingual / bilingual / trilingual / multilingual］/ semi
-lingual / dyglossia / glossolalia（異言）/ polyglot / xenoglossia（異言語）

(3) 民族的・言語的・文化的異質性

　前項で展開した**ダバール**と**ロゴス**という言語観を支える二大潮流に加えて、欧米語文化圏の人々の発信型コミュニケーションの背景には別の極めて重要な要素がある。それは異質の言語、民族、文化、伝統、価値観などが共存している複合性である。日本人同士のように察しのコミュニケーションは通用しない。共有する部分が少ないので当然ながら**低コンテクスト文化**である。向こう三軒両隣には様々な背景を持った人々が住んでいる。職場もしかりであり、まさに**人種のるつぼ（melting pot）**である。従ってコミュニケーションの手段は言語に依存せざるを得なくなる。以心伝心、暗黙の了解、察しのコミュニケーションなどは望むべくもない。自分のことを理解してもらう、考えを伝える、願望や欲求を満たすためにはことばで明確に自己主張する必要がある。黙っていると不利な立場に立たされてしまう。また、好き嫌いもはっきり意思表示したほうがより良い結果につながると信じている。

第Ⅳ章　聖書と英語

　聖書（the Holy Scripture）はキリスト教信仰の唯一の権威で、かつ絶対的根拠とされている聖典である。その基本中の基本をここで要約して確認しておきたい。

　聖書は、「旧約聖書」（the Old Testament 前半部）と「新約聖書」（the New Testament 後半部）の2部から構成されている。旧約聖書はユダヤ教の聖典でもある。旧約・新約は、それぞれ神と人間との古い契約・新しい契約を意味し、前者は天地創造から救い主（メシア）の預言まで、後者は、救い主（イエス・キリスト）の到来から最後の審判までがその内容になっている[*1]。

　聖書の各巻の記者は約40人で、BC 1000年以上の昔から AD 100年くらいの期間にわたって記述されたものとされる。原典は、旧約がヘブライ語（Hebrew）、新約はギリシャ語（Greek）で書かれている。内容は、物語、歴史、律法、詩歌、文学、格言集、手紙など多岐にわたり、膨大な分量である。これを理解するには、その表現形式に従って、歴史的・文献的に正しく解釈する必要がある。

　キリスト者は、「聖書は、神が、世界に起きた歴史上の出来事を通して、人間に神のみ旨を告げ知らせた啓示の書である」と信じる。そして、その核心は、①人が、神について信じなければならないこと（神についての知識）、②神が、人間に求める義務（罪、救い、感謝の生活）を受け止めること。故に、「聖書は神の言（ことば）である」として、尊重することである。

(1) 聖書の構成

　旧約聖書（the old Testament）は39巻からなり、主な内容は以下の通

[*1]：メシアはヘブライ語で、キリストはギリシャ語であるが両者とも同じ「救い主」という意味。

りである。

　1．天地創造　　2．人間の起源　　3．人間の堕落・罪（人間の悲惨さの原因）　　4．神の裁き　　5．神の律法　　6．イスラエル民族の歴史を通して働かれる神　　7．救い主の預言

　新約聖書（**the New Testament**）は27巻から構成され、次のような概要である。

　1．救い主（イエス・キリスト）の誕生と生涯　　2．キリストによる救いの完成（十字架と復活）　　3．キリストの弟子たちの働きと教会の形成　　4．救いについての教理　　5．信徒の生活上の注意・訓練・将来の約束など　　6．最後の審判

(2) 聖書は深い豊かなことばの宝庫

　聖書は世界一のベストセラー（world best-selling book）で、毎年4000万冊以上売れているという調査結果がある。キリスト教徒が少ない日本（全人口の0.3％）でも毎年600万冊以上売れているとされる。しかし、どれだけの人が実際に手に取って読んでいるか実態は分からない。ひょっとすると、「積ん読」の方が多いかもしれない。そうであるとすれば実にもったいない話である。

　というのは、英語に限らずヨーロッパ諸言語、文学、リベラルアーツを研究する者にとって聖書はまさに叡智の宝庫であり、**思索の糧**（**food for thought**）である。普段知らずに使っている英語表現が聖書に由来するものが驚くほど多いことに気づくだろう。珠玉のことばが至る所に散りばめられている。そこには汲めども尽きない深いメッセージが込められている。それぞれの表現の出典を辿り、本来の意味を知ることによって、英語に対する理解力の深さ、表現力の豊かさ、厚みが増すことは間違いない。また、欧米全般の文学、哲学、思想、芸術（音楽・美術）には、聖書の記事が素材になっているものが多いことも周知の通りであ

る。

(3) 聖書に由来することば

　それでは旧約・新約聖書に由来する数ある表現の中からごく一部を紹介しよう。このフレーズの出典も、このことばの語源もそうだったのか、という例が次から次に出てきて、きっと驚くに違いない。以下に挙げた例はごく一部に過ぎない。

> Ask, then you will be given（求めよ、そうすれば、与えられるであろう）/A bird in the hand is worth two in the bush（掌中の一羽は叢中の二羽に値する、明日の百より今日の五十）/A drop in the bucket（大海の一滴）/A thorn in the flesh（悩みの種、目の上のこぶ）/Man does not live by bread alone（人はパンのみにて生くるにあらず）/He who lives by the sword dies by the sword（剣に生きる者は、剣で滅びる）/the scales fall from one's eyes（目からウロコ）

　<u>巻末に聖句を出典とする表現集を掲載した。ぜひ活用していただきた</u>い。⇒**資料3**

(4) ことばの宗教

　ユダヤ・キリスト教は唯一絶対神を信仰の対象とする。「真理は我にあり」（Truth-claiming religion）とし、いかなる偶像礼拝も受容しない。また、ことばが大きな役割を果たしている宗教である。イスラームも一神教という意味で多くの言語観を共有するが、言語圏が異なるのでここでは含めない。

　人間がことばを通して神と対話し、霊的交流をする。この内面の言語化行為がユダヤ・キリスト教信仰の大きな特質として言える。**「ことばの宗教」**と呼ばれているゆえんである。この特質は以下のような様々な場面で窺える。

　世界規模で実践する発信型の宣教活動、聖職者による説教、信徒の聖

書の学び、祈禱、賛美、信仰告白・証し、懺悔といったことばを通した多種多様な信仰の営みがある。また最も古い学問体系とされる**神学 (theology)** はユダヤ・キリスト教信仰を根底で支えている[*2]。

聖書には神が人間に呼びかけたり、逆に人間が神と直接対話する場面が随所に見られる。自分の大切なものを次々と奪われたヨブが激しく神に抗議したり（「ヨブ記」）、イエスが律法学者と真っ向から議論して論駁する場面（「ルカ」10：25-37）、またサタンを激しく叱りつけて退ける場面（「マタイ」4：8-11）など枚挙にいとまがない。

この他にも**「ことばの宗教」**であることを示唆する箇所が聖書には散見される。旧約聖書の**バベルの塔（the Tower of Babel）**の物語は、人間が思い上がってバビロンに都を建て、天まで届く塔を建てようとするが、怒った神は人間の傲慢を打ち砕くために民のことばを混乱させ、その企てをはばんだ[*3]。

また、新約聖書には「五旬節の日になって、みなが一つ所に集まっていた。すると突然、天から、激しい風が吹いて来るような響きが起こり、彼らのいた家全体に響き渡った。また、**炎のような**分かれた舌が現れて、ひとりひとりの上にとどまった。すると、みなが聖霊に満たされ、**御霊が話させてくださるとおりに、他国のことばで話しだした。**」（「使徒行伝」2：1-21）という記事がある。

バベルの塔では人々のことばが乱されて、異なる言語に分かれていき、コミュニケーション障害の原因となった。ところが、聖霊降臨の場面では人々がさまざまな他国のことばを話しだした。コミュニケーションの復活である。これは全く逆方向を示す出来事であるが、どちらも神のことばの制御による結果である。神はことばを支配している。ことばを乱すことも、統一することもできるとするのが根源的次元におけるユダヤ・キリスト教の言語概念である。ことばの持つ深い意味と役割をこ

[*2] ：欧米の古い伝統を誇る大学の多くは神学を中心に発祥したとされている。英語圏に限って言えば Oxford, Cambridge, Harvard 各大学がよく知られた例である。

[*3] ：**バベル**はヘブライ語で「**混乱**」を意味する。

のことからも受け取ることができる。

　ユダヤ・キリスト教は聖典を神の言（ことば）として唯一の絶対的権威として捉える。この**「ことばの宗教」**の伝統・言語観・言語使用感覚を受け継いで来たのが英語圏を始めとする欧米文化である。これは仏教、神道、あるいは他の東洋の宗教には見られない概念といえる。

(5) **ユダヤ・キリスト教における祈り**
　祈りには多様な目的・理由がある。主なものとしては賛美、感謝、嘆願、執成し、静聴、懺悔などがある。キリスト教ではイエス・キリスト自らが弟子たちに教えた**「主の祈り」**（「マタイ」6：9-13/「ルカ」11：2-4）が究極の祈りとしてよく知られている。また、黙禱もあれば発声する祈りもある。

第 V 章　文化とCulture

　文化の定義は定義する人の数と同じだけ存在する。とりあえず筆者なりに概念規定すれば概ね以下のようになる。
「文化とは民族や国を単位とした集団が自然環境をコントロールして、物質的にも精神的にも安全で快適に、かつ充実した状況で生存するために長い歴史を通して築き上げ、世代から世代へと継承された知の所産の総体である」
　しかし、このような定義をしたところで具体的なイメージはさっぱり浮かんでこない。そこで、少し分かりやすいように一つのイメージによって文化の基本的概念を示してみたいと思う。

1　文化のイメージ

　英語の culture は**「耕す」**を意味するラテン語 colere が語源である。「土地を耕す」という原意から「心を耕す」へと意味が拡大していった。頭がよく耕された人のことを a well-cultured person と呼び、教養を personal culture と言うのはこの概念に根ざしている。
　こうした「よく耕された頭脳」から生み出されたさまざまな知的・物的産物の体系が Culture（文化）と呼ばれるようになった。
　そこで「文化」の概念への一つのアプローチとして、原意の「耕す」に立ち返り「植物」のイメージで説明を試みたい。
　植物を育てるにはまず**土地を耕す**ことから始まる。耕したら**「種」を蒔き、十分な水や肥料をやる**。そして後は大地が命を育ててくれる。地下では**根が四方八方に伸び広がり、地上には芽が出る。芽は上に伸び、太くなって幹になりそこから枝が伸びる**。枝から**葉っぱが出て、実を結んだり花を咲かせる**。こうして一本の木に成長する。それを右の図（Fig. 5.1）のようなイメージを描いてみた。

第 V 章　文化と Culture

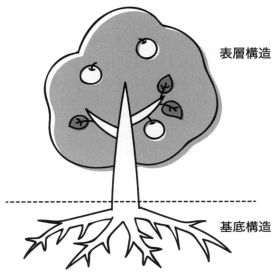

Figure 5.1

　この図の根の部分が文化を下支えしている基底構造で、自然環境、風土、人種、民族構成、歴史、価値観、宗教、伝統などがこれに当たる。地上に伸びた幹、枝葉、花、果実は基底構造の各要素がさまざまな形で具現化したもので、幹が国家、社会構造、枝と葉が政治、経済、学問・科学技術、教育、芸術、スポーツなどに当たる。そこから更に細分化されていったものが社会の各構成要素に例えられるのではないだろうか。

　このような植物のイメージが文化の基本概念として日英両言語の次のような表現に反映されている。

| 土壌 |　優れた文学を生む土壌 /～の土壌を生む /～の哲学を生んだ土壌
| Soil |　Okinawa is my native soil. / We believe that poverty provides the soil for crime.
| Ground |　common ground / grounds for a belief / ground principles / ground rules

[種] 希望［成功／成長］の種／一粒種／人種／人生への種を蒔く
[Seed] raise up seed / plant a seed in someone's mind / sow seeds of peace / plant a seed for an idea [success / hope]

[根] 根本／根源／根底／〜に根ざしている／根深い
[Root] the root of a matter / the root of war / the root of all evil / root cause

[幹] 根幹／幹線道路／幹部／基幹
[Trunk] trunk cable / trunk air route / trunk line / trunk connection

[枝・葉] 節／枝分かれする／根も葉もない
[Branch] branch office / branch effect / branch element / branch cable

[花・華] 開花する／花の都時の花／昇華／栄華の夢
[Flower] flower of Japanese youth / he flower of one's youth / flower as a human being

[果実] 結果／効果／実績／実を結ぶ／成果が上がる／実りある大学生活
[Fruit] the fruits of one's labor / His efforts bore little fruit / the fruit of the body

☑ その他の関連概念・表現

[culture（栽培・培養・養殖）] culture of cotton / culture apparatus / culture at room temperature / culture cell / the culture of pearls

[文化・教養] a man of culture [a well-cultured person] / acquire culture / cultivation

[Cultivate] cultivate a broad view of / cultivate a capacity for / cultivate ~ to a fine art / well-cultivated mind

[nursery（苗床）] nursery bed / nurse（看護師・保育士・乳母）／ nursery（幼稚園・保育園）／ nursery home

[stem] stem cell / She is descended from an old stem. / This idea stems from last week's discussion. / stem and loop structure

[nature] nurture / nutrition / nourishment / nutritionist / Mother Nature（母なる自然）

| agriculture | agri (=earth) + culture / agribusiness / agrichemical
| horticulture | hort (= garden) + culture 園芸
| land | mother land（母国）/ father land（祖国）

2　文化のパターン

① 高コンテクスト文化と低コンテクスト文化

高コンテクスト文化（high-context culture） と**低コンテクスト文化（low-context culture）** という概念はアメリカの人類学者**エドワード T. ホール（Edward T. Hall）** が *Beyond Culture*（1976）で提示した文化パターンの概念である。これについては、第Ⅲ章の**「日本人の基本的言語観」** の項ですでに解説したが、確認のためにあらためて要約すると以下のようになる。

「高コンテクスト文化とは基本的な民族構成の同質性、文化、言語、歴史経験、風土、基本的価値観（倫理観・宗教）を長い歳月にわたって共有している社会では言語による厳密、かつ詳細なコミュニケーションに依存しなくても、その場の状況からお互いが言わんとするメッセージを推測することができるようになる。つまり、コンテクストへの依存度が高くなる分、言語への依存度は逆に低くなる文化である。」また、低コンテクスト文化は前者とほぼ対極にある文化ということになるが、これについては後述する。

日本は世界でも稀に見る**高コンテクスト文化（high-context culture）** の国として位置づけられている。このような文化から生まれた**「察しのコミュニケーション・スタイル」** とか**省略表現**を我々は無意識のうちに身につけて、日常的に使っている。以下の例はコンテクストに依存した表現例のごく一部である。

　　［注］（　）内は省略されていると推測されることば。

　（雨が・雪が）降ってきましたね / どうも（お世話になりました・

失礼いたしました・ご迷惑をおかけしました）/ おかげさまで（息子はこのたび大学に）何とか合格しました / このたび（妻は）おかげ様で退院いたしました /（わたしたちは）みんな元気にしております / いつも（主人が・子どもが）お世話になっております /（あなたがいなくなると）寂しくなります

　日本人はお悔やみを表すときにはことばを抑え、最小限度に留める。また**ほめことば**も欧米の言語文化と比べあまり多彩ではない。お悔やみ・ほめことばを過度に言語化すると逆効果になりかねない。哀悼の意は「言語表現の抑制」と「非言語コード」(nonverbal communication code) によって表現するのが「暗黙」のルールである。また褒めそやすのもお世辞、おべっかと受け取られる恐れがある。これらは高コンテクスト（察する）文化における言語使用の典型例といえる。

② 時間の捉え方

　時間というものは人間がどこに身を置こうが、常に、誰にとっても同じように流れている普遍的な事実である。したがって、われわれは時間に対する考え方とか使い方に文化的な違いなどはないと思いがちだ。

　しかし、文化によって時間に対する考え方とその使い方には一定の特徴と違いが見られるということを学問的に初めて詳細に検証したのも先に挙げた Edward T. Hall である。Hall はその著 *Beyond Culture*（1976）で世界各地の文化を時間概念に基づいて **monochromic-oriented culture（単一時間枠志向文化）** と **polychromic-oriented culture（多重時間枠志向文化）** の二つに類型化して考証している。そこで、この二つのタイプの時間概念を分かりやすい例を使って説明してみよう[*1]。

[*1]：「単一時間枠志向文化」と「多重時間枠志向文化」は筆者の試訳。

第Ⅴ章　文化と Culture

(1) 単一時間枠志向文化（monochromic-oriented culture=M-time culture）

あなたが誰かとある日、ある時間に、ある場所で会う約束をしているとしよう。当日、約束した場所に遅れずに行くために、あらかじめ時間を逆算して、家を出る。そして、その場所に着いて、相手と会い、デートする、映画を観る、食事をする、商談をするというように、その時々の目的を達成する。

こんなことは当たり前すぎて言うまでもないじゃないかと感じたあなたは紛れもなく「単一時間枠志向文化」（monochromic-oriented culture）の中で生きている証拠だ。つまり、時間と空間をセットにして、一つの時間枠を一つの決まった目的のために割り当てるという考え方である。言い換えれば、ある特定の時間枠はある決まった目的以外に使うことはできないとする一種の社会ルールと言ってもよい。ルールは守らなければならない。万が一、のっぴきならない事態が起きて、その約束を守れなくなった場合は、至急相手方にその事情を伝えて、謝罪し、了解してもらう必要がある。親しい者同士のプライベートな場合であれば、それほど深刻な事態にはならないかもしれない。しかし、これが公的な文脈（会議とか商談など）であれば、誠意を尽くして事情を説明し、了解を得ることが社会的鉄則である。ましてやドタキャンするなどは論外だ。それこそ人格を疑われ、一瞬にして信用は失墜してしまう。

わが国では、たとえば電車がきっちり定刻通りに運行され、正確に一定の速度で発着するというのがごく当たり前の感覚である。先日、首都圏のある駅で電車の到着がわずか十数秒遅延しただけで、お詫びの場内アナウンスが流れたとして、外国人から驚嘆されたという記事がメディアで紹介されていた。

これほど徹底したわが国の時間厳守ぶりは極端かもしれない。しかし、科学技術を基盤にして発展してきた先進工業諸国では時間を厳正に守り、最大限に効率よく活用することが生産性を上げ、ひいては国の経済成長につなげる基本ルールである。Time is money（時は金なり）という格言は文字通り、時間は価値そのものなのだ。労働者は雇用主のため

に自分が使った労働時間に対する見返りとして報酬を受ける。どこまでも合理的な時間感覚である。

　大ざっぱに言えば、これが **monochromic-oriented culture**（単一時間枠志向文化）の基本概念だ。わが国を始め、欧米先進国と呼ばれる国々は基本的にすべてこの M-time 文化に入る。

　しかし、細かく観察すると、この分類の仕方では必ずしも十分に説明しきれない実体が浮かび上がってくる。例えば同じ個人でも公的な場と私的な場とでは時間の使い方に違いが見られることがある。前者だと厳密に M-time に沿って時間を使うが、家族やごく親しい間柄だと必ずしも律儀に時間を厳守するとは限らない。

　また、地域によっても時間の捉え方、使い方は一様ではない。東京などの大都市圏は限りなく M-time 型志向であるが、昔ながらの地縁・血縁の濃い地方に行くと時間感覚はゆるやかになる傾向がある。

　さらに、同一人物でも環境によって時間への対応が変化する。例えば普段は大都市圏に住んでいる人が血縁・地縁の強い故郷へ帰った時や、出張で地方に行くと、そこでは M-time とは全く違う、後述する、ゆったりした P-time の時間が流れていて、生活のリズムも全く違うことに気づく。

　いつも緊張を強いられ、ストレスを感じ、せかせか生きている M-time 型の「都会人」はその違いを肌で感じ、時間の束縛から解き放たれて、心が「癒やされる」のである。こういうことは誰もが体験することだ。

(2) 多重時間枠志向文化（**polychromic-oriented culture=P-time culture**）

　それでは後者の **polychromic-oriented culture**（多重時間枠志向文化）という概念とはどのようなものか、前者と対比的に見ていくことにしよう。

　先ほどと同じ状況設定で譬え話は始まる。あなたは誰かとある日、ある時間に、ある場所で会う約束をしている。当日、時間を見計らって、

第Ⅴ章　文化と Culture

約束した場所に向かって家を出る。ここまでは M-time の場合とほぼ同じだ。ところが待ち合わせの場所に向かう途中で旧友にばったり出会った。もう何年も顔を合わせていない。懐かしさのあまり、つい時間が過ぎるのも忘れて話し込んでしまう。気がつくと約束した時間には到底間に合いそうにない。待っている友人にはすまないが彼［彼女］とはいつでも会える。その旧友と時間を過ごすことを優先することにした。約束した相手に事情を説明してキャンセルする。相手も特に感情を害するわけでもなく、友情に深刻なひびが入る心配もない。

　もし、こういうことが可能であれば、あなたは典型的な**「多重時間枠志向文化」**（**polychromic-oriented culture**）に所属している。この文化では人々は時間にあまり束縛されず、ゆったりしたペースで暮らしている。約束の時間に少々遅れても目くじら立てることはないし、場合によっては自分の都合で予定を変更したり、約束をドタキャンすることも珍しくない。

　筆者の故郷である沖縄には昔から**「ウチナータイム（沖縄時間）」**ということばがある（沖縄の地方紙**『沖縄タイムス』**ではありません！）。県外の人々からは「沖縄県民は時間にルーズだ」「待ち合わせ場所に時間通りに来たためしがない」「飲み会に1時間の遅刻は当たり前」等々、ありがたくないレッテルを貼られ、事あるごとに揶揄されてきた。

　本土復帰（1972）後は「ヤマトゥ（日本本土）化」が急速に進み、**「ウチナータイム」**も徐々にではあるが「標準的ヤマトゥタイム＝M-time」へと「修正」されつつある。ところがこのような時間感覚は**「多重時間枠志向文化」**（**P-time culture**）から照射すると、全く違う解釈が成り立つ。「ウチナータイム」はまさにこの P-time 文化に見事なほど合致する。なるほどそういうことだったのかと今更ながら腑に落ちるのである。

　そこで、二つの文化パターンの基本的特徴と他の文化的側面との関連で対比してみよう。これは先に挙げた **Hall** の分析を下地にして筆者なりに要約・補足したものである。

3　両文化に属する民族性の特徴

　以下、単一時間枠志向文化を M-time、多重時間枠志向文化を P-time と省略する。

☑ M-time
　一度に一つの活動に従事する。時間枠と行動（活動）が一対一で対応する。ある行動をする際には、予めよく計画し、予定を立て、準備して臨む。時間軸が1つしかないので時間を大切にし、厳守しようと心掛ける。時間を守らない人は信頼されず、社会的評価は下がる。「時は金なり」の価値観が働いている。誰かを訪問する際にはアポイントメントを取る（make an appointment）のがエチケットとされる。避けがたい事情ができて約束を履行できない場合は必ず、速やかに先方へ連絡し、謝罪して了解を得なければならない。大ざっぱに言って欧米の先進工業諸国の白系ヨーロッパ民族（ドイツ人・英国人・オランダ人・北欧系民族など）は単一時間枠志向が強いとされている。

☑ P-time
　一つの時間枠を一つの行動（活動）に必ずしも限定しない。同時に複数のことをすることもある。時間にこだわらないし、時間枠に縛られない。親しい人を訪ねる場合でも相手の都合を聞かずに、いきなり行くことも失礼とはみなされない。物質的なものよりも人間同士の絆を重視する傾向が強い。時間厳守（punctuality）は最優先事項ではないので、必ずしも人物評価の基準にはならない。ラテン系民族＝フランス人・イタリア人・スペイン人・ルーマニア人・ラテンアメリカ系民族、アメリカ先住民族、東南アジアの民族、沖縄県民、アボリジニー、ポリネシア、ミクロネシアなどの島嶼国の諸民族などにこの傾向が強く見られる。

☑ M-time（コンテクスト）
　コンテクストへの依存度が低い。つまり低コンテクスト文化と重なる

ことが多い。言語に対して高い価値を与え、言語化へ積極的な姿勢を持つ。したがって、言語によるコミュニケーションを重視する。主義主張、願望・欲求を言語で明確に表明する傾向が強い。直接的で解りやすい表現を好む。明快な論理と明示的な表現を好む。YES/NO を明示する。結論を先に示して、その理由・根拠を順次展開する。論理的飛躍を好まない。よく質問し、私見を述べ、ディスカッションなどに積極的に参加する伝統がある。寡黙であることを評価しない。

☑ P-time（コンテクスト）

　コンテクストへの依存度が高いので T-time 文化と比べて言語によるコミュニケーションはそれほど重視されない。ことばでくどくどと言わなくてもお互いに分かり合えると信じている（察しのコミュニケーション・スタイル）。直接的表現より間接的な言い回し、曖昧な表現を好む。省略表現が多く、西洋的な基準から見ると非論理的な印象を与える。質疑応答、物事を徹底して議論することをよしとしない。

☑ M-time（思考・行動パターン）

　時間を非常に大切にする。「時は金なり」（Time is money）を自明の理とする。当面の与えられた仕事に専念し、それを遂行しようと努力する。仕事（任務）を優先する。プロセスより結果をより重視する。個人主義の傾向が強い。自立心・自主性を重視する。プライバシーを尊重する。選択権を重視する。個人の財産を尊重する。所有権意識が強い。滅多に物品の貸し借りをしない。物事は迅速に遂行することを旨とする。

☑ P-time（思考・行動パターン）

　時間に縛られたり、制約されることを好まない。仕事よりも人間関係を優先する。結果よりもプロセスをより重視する。集団志向・調和志向の傾向がある。プライバシーの概念があまり強くない。気軽に、頻繁に物品を貸し借りする。所有権意識が余り強くない。

　　＊昔の日本は近所同士で米、味噌、醤油などの貸し借りをすることは日

常茶飯事であった。今でもそのような人間関係は地方ではまだ残っている。沖縄の地縁・血縁の濃い地域では今でもこの風習が残っている。
＊資本主義経済が導入される前の日本では土地を他人に只で貸したり、あるいは非常に低い地代で貸すことは珍しくなかったが現代は所有権意識が極めて強くなっている。このことは同じ民族でも異文化の影響を受けてP-timeからM-timeへ変容する事があることを示している。
＊かつて勤務していた大学の外国人同僚のことを想い出す。チェコ人の彼女はスリランカ人の男性と恋におちて結婚。しばらくスリランカの夫の実家で暮らすことになった。そこで次々と信じがたい体験をすることになる。夫の兄弟姉妹が入れ替わり立ち替わり訪ねて来る。そのたびに食事を提供することは当然とされていた。最初のうちは文化の違いだと受け止め、一生懸命努力して適応しようと頑張った。しかし、それがあまりにも頻繁に続くので次第に疲れ果ててしまった。夫に何とかしてくれと訴えても、兄弟だから当たり前じゃないかと取り合ってくれない。食事だけならまだしも、なんと家にある物品まで無断で持ち帰る。しかし、夫は何ら注意することもしない。これにはさすがに堪忍袋の緒が切れた。「もうこんなところには住めない！」と宣言した。ここまでくると、もはやヨーロッパのM-time文化で育った彼女には「物品を気軽に、頻繁に貸し借りする」レベルをはるかに超えている。彼女にとってこれは「盗み」以外の何物でもない。理解も許容範囲もはるかに超えていた。絵に描いたようなP-time文化の特徴である。真剣に話し合った結果、彼女は日本の大学で仕事を得て二人して来日し、一件落着したようだった。

☑ M-time（空間概念）

対人間の距離（personal space）を広くとる傾向がある。相手が適正な距離以上に接近すると不快・脅威に感じる。会社内、駐車場、住居などにおいて各人の空間領域（縄張り）が決まっており、それに対する占有（所有権）意識が強い。土地の境界線を巡っての争いも珍しくない。

また、空間概念と密接に関連するものとして、大きなサイズの自動車、広い居住空間、庭、などにも空間概念が反映していると言える。

＊日本の家庭ではかつては一家の主（父親）の座る席が決まっていた。また、客人を迎える場合は床の間の上座、招いた側は下座に座るなどの慣習があった。自動車の座席（後部座席、運転助手席）などにも不

第Ⅴ章　文化と Culture

文律があった。

☑ P-time（空間概念）
　対人間の距離（personal space）は狭い傾向がある。スペースが広すぎるとよそよそしく感じ、落ち着かない。これは M-time の人にとっては逆に不快に感じる。また、私的空間領域（縄張り）に対する占有意識はさほど強くない。

　ここまで見てきたように、異なる文化には異なる時間の概念・感覚、空間の概念・感覚があり、人々は無意識にそれに沿って生活していることが分かる。したがって、文化背景の異なる人々とのコミュニケーションを図る際は言語によるコミュニケーション能力に加えて、高コンテクスト文化・低コンテクスト文化、単一時間枠志向・多重時間枠志向、および両文化に属する人々のそれぞれの特徴を十分認識しなければならない。ビジネスをする際にも、個人的な交流を促進する場合にしても時間・空間の感覚の違いを相互に認識することによって不要な誤解や摩擦を防ぐことができる。
　さて、先に触れた「ウチナータイム」であるが、改めて見直してみると、E. T. Hall の言う polychromic-oriented culture（多重時間枠志向文化）と見事に当てはまることが分かる。これまで長きにわたって、「ウチナーンチュ（沖縄県人）」は時間にルーズだ、約束した時間は滅多に守らないなどと問答無用にバッサリやられて、返すことばもなかった。しかし、polychronic-oriented culture という文化人類学の枠組みで改めて見てみると全く違う解釈が成り立つ。つまり、文化というものをどちらか一方の尺度（benchmark）だけで測ってはならないということである。この Hall の文化概念をもって再評価することによって、これまで沖縄が負わされてきた「汚名」を幾分かはそそぐことができるかもしれない。
　とは言え、今や時代はグローバル化が急速に進んでいる。この抗しがたい流れの中で、ますます M-time 化してしまったわが国では、やはり

P-time 型は分が悪いことは否めない。残された道はただ一つ、それは時と場合によって二つのパターンを使い分けることだ。二刀流で行きましょう。

4　文化とことばのタブー（禁忌語 taboo）

　どの文化にも社会的な常識・ルールとして、人前で口に出すことを憚られる言語表現がある。ここでは日本と英語文化圏におけることばのタブーの基本的な違いと特徴について概説する。

　まず、ことばのタブーを論ずる前に、それと類似した性格をもつ**差別表現**との違いを確認しておきたい。どちらも倫理的、あるいは社会的に許容されていない言語行為であるが、そこには大きな相違点が見られる。筆者は**『英語の人間関係学』**（1991）で両者の違いの分析を試みた。その関連箇所を引用すると概ね以下のようになる。

(1) 　差別表現は人間を同質性という一方的な基準によって色分けし、それと異なる、あるいはその基準から外れる存在（異性・異人種・異民族・性的マイノリティーなど）や、優劣・上下といった価値判断（能力・職業・学歴・社会的地位・財力など）で対象に向けられる。それに対して、タブー表現の対象は必ずしも差別表現のそれとは重ならない。それは特定個人であったり、集団であったり、場合によっては状況や自己の心的投影として吐き出されることが多い。言い換えれば、対象への嫌悪感、憎悪、侮蔑、怨恨などが引き金になることが多い。

(2) 　差別表現が忌避されなければならない最大の理由・根拠は、対象となる人間、もしくはその属性（性・民族・人種・出自など）の自尊心や名誉が傷つけられ、人権が侵害されることである。それに対して、タブーの波及効果の特徴は、直接向けられた側もさることながら、そこに居合わせた第三者にも不快感や嫌悪感を与えるところにある。タブー語はある社会・文化集団内で確立した、

侵してはならない価値観、共通認識への挑戦であり、暗黙の掟に対する違反行為と見なされる。また、タブー語はそれを吐いた者自身の品格や尊厳をも毀損し、社会的評価を下げ、不測、かつ、不可視のダメージを与える。すなわち、「天に唾する」行為である。

(3) 英語のタブー語に限って言えば、基本的には危険で負の性質がある反面、それとはまったく対極にある、あるいは矛盾する側面も備えている。それは例えば、後述する**四文字語（four-letter word）**のような「究極のタブー語」が対象への親近感、信頼感、仲間意識の表現手段として頻用されることだ。社会言語学的に証明されているように、人間関係の親疎の度合いとことば遣いの丁寧さとは反比例することが多い。つまり、心理的・社会的・地位的な距離が遠いほど、丁重で、格式ばったものになる。つまりよそよそしいことば遣いになる。逆に、親しい間柄になるほどくだけた表現、場合によっては少々乱暴なことば遣いも許容される。タブー語も例外ではない。しかし、このようなタブー語は限定されたコンテクストでしか使用できないことは言うまでもない。

翻って、日本の文化ではこの種のタブー語は罵詈雑言に属するものであり、親しい者同士であっても使われることはまずないと言ってよい。これが英語文化圏とは大きく異なる点である。

なお、差別表現に関しては本書の**第Ⅱ章**の「⑦ **真理性と反真理性**」、および、同章の「**5　ことばと人権**」などで扱ったのでこれらの項で確認していただきたい。

（日本文化における言語的タブー）

さて、以上のことを前提にして、両文化における言語的タブーを比較対照してみよう。両者は多くの部分で重なるが、大きな相違点もある。まず日本語のタブーを類型化すると以下のようになる。

①性行為・性器・生殖器・性道徳に反する卑猥表現、②排泄行為・排泄物・排泄器官に関する品性を欠く表現、③忌みことば——いわゆる**験担ぎ（superstition）**と称され、縁起の悪さを連想させる表現。主な例としては、婚礼（去る、切る、帰る、戻る）、受験（滑る、落ちる、転ぶ、躓く）、葬儀（いよいよ、浮かばれない、追いかける、追って、かえすがえすも、くれぐれも、再三、再び、たびたび、引き続き、ますます、迷う）、妊婦（流れる）などが挙げられる。

英語文化圏における言語的タブー

　上に挙げた①と②に関しては両文化ともほぼ共通している。しかし、英語は表現の豊富さ、多様性、使用頻度の高さという面で日本語の比ではない。これが英語のタブー表現のもう一つの大きな特徴である。いわゆる**四文字語（four-letter word）**と呼ばれる卑猥なことば、汚いことばが実に多彩で、仲間内では頻繁に使われる。筆者がアメリカに留学していた頃、キャンパスの至る所で、朝から晩まで四文字語が飛び交っていたことを想い出す。ことばの性質上、ここでは具体例を挙げることは差し控えるが、具体例に関心のある向きは関連文献に当たっていただきたい。

　もう一つ特筆すべき、日本語には見られない大きな特徴は宗教的な忌避語である。特にユダヤ教・キリスト教に由来する**「誓言」(swear word)** がそれだ。これは本来「神を冒涜することば」という意味であるが、いつしか「汚いことば・呪いことば・不敬のことば」全般を指すようになった[*2]。

　こうした本来の「誓言」(swear word) あるいは「罵り表現」の根拠を辿っていくと聖書に行きつく。例えば、**「あなたの神、主の名をみだりに唱えてはならない。主は、御名をみだりに唱える者を、罰せずにはおかない。」**（旧約聖書「出エジプト記」20）という聖句を挙げることがで

[*2]：[例] (God) Damn it! / God / Jesus / Christ / Jesus Christ / Hell。

第Ⅴ章　文化とCulture

きる。
　ここで重要なことは「神のみ名を唱えてはならない」という意味ではなくは、「みだりに」つまり不適切に唱えてはならないということである。言い換えれば神のみ名を<u>正しく適切に、御名があがめられるように唱えなさい</u>ということを教えている。

英語文化圏で嫌われる方法

　英語文化圏におけるタブー表現を概観してきたが、そこで、ある種の社会的タブーとして知っておかないと人間関係を損ねかねない社会言語学的な基本ルール・マナーにも目を向ける必要がある。以下に挙げる質問、受け答え、コメントは英語圏では歓迎されないと思ってまず間違いない。場合によっては相手の感情を傷つけ、人間関係を損ねる恐れすらある。
　前掲の拙著『**英語の人間関係学**』から再び一部を引用し、補足する。なお、ここでは英語文化圏としたが、欧米全般、その他のユダヤ・キリスト教文化圏にも適応できると推測する。しかし、すべての文化について一般化することはできないので、ここでは英語文化圏に限定する。無論、その中にも多民族、多言語、多文化が共存しているが、ここでは本来、英語を母語とする人々を想定している。

(1)　プライバシーを侵害する質問・コメント
　　年齢、既婚・未婚、恋人の有無、子どもの有無、住所、電話番号、メールアドレスなどを尋ねる。体型・容姿、病気、心身の障碍、内輪の事情（借金、夫婦仲、不倫、離婚、別居、犯罪、子どもの非行など）を詮索したり、話題にする。
　　　＊年齢を尋ねることは正当な理由がない限り、性別を問わず失礼にあたる。子どもでも精々12歳頃までが上限であるとされている。
　　　＊12歳までと13〜19歳以上（teenager）との間に境界線があるようだ。

(2)　信仰、思想、信条、支持政党など、価値観に触れる事柄
(3)　余計なお節介・忠告
　　禁煙、禁酒、ダイエット、結婚などに関して頼まれもしないのに忠告したり、勧めたり、促す。
(4)　知識・能力を品定めするような質問
　　収入、所有物（土地・住宅・自動車などの）価格・値段、預金、職場名、学歴（大卒か否か・大学名）、学校での成績などを訊く。あることに関して知識があるか否かを不躾に尋ねる。
　　　＊仕事のことを訊くのは問題ない。
　　　＊能力や知識を問うCan you〜？　Do you know〜といった質問は論外。

　　＊上に挙げた諸項目は特に<u>初対面の相手や親しくない人には避けたい</u>ということであり、人間関係の親疎の度合いによって変わってくるので、絶対にタブーだと言うわけではない。

第VI章　ことばの情報ボックス

1　綴り字と音と意味（イメージ）

　ことばの音と綴り字は恣意的なものであって、これらの間には明確なルールがないとするのが原則である。しかし、これには例外がありそうだ。つまり、ある音と綴り字の間にはある種の関連性が見られるのである。以下はその例と共通した意味またはイメージである。

☑ b- が語頭に来る語「息を吐き出す」
　　baa / babble / bash / beat / blab / blah / blather / blow / bloviate / blubber / bludgeon / bomb / bounce / break / breathe / bump / butt / buzz

☑ b- が語頭に来る語「力に訴える」「力が加わる」
　　batter / bang / bash / blast / bruise / bust / bump

☑ fl- が語頭に来る語「早い動き」
　　flame / flash / flap / flare / flee / flail / flicker / fling / flip / flitter / flounce / flop / flow / flush / flutter / flurry / fly

☑ gl- が語頭に来る語「キラキラする・光り輝く」
　　glad / glamour / glance / glare / glass / glaze / gleam / glee / glimmer / glimpse / glint / glisten / glitter / Gloria / gloriole / glory / gloss / glow

☑ ho- が語頭に来る語「もてなす・世話をする・癒やす」
　　hospital / hospitable / hospitality / hospice / hotel / hostel / host / hostess

☑ il- がつく語「悪」
　　ail / devil / evil / ill / kill / vile

☑ -s が語尾に来る語「ひどい暴力を振るう・傷つける・破壊する・潰す」
　　bash / clash / crash / crush / dash / gash / gnash / hash / lash / mash / slash / smash / thrash / trash
　　用　例：faces are bashed [gnashed / gashed / slashed / smashed]. / Cars crashed. Hopes are dashed. / Enemies clash. / Teeth gnash. / Beef is hushed.

/ Potatoes are mashed. / Rooms are trashed. / Prisoners are lashed and thrashed.

☑ sn- が語頭に来る語「鼻」
　snare / snarl / sneer / sneeze / sniff / sniffle / snicker / snivel / snoot / snot / snore / snort / snout / snuff / snuffle

☑ sn- が語頭に来る語「不快なもの・嫌悪感を起こさせるもの」
　snake / snafu *1 / snaggle (tooth) / sneak / snide / snipe / snit / snitch / snob / snoop / snub / snuff

☑ th- が語尾に来る語「方向・指し示す」
　this / that / the / they / their / theirs / them / thence / this / these / those / then / thence / thenceforth / there / therefore / thou / thy / thee / thine

☑ ng- が語尾に来る語「金属の反響音」
　bong / clang / ding-dong / gong / ping / ring

☑ 母音 [i] を含む語「小さい・軽い」
　imp / kid / little / midget / piddling / pigmy / shrimp / skinny / slim / thin

☑ [p / t / k] が語尾に来る場合「早い動き」
　clip / pop / rap / slap / snap / snip / tap / whip / cut / dart / flit / hit / slit / pat / flick / smack / strike peck / whack

☑ -unk が語尾に来る場合「不快なもの」
　bunk / clunk / drunk / dunk / flunk / funk / gunk / junk / punk / skunk / stunk

☑ -llow が語尾に来る場合「何かが欠如している」
　a callow youth / a fallow field / a sallow complexion / a shallow mind / swallow / hallow / mellow / willow

☑ -ump が語尾に来る場合「丸みのある物」
　bump / chump / clump / hump / lump / mumps / plump / rump / stump

---

*1 ： snafu=s(ituation) n(ormal) a(ll) f(ucked)［f(ouled)］u(P) の略語。
　　All Fucked Up（状況はいつもどおり全てがめちゃくちゃだ）

第VI章　ことばの情報ボックス

2　共感覚表現の日英比較

「甘いマスク」とか「黄色い声」のように五感（視覚・聴覚・嗅覚・味覚・触覚）の間で表現の貸し借りが起きる言語現象のことを**共感覚表現（synesthesia）** という。これはどの言語にも見られる言語の普遍性の一つである。ここでは日本語と英語の例を通して、異なる感覚間でどのような表現の転換が起きているか、また共感覚表現がメタファーにどのように反映しているかという視点から見ていきたい。

(1) 日本語の共感覚表現
☑ 感覚の転換
　視覚⇒聴覚
　　　　黄色い声　立て板に水　太い声　高い声　低い声　透き通った声
　　　　明るい声　暗い声　黄色い声　艶のある声　方向音痴
　視覚⇒嗅覚
　　　　青臭い　陰気臭い　泥臭い
　視覚⇒味覚
　　　　深い味　まろやかな味　澄み切った味　濃厚な味　スッキリした味　さっぱりした味　薄い味　上品な味　円熟した味
　触角⇒聴覚
　　　　滑らかな口調　やわらかい音　なめらかな話し方
　触覚⇒味覚
　　　　ソフトな味　ドライな味　なめらかな味　乾いた味　水っぽい味　やわらかい酸味　軽い口当たり　どっしりした味　とろっとした味　泥臭い味　古臭い　土臭い
　嗅覚⇒味覚
　　　　香ばしい味　ツンと来る酸味
　味覚⇒視覚
　　　　甘いマスク　苦み走ったいい男　渋い柄の着物
　味覚⇒聴覚

　　　　甘い声　味音痴　渋い声
味覚⇒嗅覚
　　　　甘い香り　甘い匂い　甘酸っぱい香り
味覚⇒感情・印象
　　　　初恋は酸っぱいレモンの味がする　辛口のエッセイ　苦い経験
　　　　酸いも甘いも噛み分ける
触角⇒視覚
　　　　やわらかい物腰　硬い表情　人当たりがいい　こわばった顔

(2) その他の共感覚表現例

淡い初恋　青臭い考え　熱く夢を語る　冷たい態度　心温まる話　血も凍るような恐怖体験　生ぬるい処分　ぬるま湯に浸かる　はらわたが煮えくりかえる　冷や水を浴びせる　燃えるような情熱　カサカサした性格　緊張して硬くなった　刺々しい　べたべたする　しこしこ凝り固まった考え　かたい頭　柔軟な発想　弾力的に対処する　重い罪　軽い気持ち　しっとりと歌う　粘っこい性格　あっさりした性格　苦々しく思う　ピリッとしたコメント　辛口の批評　口酸っぱく言う　味わい深い話　不味いことになった　おいしい話にはご用心　うまい話には裏がある　味気ない寮生活　ムカつく男　明るい性格　暗い雰囲気　目の前が真っ暗になる　バラ色の人生　頭が真っ白になった　バラ色の未来　腹黒い奴　思い出が色褪せる　鮮やかな記憶　赤裸々青春　どうも臭い話だ　どうも臭うぞ　きな臭くなってきた　警察が犯人の居場所を嗅ぎ出した　胡散臭い男　犯罪の匂いがする　事件の裏になにか臭う　芳しい成績　薫り高い文化　鼻につく態度　鼻つまみ者　都会の匂い　田舎臭い　心が痛む　胸が締め付けられる　うるさい女　やかましい上司　痛い目にあった　痛恨の失敗

(3) 英語のメタファーに現れた共感覚表現例
➢ Sensory Metaphors（感覚のメタファー）
☑ 温度・触覚のメタファー（Temperature [touch] metaphors）

burning love. / an old flame. / There's a fire in my heart and you fan it. / boiling mad. / a feverish pace. / I'm so hot for her and she's so cold. / heated debate. / a warm reception. / a tepid speech. / Chill out! / Cool! / an icy stare. / frozen with fear. / The news inflamed her temper. / They were kindling a new romance.

☑ 質感・触覚のメタファー（Texture [touch] metaphors）

That has been very hard to do. / Her soft voice was music to his ears. / The author's gritty style. / His silken lies went unheard. / Things are going smoothly. / her bubbly personality. / He had a coarse manner of speech. / Her voice is beginning to grate on me. / I hear you're feeling rough! / The velvet voice of Bing Crosby. / His speech was peppered with vitriol. / a painful lesson in life. / He was being pressured to decide.

☑ 光・視覚のメタファー（Light [sight] metaphors）

I'm feeling blue. / You light up my life. / the blackest thoughts of men. / a colorful remark. / deep dark secret. / a rainbow of flavors. / an infinite spectrum of possibilities. / a brilliant idea! / a bright idea. / a dim view. / blinking lights. / My memory is a little cloudy. / Plans are still a little hazy. / the foggiest idea. / the light of reason. / a shining example of democracy. / A glowing review. / a shady character.

☑ 味覚・口のメタファー（Taste and mouth metaphors）

She is sweet. / Parting is sweet sorrow. / bitter sweet memories. / end on a sour note. / You have great taste in furniture! / His words had a little bite to them. / You've given me something to chew on! / He found her behavior unpalatable. / Give me a little sugar, honey! / a spicy new outfit. / Her presentation was a little bland. / We do vanilla / honey trap / bitter-tongued / hot topic / spicy novel / a sweet-and-sour experience

☑ 嗅覚のメタファー（Smell metaphors）
Love stinks! / The sweet smell of success. / the stench of failure. / That man reeks of infidelity! / What he said is fishy. / He smelled out a conspiracy. / There's something fishy about this.

☑ 音・聴覚のメタファー（Sound and hearing metaphors）
The world is listening. / Her words rang true. / The words were music to his ears. / the high note of the evening. / She thundered into the room. / an outfit that screams "I am cool!"

3 「あッ」と驚く「あ（a）」の世界

➤「あッ」と驚く「あ（a）」の世界 ①
☑ アカペラの「ア」と「南無阿弥陀仏」の「阿」は同じ語源
a cappella（イタリア語）a＝否定接頭辞　apathy（無感動・無気力）/atheism（無神論）/aphasia（失語症）/agraphia（失書症）/agnosticism（不可知論）/asexual（無性愛）

阿弥陀＝阿は否定接頭辞＋弥陀は「量［測］る」の意＝量［測］ることのできない存在。南無＜namas（サンスクリット語）＝帰依する（すがる＝仏への呼びかけ表現）弥陀は現代英語のmeasureと同じ語源である。インドヨーロッパ語の語根［med］に共通した語が見られる。metan（古英語）measure（フランス語）meten（オランダ語）mata（スウェーデン語）mitta（フィンランド語）mere（ハンガリー語）Messen（ドイツ語）metiri（ラテン語）*2

＊阿弥陀仏＝Amitabha［無量光仏/無量呪寿仏］　サンスクリット原語で「はかりきれない光明（をもつ者）」の意。阿弥陀経（梵本）によれば、阿弥陀仏は光明が無量であるから無量光仏とよばれる。
＊無量＝量（測）ることができない　e.g. 無量大数。

---

*2 ：meterも同じ語源。

第VI章　ことばの情報ボックス

➤「あッ」と驚く「あ（a）」の世界 ②

　阿吽（サンスクリット語 a-hum の音訳）　阿＝宇宙（万物）の始め　吽＝宇宙（万物）の終わり　阿吽＝宇宙（万物）の始めから終わりまで＝意識の対象のすべてをあらわす。阿［a］はサンスクリット語の初韻　＊金剛力士像（仁王像）＝阿形（開口）＋吽形（閉口）

　阿＝呼気（吐く息）＝誕生後の最初の吐く息　吽＝人生の最後の吸う息（息を引き取る）　＊阿吽の呼吸

　　I am alpha and omega, the beginning and the end.（わたしは始めであり、終わりである）（「黙示録」1：8）［alpha and omega］は仏教における「阿吽」と対応する。

　　　＊alpha（アルファ）とomega（オメガ）＝ギリシャ語の最初と最後の文字＝神の永遠性のシンボルである。Alpha＋beta＝（ギリシャ語の最初の2文字の組み合わせ）＝alphabet（アルファベット）。
　　　＊日本語の五十音の配列も「あ」で始まり、「ん」で終わっている。この配列の根拠として有力なのは、サンスクリットの音韻学（悉曇学）による影響説。梵語の母音をローマ字で表すと、a, â, i, ī, u, û, ri, ê, ai, ô, au, an, a' となっており、日本語で対応する母音は「あいうえお」の順に並んでいる。また「あかさたな」順においてヤ・ラ・ワ行が最後にひとまとめにされているのも悉曇学の影響と考えられている。
　　　＊ヨーロッパ諸語をはじめ、世界の多くの言語の最初の文字（音韻）は［a］である。

➤「あッ」と驚く「あ（a）」の世界 ③

　新生児が発する最初の音（喃語）は母音の［a:］（アー）でそれから［i:］（イー）［u:］（ウー）の順である。その後［ma:］（マー）［pa;］（パー）［ba:］（バー）を発声するようになる。

　　　＊母音＝呼気（吐く息）が口を閉じたり咽頭を狭めたりしないで流れ出る音。［あいうえお］は最も自然な口の形から出る音。特に「ア」が最も基本で自然に発音しやすい音。無意識に出る声は「あ」のつく語が多い。
　　　「あっという間に」「あ痛っ！」「あら！」「あれ！」「あー悔しい」

「あきさみよ〜」(沖縄語で「あらまー/おやおや」の意)「あがー」(同「あイタ!」の意)「イーだ」「うへー」「うわー」「うーむ」「えっ?」「えーと」「オー」「おい」「おっと」「おっとっと」「おや」英語でもOuch! / Oops! / Oh / ah / aha / uhなど間投詞には母音が多い。

4 「くちびる語」は万国共通語

ほとんどの言語に共通する音 [m / p / b / f / h / v]

身近な存在で、かつ生存に不可欠なものの名称に共通してみられる。

☑「母」を表す語

母［haha］ ふぁふぁ［fafa］(古琉球) アンマー［ammar］(沖縄) 姥［uba］ 乳母［uba］ 媽媽［mama］(中国) オモニ［omoni］(ハングル) メ［me］(ベトナム) メア［mæ］(タイ) メイ［mei］(ミャンマー) マーン［maan］(ヒンディー) mother / mom / mama (英) mater (ラテン) ミュータ［Mutter / Mutti］(ドイツ) メーア［mere］(フランス) マードレ［madre］(スペイン/イタリア) ママ［mama］(イタリア/ポルトガル/ルーマニア/ノルウェー/スワヒリ) マーチ［мать］(ロシア) ドゥ・マンマ［de mamma / moeder］(オランダ) メーテール［μητέρ］(ギリシャ) mama (スワヒリ) アンマー［ammar］(タミル)(琉球語と近似) モーティナ［mótina］(リトアニア) マミンカ［maminka］(チェコ) モウズィル［móðir］(アイスランド) マトカ［matka］(ポーランド) マーハイル［máthair］(アイルランド) マーダル［مادر］(ペルシャ) マレ［mare］(カタルーニャ語) マトカ［matka］(スロヴァキア) オッム［ウンム］［'umʔ］(アラビア)

☑「母」を表す幼児語

マミー［mammy］(英) ムッティ［Mutti］(ドイツ) ママン［maman］(フランス・イタリア) マンマ［mamma］(スペイン/ギリシャ) ママー［mama］(ラテン) マンメー［μαμμη］(ロシア) ママ［mama］(スロ

第VI章　ことばの情報ボックス

ヴァキア）
☑「祖母」「伯母・叔母」を表す語
　ばば［baba］＝婆　パーパー［pa:pa:］（琉球：お婆さん／老女）　ふぁーふじ［fa:fuji］（琉球：先祖）　grandma（英語）　おば（伯母／叔母）［oba］
☑「父」を表す語
　father（英）　fader（スウェーデン／デンマーク）　ファーター［Vater］（ドイツ）　ドゥ・ヴァーダー［de vader］（オランダ）　ババ［baba］（トルコ＆スワヒリ）　ペイター［pater］（ラテン）　パテール［πατέρ］（ギリシャ）　パパ［papa］（英）　ペイター［pater］（英）　ペーレ［pére］（フランス）　パードレ［padre］（スペイン／イタリア）　パパイ［papai］（ポルトガル）　アバ［abba］（ヘブル）　パッパ［papa］（ノルウェー）　アパ［apa］（ハンガリー）　オウム［oum］（アラビア）　父巴／爸爸［baba］（中国）　アポジ［apoji］（ハングル）　バ［ba］（ベトナム）　アブ［ab］（アラビア）　ポープ［Pope］（教皇／法王）　パパ［Papa］（＝教皇　パッパ）　ババ［baba］（スワヒリ）　アッパー［apa］（タミル）　アヴ［אב］（ヘブライ）　タタ［tată］（ルーマニア語）　ファー［far］（スウェーデン）　ファジール［faðir］（アイスランド）　ペダル［پدر］（ペルシア）　ペーレ［pare］（カタルーニャ）
☑「父」を意味する幼児語
　ダディー［daddy］（英）　ダッドゥ［dad］（英）　ファーティ［Vati］（ドイツ）　パパ［papa］（フランス／イタリア）　パパー［papa］（スペイン）　タタ［tata］（ラテン）　パッパース［παππας］（ギリシャ）　パッパ［papa］（スウェーデン語）　バパ［bapa］（マレーシア）
☑「女性の敬称」
　madam / Mrs. / Miss / Ms. / mademoiselle
☑「食べ物・飲み物」（［b］, ［m］, ［f / h］, ［p］を含む語が多い）
　bread, まんま（ごはん）［mamma］, マ（ン）ナ［manna］, food, milk, 麺［men］, 飯［meshi / han］, めー［me:］（琉球語＝飯）
☑その他
　人（hito）：human＜humus（ラテン語）＝ earth
　男：man［male］/ hombre（スペイン語）/ homme（フランス語）

女：woman［female］/ femme（フランス語）/ mujer（スペイン語）/ brother / hermano（スペイン語）/ frere（フランス語）/ fratello（イタリア語）
娘：maid / Dienstmädchen（ドイツ語）

第VII章　ことばの笑劇場

　ことばの極めて重要な働きの一つが私たちを笑いの世界に誘い、楽しませてくれる不思議な力である。心をリラックスさせてくれる優れたストレス解消法だ。本章では前半を「**ことば遊び（word game）**」、後半を「**ユーモア（humor）/ジョーク（joke）**」に大別して、それぞれの例を提示していきたい。

　ことばをベースにした笑いや娯楽の源泉は汲めども尽きず、しかも驚くほど多種多様である。誰でも幼い頃ことばを使った遊びで楽しんだ記憶があろう。筆者はことば遊びをこよなく愛するという点では人後に落ちないと自負している。昔はとりわけクロスワード・パズル（crossword puzzle）やスクラブル・ゲーム（scrabble game）には目がなかった。アメリカに留学していた頃は暇さえあれば同じ学寮の学生たちと時間も忘れてスクラブル・パズルに興じていたものだ。

　以下に読者諸賢にもおそらく馴染み深い、代表的なことば遊びを例示する。大いに楽しんでいただきたい。

1　ゲームとしてのことば（ことば遊びの色々）

　ことばが表す内容や感情を伝えることを目的とせず、ことばそのものを娯楽の対象にする遊びである。もっぱら音(おん)を利用したもの（早口ことば・回文など）、同音異義を利用したもの（しゃれ・地口など）、口調全体が似通った語句を考える語呂合わせもある。和歌に用いられる掛詞もこの一種である。また、いわゆる謎々は、もっぱら意味によることば遊びである。文字を利用するものも種類が多い。『マザー・グースの歌』やルイス・キャロルの作品のようなノンセンス文学において、重要な役割を果たしている。

　このことは、ことばには遊びの道具としての性質が内在していることを物語っている。古今東西、人々はことばをさまざまに使って楽しんで

きた。その種類も特徴も多岐にわたっており、国民性や文化背景をよく映している。ここでは日本語と英語のことば遊びの一部を紹介したい。実際に声に出して読み、見て、頭をひねって、大いに楽しんでいただければ幸いである。

(1) 折句 (acrostic)
　ある一つの文章や詩の中に、別の意味を持つ言葉を織り込む言葉遊びの一種。句頭を利用したものがほとんどである。

からころも
きつつなれにし
つましあれば
はるばるきぬる
たびをしぞおもう

} かきつばた

Elizabeth it is in vain you say
"**L**ove not"—thou sayest it in so sweet a way:
In vain those words from thee or L.E.L.
Zantippe's talents had enforced so well:
Ah! if that language from thy heart arise,
Breathe it less gently forth—and veil thine eyes.
Endymion, recollect, when Luna tried
To cure his love—was cured of all beside—
His follie—pride—and passion—for he died.

} ELIZABETH

(2) 早口ことば (tongue twister)
　[日本語の早口ことば]
　1) 第一著者第二著者第三著者
　2) 青巻紙赤巻紙赤巻紙青巻紙
　3) ある日昼　ニヒルなあひる　ヒルにひるんだ

第VII章　ことばの笑劇場

4）蛙ピョコピョコ三ピョコピョコ、合わせてピョコピョコ六ピョコピョコ
5）この竹垣に竹立てかけたのは竹立てかけたかったから竹立てかけた
6）新進シャンソン歌手総出演新春シャンソンショー
7）隣の客はよく柿食う客だ客が柿食や飛脚が柿食う飛脚が柿食や客が柿食う客も飛脚も柿食う客飛脚
8）ブタがブタをぶったらぶたれたブタがぶったブタをぶったのでぶったブタとぶたれたブタがぶっおれた
9）豆屋の豆さん丸こいむしきへ真平御免と丸こに座って丸こいまくわをまるかぶり
10）ラバかロバかロバかラバか分からないので　ラバとロバを比べたらロバかラバか分からなかった

[英語の早口ことば]
1）She sells sea shells by the seashore.
（彼女は浜辺で貝殻を売っている）
2）A big black bug bit a big black bear.
（一匹の虫が一頭の大きな黒い熊を噛んだ）
3）If a dog chews shoes, whose shoes does he choose?
（もしも犬が靴を噛むとしたら、そいつは誰の靴を選ぶんだい？）
4）A peck of pickled peppers Peter Piper picked.
（ピーター・パイパーがつまんだ1ペックのピクルスのペッパー）
5）If Peter Piper picked a peck of pickled peppers, (how many pickled peppers did Peter Piper pick?)
（もし、ピーター・パイパーがピクルスのペッパーを1ペックつまんだら、ピーター・ペッパーはいくつピクルスのペッパーをつまんだでしょう？）

(3) 回文 (palindrome)
上(前)から読んでも下(後)から読んでも同音の文。

[日本語の回文]
1) イカのダンスは済んだのかい（いかのだんすはすんだのかい）
2) 美しい国は憎いし苦痛（うつくしいくにはにくいしくつう）
3) 品川に意外や意外庭がなし（しながわにいがいやいがいにわがなし）
4) 住まいが近いな、都内か？ 違います（すまいがちかいなとないかちがいます）
5) 相談とはとんだ嘘（そうだんとはとんだうそ）
6) 確かにこの八百屋の子に貸した（たしかにこのやおやのこにかした）
7) 手伝うよ何度もどんな用だって（てつだうよなんどもどんなようだって）
8) 永き世の遠の眠りのみな目ざめ波乗り船の音のよきかな（なかきよのとおのねふりのみなめさめなみのりふねのおとのよきかな）
9) 世の中ね顔かお金かなのよ（よのなかねかおかおかねかなのよ）
10) 弱虫のタモリが信濃での梨狩りも楽しむわよ（よわむしのたもりがしなのでのなしがりもたのしむわよ）

[英語の回文]
1) Able was I ere before I saw Elba.
   （エルバ島を見るまで、余は有能であった）
2) A man, A plan, A canal, Panama!（人間、計画、運河、パナマ！）
3) Madam, I'm Adam.（奥様、私はアダムです）
4) Name no one man.（一人の人を名指しないで）
5) Never odd or even.（奇数でもなく、偶数でもない）
6) No, it never propagates if I set a gap or prevention.
   （いいえ、もしも私がギャップか予防を仕掛ければ、それは決して

広がりません）
7) "Nurses run." says sick Cissy as nurses run.
　（病気のシシーは「看護師たちが走っている」と言った）
8) Rats live on no evil star.（ネズミは邪悪ではない星に住んでいる）
9) Step on no pets.（ペットを踏まないで）
10) Was it a cat I saw?（私が見たのは猫でしたか？）

[西洋語の方形回文]

```
    A (Latin)              B (English)

   S A T O R              H E A R T
   A R E P O              E M B E R
   T E N E T              A B U S E
   O P E R A              R E S I N
   R O T A S              T R E N D


           C (English)

          L I V E
          I B I D
          V I L E
          E D E N
```

Aは [SATOR] [ROTAS] [AREPO] [TENET] [OPERA] という5つの語が縦方向（上→下、下→上）と横方向（左→右、右→左）にも同じように読める完璧なラテン語の回文としてよく知られている。

Bは [HEART] [EMBER] [ABUSE] [RESIN] [TREND] の5つの語からなるが、同じように読めるのは縦方向（上→下）と横方向（右→左）の二通りに限定されるので残念ながら完全な回文とは言

えない。

Cは［LIVE］［IBID］［VILE］［EDEN］［EVIL］の5通りに読める。縦方向（上→下）と横方向（右→左）およびEVILだけは縦（下→上）と横（右→左）の二通りに読めるがBと同様に完全な回文ではない。

⑷ いろは文［歌］（pangram）

［日本語のいろは文］

全てのひらがなが重複せずに使われている文（歌）の事である。

〈正調いろは文〉
色は匂えど散りぬるを　　（いろはにほへと　ちりぬるを）
わか世たれそ常ならむ　　（わかよたれそ　つねならむ）
有為の奥山けふ越えて　　（うゐのおくやま　けふこえて）
浅き夢見し酔ひもせすん　（あさきゆめみし　ゑひもせすん）

〈花鳥風月いろは文〉
花咲くや　村萌ゆる頃　　（はなさくや　むらもゆるころ）
鳥歌い　天ぞ酔わす　　　（とりうたい　てんぞよわす）
風　笛を秘め街へ抜け　　（かぜ　ふえをひめまちへぬけ）
月蒼し　峯にのぼれ　　　（つきあおし　みねにのぼれ）

［英語のいろは文］

パングラム（pangram）と呼ばれ、ギリシャ語で「すべての文字」という意味がある通り、すべての文字（26個のアルファベット）を使って作られた短文である。

例：

"The quick brown fox jumps over the lazy dog"［"The quick brown fox jumped over the lazy dogs."］/ Cozy lummox gives smart squid who asks for job pen. / Adjusting quiver and bow, Zompyc killed the fox. / The quick onyx goblin jumps over the lazy dwarf. / The jay, pig, fox, zebra and my wolves quack! / Pack my box with five dozen liquor jugs. / Few quips galvanized the mock jury box. / The five boxing wizards jump quickly. / Sphinx of black quartz, judge my vow. / With charming eyes the quick brown fox jumped over the lazy dog.

(5) アナグラム（anagram）

語の綴りの順番を変えて別の語や文を作る遊びで、以下はよくできた例である。同じ文字を並べ替えると全く違う単語に生まれ変わってしまう。その妙味を是非楽しんでいただきたい。

Christmas = trims cash（クリスマス＝現金をすり減らす）/ astronomers = No more stars.（天文学者たち＝星はもうたくさん）/ conversation = Voices rant on.（会話＝声たちが怒鳴りつづける）/ desperation = A rope ends it.（絶望＝一本のロープがそれを終わらせる）/ contaminated = NO ADMITTANCE（汚染された＝立入禁止）/ dormitory = dirty room（学生寮＝汚い部屋）/ narcissism = man's crisis（ナルシシズム＝男性の危機）/ one plus twelve = two plus eleven（1+12 = 2+11）/ canoe = ocean（カヌー＝海）/ Cinerama = American（シネラマ＝アメリカ人）/ wing birth = bright win / Lost nature = Ultra stone / eros = rose / vegetarian = vinegar tea

(6) アルファベット遊び

A was an apple-pie.（Aはアップルパイ）　B bit it.（Bはかじり）
C cut it.（Cは切って）　D dealt it.（Dは分けて）
E eat it.（Eは食べて）　F fought for it.（Fは取り合って）
G got it.（Gは手に入れて）　H had it.（Hは持って）
I inspected it.（Iは調べて）　J jumped for it.（Jは飛びついて）
K kept it.（Kは取っておいて）　L longed for it.（Lは切望して）
M mourned for it.（Mは嘆いて）　N nodded at it.（Nは頷いて）

O opened it.（Oは開いて）　P peeped it.（Pは覗き込んで）
Q quartered it.（Qは4つに分けて）　R ran for it.（Rは駆け寄って）
S stole it.（Sは盗んで）　T took it.（Tは取って）
U upset it.（Uはひっくり返して）　V viewed it.（Vは眺めて）
W wanted it.（Wは欲しがって）
X, Y, Z, and ampersand（XYZと「そして」）*1
All wished for a piece in hand.（みんな一切れ欲しがった）

(7) 英単語を使った日本語数字の覚え方
① itchy　② knee　③ son [sun]　④ she　⑤ go　⑥ rock　⑦ nana
⑧ hatch [hutch]　⑨ cue [queue]　⑩ Jew　⑪ Jew itchy
⑫ Jew knee　⑬ Jew son [sun]...

(8) 謎々（Riddle）　＊解答は下に記載
①どんどん進んでも元のところに戻ってきてしまうものは？
②羽もはしごもプロペラもないのに空にのぼっていくのは？
③口から出して耳からのみこむものは？
④あらゆる形になれるのにつかめないものは？
⑤ものは同じなのに見る人によって違うものが見えるものは？
⑥見るとお金がかかるのがコンサート、見られてお金を取られるのは？
⑦大きくなるほど小さくなるものは？
⑧歌ったり聞いたりするだけで、心が乱れる音楽ってどんな音楽？
⑨お寺の、おしょうさんが着る服を買いに行った。さていつ出かけた？
⑩何をやっても途中で投げ出してしまう道具とは？

---

*1：ampersandは [&] の記号。

第VII章　ことばの笑劇場

[解答]
①時計　②煙　③言葉　④水　⑤鏡　⑥医者　⑦服　⑧童謡（動揺）
⑨今朝（袈裟）　⑩箒（放棄）

[英語の謎々]　＊解答は下に記載

① What travels around the world but always stays in one corner?
　　（世界中を巡るけれどいつも隅っこにいるものは？）
② What doesn't ask questions, but must always be answered?
　　（質問もしないのに、いつも答えなければいけないものは？）
③ What belongs to you but other people use it more often than you?
　　（あなたのものだけど、あなたよりほかの人が使うことが多いものは？）
④ What did the lawyer name his daughter?
　　（弁護士は自分の娘にどんな名前を付けた？）
⑤ What has a face and two hands but no arms and legs?
　　（顔が一つ、手が二つあって腕と脚がないものは？）
⑥ What gets wet as it dries?　（乾くと濡れるものは？）
⑦ Can you jump higher than the Tokyo Sky Tree?
　　（東京スカイツリーより高く跳べる？）
⑧ What can you only use when it's broken?
　　（割れないと使えないものは？）
⑨ How many sides does a ball have?　（ボールは何面ある？）
⑩ What is black, white, and red all over?
　　（白と黒で、全面赤いものは？）

[解答]
① postage stamp　② telephone　③ name　④ Sue（訴訟する）　⑤ clock
⑥ towel　⑦ Yes, I can, because it can't jump an inch.（はい、東京スカイツリーは少しも跳べないから）　⑧ egg　⑨ two（inside and outside）
⑩新聞（redと過去形のread [red] をかけている）

2　笑う門には福来たる

　昔から「笑う門には福来たる」(Good fortune and happiness will come to the home of those who smile)、「笑いは百薬の長」(Laughter is the best medicine)、「一笑一若」(一度笑うと、一歳若返る)と言われてきた。あの**アンネ・フランク（Anne Frank）**は極限の恐怖の中で「薬10錠飲むよりも、心から笑った方がずっと効果があるはず」と記している（『アンネの日記』）。ウィリアム・ジェームス（アメリカの哲学者・心理学者）は "We don't laugh because we're happy—we're happy because we laugh."（楽しいから笑うのではない。笑うから楽しいのだ。）と指摘している。さらに、卓越したユーモアのセンスで知られる米国人作家**マーク・トゥエイン（Mark Twain）**は "The human race has one really effective weapon, and that is laughter."（人類は実に有効な一つの武器を持っている。それは笑いである）という至言を残している。笑いは洋の東西を問わず、人類が共有する普遍的な心の財産であることが分かる。

　笑いは心にも体にもプラスの効果をもたらすということが医学的にも実証されてきた。近年、病気の予防や治療、健康維持にも有効であるとして注目されるようになった。以下は**内科医で落語家**の立川らく朝氏のコメントを筆者が要約したものである（『月刊　元気通信』「**笑う門には福来たる**」2013年1月号）。

「医学的な研究データによって分かっている笑いの効能は、大きく分けて3つある。1つは、低下している免疫機能を正常化する効果だ。ある医学実験では、笑うことによってがん細胞やウィルスをやっつけるナチュラルキラー細胞（NK細胞）が活性化することが証明されている。つまり、笑いはがんやインフルエンザなどの感染症の予防にもなる。

　2つ目は、血圧を下げる効果だ。自律神経には交感神経と副交感神経があり、常にどちらかが優位になるというバランスをとっている。交感神経は興奮したり、ストレスがかかると優位になり、血圧や脈拍を上げる。逆に、副交感神経は就寝前などのリラックス状態のときに優位に働き、血圧を下げる。

第Ⅶ章　ことばの笑劇場

いまの時代はストレス過多なので、交感神経が優位になりがちで、血圧が高めの人が多いが、笑うことによって副交感神経優位の状態になって血圧が下がることが分かっている。どっと笑った瞬間は交感神経が優位になるが、その後、副交感神経が優位になって心と体をリラックスモードに変えてくれる。」

　笑いの種は汲めども尽きることがない。笑いを産む中心的な役割を果たしているのがことばである。ことばは優れた**エンターテイナー**であり、同時に**ドクター**としても活躍するようだ。これらはことばの持つ癒やしの側面である。

　笑いを誘う源泉は実に豊富で、種類も多岐にわたっている。その代表的な例がジョークとユーモアだ。この両者は共通点が多いが厳密に言えば同質ではない。ちなみに **Oxford Dictionary of English** の定義で比較してみよう。"Joke is a thing that someone says to cause amusement or laughter, especially a story with a funny punch line"（ジョークは人を楽しませたり、笑いを誘ったりするもの、特におかしい落ちを伴う話）としている。他方、"humor is the quality of being amusing or comic, especially as expressed in literature or speech"（ユーモアは楽しく、あるいは滑稽な性質をもった、とりわけ文学やスピーチで表現されるもの）としている。しかし、この定義ではその違いがあまり明確ではないので若干補足説明が必要だ。

　両者の歴史を遡って、それぞれの成り立ちや哲学的な概念規定をすることは本書の範囲を超えるので詳細には触れないが、大ざっぱに言えば、ジョークは人を笑わせるために、意図的に創り出されるものである。そのネタは必ずしも上等なものとは限らない。それに対して、ユーモアは人間が共有する弱点、欠点（軽薄さ、身勝手さ、厚かましさ、いじましさ、色欲、金銭欲を始めとするさまざまな煩悩）、愚かさ、自己矛盾などを冷静に、客観的に、かつ寛大な態度で料理して楽しむ心である。誰でも思い当たる節があり、思わずニヤッとさせられるものがユーモアである。それは誰か特定の人物や事物を笑いのターゲットにする（laugh at someone）のではなく、何かを一緒に笑って（laugh about something together）楽しむことを本質とする。これがジョークとの決定

的な違いであろう。以下にことば遊びの代表的なものを集めてみた。声に出して読むとおかしさが倍増するので是非試していただきたい。

(1) ことわざパロディ（parody）

パロディの本来の意味は、他の作品の要素を用いて模倣された作品や商品またはその手法のことであるが、ここではある表現の一部をもじった滑稽なことばで、以下はその例である。

　　[注]（　）は本来の成句（set phrase）。

　　泣く子は目立つ（泣く子は育つ）/雨降って地崩れる（雨降って地固まる）/腐ってもったいない（腐っても鯛）/親しき仲にも借用書（親しき仲にも礼儀あり）/石橋を叩いて割る（石橋を叩いて渡る）/泣きっ面にハンカチ（泣きっ面に蜂）/蛙の子はおたまじゃくし（蛙の子は蛙）/ちりも積もればじゃまとなる（ちりも積もれば山となる）/椅子の上にも怨念（石の上にも三年）/急所ね？　ココを噛む？（窮鼠猫を噛む）/嘘つきは政治家の始まり（嘘つきは泥棒の始まり）

(2) 音韻連想ゲーム

意味は全く違うのに何となく似た響きのある語呂合わせの駄洒落で、親父ギャグの一種である。一部は筆者の作。『パパは牛乳屋』（弘兼憲史　幻冬舎）より引用した。

　　①パパは牛乳屋（パプアニューギニア）、②サバの水煮缶（婆の水着あかん）、③ミック・ジャガー（肉じゃが）、④南アフリカでワールドカップ（皆あぶりイカでワンカップ）、⑤泣きなさい、笑いなさい（夏野菜洗いなさい）、⑥風に吹かれてボブ・ディラン（彼に振られてデブ酒乱）、⑦早稲田大学（痩せた体格）、⑧読売ジャイアンツ（押し売りじゃんあいつ）、⑨ハイデッカーの前世は蠅でっかー？、⑩パラグアイ共和国（腹具合、今日は良く）

第Ⅶ章　ことばの笑劇場

(3) 駄洒落 (pun)

　近年は若者からはオヤジギャグと蔑まされて、すっかり地に落ちた感は拭えないが、筆者を始め、駄洒落をこよなく愛してやまない世代にはやはり捨てがたいことば遊びである。誰が何と言おうが好きなものは好きなのである。過去の栄光を取り戻すべく、国民的な復権運動を展開したいとひそかに目論んでいる今日この頃だ。以下にいくつかの可愛い例をお楽しみあれ。

　「舌切り雀」(着たきり娘)／「お前百までわしゃ九十九まで」(お前掃くまでわしゃ屑熊手)／「イワシ・タイ・ナマズ」って言わしたいな、まず。／隠し事を各誌ごとに書く仕事／1つ聞いてもいい？　ひと月居てもいい？／恋も身近な、濃い紅葉かな／二宮金次郎に飲み屋、禁じろー／検疫体制は県へ期待せい！／勇気千倍なんて言う気せんばい／「家無いよ」って、言えないよ／ドナルド知ろうと、怒鳴るド素人

(4) 無理問答

　問う側が「○○なのに××とはこれいかに」という形式の題を出し、答える側は「△△なのに□□と呼ぶがごとし」と答える形式のことば遊びである。

① 「存在するのに犬（居ぬ）とはこれいかに」
　「近寄ってきても猿（去る）と呼ぶがごとし」
② 「晴れの日になめても飴（雨）とはこれいかに」
　「冬に飲んでも梅雨（汁＝つゆ）と呼ぶがごとし」
③ 「一台のトラックについていても荷台（ニダイ）とはこれいかに」
　「二台のトラックがぶつかっても重大（ジュウダイ）事故と呼ぶがごとし」
④ 「一羽なのに鶏（二羽とり）とはこれいかに」
　「一人なのに仙人（千人）というが如し」

⑤ 「一つでも饅頭(マンジュウ)とはこれいかに」
　「一枚でも煎餅(センベイ)と言うがごとし」
　「一本でもトウモロコシと言うがごとし」
　「一匹でもムツ(六つ)と言うがごとし」

(5) ワープロ文字変換ミス傑作集
① 500円で親使った(500円でおやつ買った)
② 岩魚食ったっていいじゃん(言わなくったっていいじゃん)
③ 全財産倍の誘惑に負けた(ぜんざい3杯の誘惑に負けた)
④ お客、彷徨うトイレ(お客様用トイレ)
⑤ うちの子は時価千円でした(うちの子は耳下腺炎でした)
⑥ チクリ苦情大会(地区陸上大会)
⑦ 今年から貝が胃に棲み始めました(今年から海外に住み始めました)
⑧ 大腿骨がつかめると思います(だいたいコツがつかめると思います)
⑨ 彼女と一緒に入れ歯煎るほど好きになった(彼女と一緒に居れば居るほど好きになった)
⑩ 霊界の死霊をご確認ください(例会の資料をご確認ください)

(6) 江戸小話
☑ **雪降りの夜**
　夜、小便に起きて、戸を開けんとすれど宵より雪が降り、凍りついて開かず。よきことを思いついたと、敷居の溝へ小便をしかければ、するすると訳なく戸もあき、外へ出たれば何も用はなくなった[*2]。

☑ **抜けている**
　そこつ者、壺を買いにいったところがうつ伏せてあるのをみて、「こんなベラボーな。口のない壺などあるものか」といいながら引っ

[*2]：かつて雪隠(便所)は外にあった。

くり返して、「底も抜けていやがる」。
- ☑ 貸家

  「この裏に貸家あり」と貼り紙しておくといつの間にか誰やらがはがしてしまいます。それが度重なったので大家、これではならじと考え、木札に書きつけて五寸釘で打ちつけ、「これなら、四、五年は持つだろう」。
- ☑ 食い物

  「俺は四つ足なら何でも食えるぜ。牛だって犬だって羊だって猿だって」

  「へぇ、じゃあこの炬燵食えるかい？　これだって四つ足だぜ」

  「うーん、食えねぇことはねぇけど、当たるものは食いたくねぇ」
- ☑ 無精者

  「やぁ、無精者が集まったなぁ。どうだ一つこの中で誰が一番無精者か決める無精大会でも開かねぇか？」「やだよ、めんどくせぇ」

(7) サラリーマン川柳

川柳は俳句と同様に五・七・五の十七音の短詩で、風刺・こっけいを特色とする。**サラリーマン川柳（略称サラ川）**は1985年に第一生命の社内広報誌の企画として募集開始され、1986年に最初に発表された。その後1987年から一般公募が始まり、毎年募集・選考が行われている。

第一生命の社内広報誌から引用した以下の例は人生のわびしさ・はかなさ、切なさ、微妙な夫婦関係、変貌する家族の形、職場における人間模様、老いや心身の衰えに対する嘆きなどが自虐的なことばで見事に切り取られている。また時勢の特徴も色濃く映しており、思わず身につまされて、笑いを誘うと同時にえも言われぬ哀愁を感じる傑作ぞろいである。

- ☑ 世は無常

  「皮下脂肪　資源にできれば　ノーベル賞」

  「体重計　踏む位置ちょっと　変えてみる」

「部分痩せ　したい所が　大部分」
「やせるツボ　脂肪が邪魔し　探せない」
「服選び　昔ブランド　今サイズ」
「涼しげは　昔目元で　今頭」

☑ サラリーマンの悲哀

「『課長いる？』返ったこたえは『いりません！』」
「逆らわず　ニコニコかわし　従わず」
「成果主義　成果上げない　人が説き」
「やめるのか　息子よその職　俺にくれ」
「メール打つ　早さで仕事が　なぜ出来ぬ」
「出張後　パソコン開ければ　気がメール（滅入る）」
「わが社では　部長のギャグが　クールビズ」
「効率化　進めたわたし　送別会」

☑ 永遠のテーマ

「沸きました　妻よりやさしい　風呂の声」
「記念日に『今日は何の日？　燃えるゴミ!!』」
「いい夫婦　今じゃどうでも　いい夫婦」
「プロポーズ　あの日にかえって　断わりたい」
「オレオレに　亭主と知りつつ　電話切る」
「妻の声　昔ときめき　今動悸」
「恋仇　譲ればよかった　今の妻」
「パックする　おしゃべりしない　妻が好き」
「タバコより　体に悪い　妻のグチ」
「総選挙　家では妻が　総占拠」
「節約し　浮いた分だけ　衝動買い」
「定年で　女房出かけて　留守がいい」

☑ 侘しきかなわが人生

「アルコール　カロリー、ボーナス　オールゼロ」
「かじられた　スネが老後に　疼きだす」
「ショッピング　昔、デパート　今百均」

第Ⅶ章　ことばの笑劇場

「断捨離で　オレのものだけ　姿消す」
「脳年齢　年金すでに　もらえます」
「増えていく　暗証番号　減る記憶」
「オレオレと　アレアレ増える　高齢者」
「昔バー　今は病院　ハシゴする」
「デジカメの　エサはなんだと　孫に聞く」
「這う孫を　這って追ってる　爺と婆」

(8) 英語の傑作ジョーク集

(***POPULAR JOKES IN ENGLISH*** by George Woolard) マクミランLH より引用。＊筆者による試訳

☑ レストランで ①

Customer: Waiter, this lobster has only one claw.
　（ウェイター、このロブスター、爪が片方しかないが）
Waiter: I'm sorry, sir. It must have been in a fight.
　（申し訳ございません。こいつは喧嘩したヤツに違いありません）
Customer: Well, bring the winner then.
　（それじゃ、勝った方を出したまえ）

☑ レストランで ②

Customer: Waiter, what's this fly doing in my soup?
　（ウェイター、この蠅、スープの中で何をしとるんじゃ？）
Waiter: It looks like it's trying to get out, sir.
　（逃げ出そうとしているようでございます）

☑ 学校で

Student: Mr. Brown. Should somebody be punished for something they haven't done?
　（ブラウン先生、何かをやっていないことに対して人は罰を受けるべきでしょうか？）
Teacher: Of course not. How come?
　（もちろんそんなことはないよ。どうして？）

263

Student: Good, because I haven't done my homework.

　　　（よかった、ぼく宿題をしてこなかったんです）

☑ 妻と夫

　Wife: Do you love me? （私のこと、愛してる？）

　Husband: Of course, I do. I'd die for you.

　　　（決まっているじゃないか。君のためなら死んでもいいよ）

　Wife: You always say that, but you've never done it.

　　　（いつもそう言うけど、一度もそうしたことないじゃない）

☑ ママと子ども ①

　Kid: Mum, I'm going to buy a nice teapot for your birthday.

　　　（ママ、お誕生日に素敵なティーポットを買ってあげるわね）

　Mum: But, I have already got one. （でもすでに一つ持っているわよ）

　Kid: No, you haven't. I've just dropped it.

　　　（ううん、ちょうど落としちゃったの）

☑ ママと子ども ②

　A: I don't think my Mum knows much about children.

　　　（ママって子どもの事をあんまり知らないと思うな）

　B: Why is that? （どうして？）

　A: Because she always puts me to bed when I'm wide awake and she wakes me up when I'm sleepy.

　　　（だって、僕がすっかり目を覚ましているときに寝かせつけるし、
　　　　眠いときには起こすんだもの）

☑ 医師と健忘症の患者 ①

　Doctor: How are those pills I gave you to improve your memory?

　　　（あなたに処方した記憶回復の薬は効きましたか？）

　Patient: What pills? （どの薬のことで？）

☑ 医師と患者 ②

　Surgeon: "I want $1,000 for the operation."

　　　（手術の費用は1,000ドルになります）

　Patient: "Can't you do it for $500?"

（500ドルにしていただけませんか）
Surgeon: "Sure. But I'll use dull knives, OK?"
（結構だよ。その代わり切れ味の悪いメスを使うけどいいかね）

☑ 二人の男性

A: "Do you prefer talkative women or the other kind?"
（おしゃべりな女とそうでないタイプとどっちが好みだい？）
B: "What other kind?" （そうでないタイプって？）

以下は、下線部をヒントにしながら、対訳なしで英語のニュアンスを味わってみていただきたい。

(1) There are seven ages of women. The baby, the girl, the teen age, the young age—<u>the young age</u>—<u>the young age</u>—<u>the young age</u>.
(2) According to historians, women used cosmetics <u>in the Middle Ages</u>... and today women are using cosmetics <u>in the middle ages</u>, too.
(3) Before marriage, a woman <u>expects</u> a man. After marriage, she <u>suspects</u> him. After he dies, she <u>respects</u> him. ＊3
(4) If a man born in <u>Poland</u> is <u>Pole</u>, is a man born in <u>Holland</u> a <u>Hole</u>?
(5) I went on a vacation for <u>change</u> and <u>rest</u>. The waiter got the <u>change</u> and the hotel got the <u>rest</u>.
(6) Wife: "If you make <u>the toast and coffee</u>, dear," said the newly married wife, "breakfast will be ready."
Husband: "What're we gonna［going to］have for breakfast?"
Wife: "<u>Toast and coffee</u>."
(7) Love is a three-ring circus. engagement ring, wedding ring and <u>suffer-ring</u>.

以下の例も日本語に置き換えるとジョークとして意味をなさないので

＊3 ：下線部が韻を踏んでいる。

原文のままでお楽しみあれ。＊下線部がヒント。

☑ ママと子ども

　Child: Mummy, what's a weapon?
　Mum: It's <u>something you fight with</u>.
　Child: Does that mean Daddy is a weapon?

☑ 両者の違い

　(1)　A: What's the difference between a jeweler and a jailer?
　　　 B: One <u>sells watches</u> and the other <u>watches cells</u>.
　(2)　A: What's the difference between a teacher and a train guard?
　　　 B: One <u>trains the mind</u> and the other <u>minds the train</u>.
　(3)　A: What's the difference between a hungry man and a greedy man?
　　　 B: One <u>longs to eat</u> and the other <u>eats too long</u>.

(9) 爆笑エピソード大特集

(1)「サイトーシング」でOK？

　ある地方の団体さんがオーストラリアへ観光旅行することになった。出発前の説明会で、添乗員が「入国の際には出入国審査官（immigration officer）に **What's your purpose of visiting here?**（こちらに来た目的は？）と必ず訊かれます。そのときは『サイトシーイング（sightseeing）』と答えてくださいね。**『サイトーシング（斉藤寝具）』**と覚えておけば大丈夫ですよ」とアドバイスした。さて、観光団一行はシドニー空港に到着。いよいよ出入国管理所に着き、一人ずつ件の質問を受ける時がきた。最前列の人に出入国審査官は予想通り **What's your purpose of visiting here, Sir?** と決まり文句で訊いてきた。ところがその紳士、緊張のあまり教わった「サイトーシング（斉藤寝具）」が出てこない。「あのー、えーと、えーと。あれ、なんだっけ？」頭が完全に真っ白になった。苦し紛れに咄嗟に口から出たのは**「田中ふとん店」(?!)**。

第Ⅶ章　ことばの笑劇場

(2) 一つの言語しか話せない人のことを何と言う？

A: What do you call a person who speaks two languages equally well?
　　（二言語を同等にしゃべれる人のことを何という？）

B: Ah, that's easy. We call him or her a bilingual.
　　（あー、それは簡単だよ。バイリンガルさ）

A: That's correct. Then what do you call one who speaks three languages?
　　（当たり。それじゃ三つのことばを話せる人は？）

B: A trilingual. Am I right? （トライリンガルだろう？）

A: Exactly. Very good. Now what about a person who speaks more than three tongues?
　　（まさにその通り。上出来ですよ。じゃー四つ以上のことばを話せる人は？）

B: A multilingual or polyglot. （多言語話者だよ）

A: Excellent! Well, this is a final, but tough question. What is a person who speaks only one language called?
　　（素晴らしい。それではこれが最後の質問です。難しいですよ。たった一つしかことばができない人のことを何と呼びますか？）

B: That's very easy. The answer is, of course, a monolingual. What else?
　　（それはとても簡単さ。答えはもちろん単一言語話者だ。それ以外に呼びようがないじゃないか？）

A: Close but no cigar. You're half right. The perfect answer is a **monolingual [monoglot] AND American**.
　　（惜しいな。半分正解です。完璧な答えは「単一言語話者」、および「アメリカ人」でした）

(3) たった七カ国語しかしゃべれない？
　　（生徒が英語の先生に尋ねた）

S:「先生は何カ国語しゃべれますか？」

T:「いやー、大したことないよ。せいぜい七カ国語ほどかな。」

S:「うわー、それってすごくないですか。どういう国のことばです

267

　　　　か?」
T:「まずイギリス語、アメリカ語だろう。それにカナダ語、オーストラリア語、ニュージーランド語、南アフリカ共和国語。これで六カ国語だ。それに日本語が入るから締めて七カ国語になるね」
S:「えっー?!」
　＊これらの国々は日本人から見ればすべて「外国」である。したがって話されている言語は「外国語」ということになる。

⑷ イングランド人の自民族中心主義 (ethnocentrism)
　これはあるアイルランド人が私に冗談交じりに話してくれたとっておきの話である。英国(グレート・ブリテン及び北部アイルランド連合王国：United Kingdom of Great Britain and Northern Ireland)はイングランド (England)、ウェールズ (Wales)、スコットランド (Scotland)、および北アイルランド (North Ireland) から構成されている。本来はそれぞれ民族も言語も異なる独立国であった。しかしイングランドが他の地域を力で制圧・統一して連合王国を築いた。こういう歴史的経緯を背景にイングランドが常に優位を占めて、他の地域に対して何かと兄貴風を吹かすというので、他の地域では今でも根強い反イングランド感情 (anti-English sentiment) がくすぶっている。パブではイングランド人の悪口を肴に酒を一杯飲むのが無上の楽しみだと言う。
　そこで、その反イギリス感情をよく表す小話を紹介しよう。サッカーとかラグビーなどの国際試合の結果をイングランドのメディアが報道すると次のようになるらしい。イングランドが勝つと、待っていましたとばかりにことさらに強調して「**イングランド、大差で勝利**」とか「**イングランドが圧勝**」「**イングランドの○○選手、金メダルに輝く**」といった大見出し (headline) が躍る。ところがイングランドが破れた場合は目だたないように「**大英帝国、惜しくも優勝を逸す**」とか「**大英帝国、○○に惜しくも敗れる**」という具合にイングランドは表に出さないで大英帝国の中に包み込む。イングランド以外の地域が勝ったときは「**大英帝国が見事に金メダル**」「**大英帝国が予想通りの優勝**」と地域名は表に

出さずにちゃっかり自分もその栄誉を分かち合う。イングランド以外が敗れると**「スコットランド、惨敗」**とか**「アイルランド、イタリアに大差で敗れる」「ウェールズ、フランスに完敗」**といった具合だ。「ぼくのものはもちろんぼくだけのもの、君のものはぼくたちみんなのもの」というわけだ。真偽のほどは別にして実に人間臭く興味をそそる話である。

⑸ 真理はいずこぞ？

　天国の門番とされているイエス・キリストの弟子の一人聖ペテロ（Saint Peter）と世界の歴史を変えたとされるユダヤ系のスーパー大天才たちとのやり取りである。聖ペテロは天国の入り口に立って次々にやってきたこれらの人々に「真理はいずこぞ？」という問いをそれぞれに投げかける。最初にやって来たのが**立法者モーゼ（Moses）**、次に**救い主 Jesus Christ（イエス・キリスト）**が来て、続いて**唯物論者の****カール・マルクス（Carl Marx）**、それから**性（セックス）**から精神分析を行った**ジークムント・フロイト（Sigmund Freud）**、そして最後に登場したのが相対性理論を唱えた**アルバート・アインシュタイン（Albert Einstein）**である。果たして彼らはその質問にどのように答えたであろうか？　＊下線部はヒント。

　　聖ペテロ（St. Peter）が天国を目指してやってきた一人ひとりに"Where's the truth?"と尋ねるとそれぞれ次のように答えた。
　　　Moses:（頭を指しながら Pointing to his **head**）"The truth is up here."
　　　Jesus:（ハートを指さして Pointing to his **heart**）"The truth is right here."
　　　Marx:（お腹を指して Pointing to his **stomach**）"The truth is down here."
　　　Freud:（遠慮がちに下半身を指しながら Pointing to his **lower body**）
　　　　"The truth is way way down here."
　　　Einstein:（誇らしげに He proudly said）"Well, I believe the truth is all **relative**."

(6) 酒を飲む理由（Why Men Drink）
　18世紀初頭の神学者・哲学者でオクスフォード大学クライストチャーチ学寮長ヘンリー・オールドリッチ博士（Dr. Henry Aldrich）の輝かしき名（迷）言である。

　　If on my theme I rightly think,
　　There are five reasons why men drink:—
　　Good wine; a friend; because I'm dry;
　　Or lest I should be by and by;
　　Or—any other reason why.
　　余のつらつら思うところ過ちなくば、
　　酒を飲むのに5つの理由あり。
　　良酒あらば飲むべし
　　友来たらば飲むべし
　　喉、渇かば飲むべし
　　もしくは、渇くおそれあれば飲むべし
　　もしくは、いかなる理由ありても飲むべし

(7) 民族性の違い
　乗っていた船が沈みかけているが救命ボートは定員オーバー。誰かが海に飛び降りなければならないが、どう言えば乗客は納得して飛び降りてくれるだろうか？
　アメリカ人は「君たちには保険がかけられている」というと飛び込む。
　イギリス人は「紳士なら飛び込むべきだ」というと飛び込む。
　ドイツ人は「船長の命令だ」というと飛び込む。
　イタリア人は「飛び込むな」というと飛び込む。あるいは、「海にいい女がいる」というと飛び込む。
　ポリネシア人に海を見せると、勝手に飛び込む。
　そして日本人は「みんな飛び降りているよ」というと飛び込む。

第Ⅶ章　ことばの笑劇場

あるいは会社の上司と相談して、許可が下りれば飛び込む。

(8) ユダヤ人の祭日

　ある日、ヒトラーが占い師に「私はいつ死ぬだろうか」と尋ねたところ、「総統、あなたはユダヤ人の祭りの日に死ぬことになります」と予言した。ひどく気になったヒトラーは親衛隊の将校を呼びつけて、すぐにユダヤの祭日表を持ってくるように命じた。しばらくして、将校がやってきて、「わが総統よ、これがユダヤの祭日表です」と言って見せた。それを見て、ヒトラーは「これらの祭日には護衛を100倍に配置しろ」と命じた。すると、占い師曰く、「総統、ご安心は禁物です。あなたがいつお亡くなりになってもその日がユダヤ人の祭日になりますから」（トケイヤー『**ユダヤ・ジョーク集**』より）。

(9) 神様との対話

　ある男が天国で神の前に立ち、質問した。
　男：「神様、あなたにとって100万年とは、そもそも、どれほどの時間の長さですか？」
　神：「ほんの1分だな」
　男：「では、あなたにとって100万ターレル*4とはどれほどの値打ちのある金でしょう？」
　神：「何の、たったの1グロスだ」
　男：「おー、愛する神様、それなら、どうか私に1グロス恵んでください」
　神：「よかろう。ではほんの1分間待っていなさい」

＊4 ：ターレルは15世紀末から19世紀にかけて、ヨーロッパ各地で通用した銀貨。ドイツでは長くターレルを貨幣単位とした。1ターレル＝24グロス＝12ペンニング。

⑽ 詐欺メールの活用術

　これは筆者に実際に起きた小さな事件である。ある日、研究室に着くと、いつものようにパソコンを開いたところ知人のＴ氏（日本人）から英文のメールが届いている。なんで英語だろうと思いつつ一読するとただならぬ内容。大意はこうだ。「学会でロンドンに来ているが、昨夜学会会場からホテルに帰る途中に何者かに襲われて金品とパソコンを強奪されて途方に暮れている。ホテル備え付けのパソコンからメールしているが日本語対応のキットがインストールされていないので英語で書いている。帰国したいが旅費がなく、万策尽き果てているのでどうか助けて欲しい。大至急○○銀行の口座にドル建てで25万円相当の金を振り込んでくれ。帰国次第すぐに必ず返済する。」という借金の依頼であった。
　緊迫した状況下でよほど気が動転していたのか、スペルや文法の間違いが目立つ。25万円は大金だが、これが事実ならば大変だ。何とかしてあげたいと思った。そこで念のために彼のご自宅に確認の電話を入れたところ、夫人曰く、Ｔ氏は学会で現在カリフォルニアに出張中とのこと。また、同様の問い合わせが他の人々からもあったと言う。これで偽メールであることが判明した。
　Ｔ氏のような英語の専門家が、いくら動揺しているとはいえこんな初歩的な間違いを犯すはずはないと納得した次第。また、宛先（addressee）の氏名までは掴めなかったと見えて、メール文の冒頭にあるはずの "Dear Professor Uechi" という敬辞が書かれていなかったのも頷けた。そっくり同じ文面のメールを複数の人に送りつけたに違いない。
　めったにない機会なので後学のために Mr. Fake としばらく「文通」して、少しおちょくってやろうといういたずら心が頭をもたげた。「できるだけのことはしたい。少し時間をくれ」という趣旨の返事をした。すると間髪を容れずに「万事休すなので、一刻一秒でも早く何とかして欲しい」と悲壮感漂う返信。「あいにく週末なので月曜日まで待ってくれ」などと適当な返事を送る。こういう調子でのらりくらりと相手をじらしながら何度かやり取りした。そして最後は「お前が詐欺師だってことはばればれだ。もういい加減あきらめろ」と引導を渡した。

後日、いいアイデアが浮かんだ。その偽メールをワードに落とし込み、コピーして英作文クラスの受講生に配布。文中の英語の誤りを見つけて正しい表現に直す練習教材に使うことにした。事の成り行きを説明すると学生たちは爆笑。大ウケして、このユニークな（？）課題に喜々として取り組んでいた。

　そのハッカー（hacker）君はT氏のメールアドレスに侵入してメーリングリストを盗み、リストにあったアドレスに片っ端から同じメールを送りつけたと見られる。

　どこの誰だったかは知らないが、彼は英作文の誤答分析（error analysis）の情報提供者（informant）として我が国の英語教育にささやかな貢献をしてくれたことになる。本人はこんなふうに自分のメールが有効活用されたとは夢にも思わなかったであろう。

⑾　ウソつき倶楽部（Liars' Club）

　アメリカのある州に「ウソつき倶楽部」という会員制の同好会があった。月に一度例会を開き、会員はそれぞれ考えてきた思い思いのたわいないウソ（white lie）を披露しあい、大いに笑って楽しむという社交クラブである。

　ある日、地元の大物政治家が入会したい旨の電話をしたが、にべもなく断られた。理由を尋ねると、「当倶楽部の入会資格はアマチュアに限っております」と言う。納得いかない政治家センセイ、どういうことかと突っ込むと「政治家センセイは嘘のプロですから」。なるほど**「嘘つきは政治家の始まり」**ということか？

　しばらくして、今度は敏腕で知られる弁護士から入会希望の問い合わせが来た。彼もやはり入会を断られた。理由を訊くと「弁護士は嘘つきなので（"Lawyers are liars."）」。

　　＊アメリカは極めつきの**訴訟社会（lawsuit society）**である。2017年現在の弁護士登録者数でみると、日本の25,213人に対して、アメリカは1,072,863人で、なんと四十数倍に上る（**「諸外国の法曹人口の比較」**より）。そうなると、粗製乱造気味で、法律家の質もピンからキリま

でおり、当然ながら仕事にあぶれる者も出てくる。クライアントを獲得するためには手段を選ばない、いわゆる悪徳弁護士も珍しくない。平気で依頼人を騙して金をせしめる事件が後を絶たない。"Lawyers are liars" というジョークは善良なる市民の率直な印象を物語っているのかもしれない。アメリカには **'ambulance chasing'** ということばがある。救急車のサイレンが聞こえると弁護士が訴訟の仕事を求めて救急病院まで追っかけて行く「営業活動」である。弁護士稼業も楽な商売ではないようだ。

⑿ 著名人たちのユーモア
■ アインシュタイン *5

あるパーティーでマリリン・モンロー（M. M.）がアインシュタイン（E）の隣に座り、彼の耳元で次のように囁くと、アインシュタインは笑顔でこう応じた。

M. M.: "I want to have your child. With my looks and your brains, it will be a perfect child!"
（あなたの子供が欲しいの。私の美貌とあなたの頭脳なら、完璧な子になるわ！）

E: "But what if it has my looks and your brains?"
（しかし、その子が私の容貌とあなたの頭脳を持っていたらどうするんだい？）

■ バーナード・ショー
1）ドーバー海峡が霧に覆われてヨーロッパ大陸が見えなくなったとき Poor Continent is completely isolated.（可哀そうな大陸はすっかり孤立している）。
2）「あなたが人生で一番影響を受けた本は何ですか？」と質問されてこう答えた。「預金通帳（bankbook）かな」
3）「結婚を宝くじにたとえるのは正しくない。宝くじは当たること

---

*5 ：バーナード・ショーという説もある。

があるからね」
4）There is no love sincerer than the love of food.（食べ物に対する愛より誠実な愛はない）

- マーク・トゥエイン
    1）新聞で自分の死亡が誤報されたときの投書
    The reports of my death have been greatly exaggerated.
    「わたくしの死亡記事は、だいぶ誇張されていますな」
    2）Giving up smoking is the easiest thing in the world. I know because I've done it thousands of times.「世界で禁煙することほど簡単なことはない。だって俺なんかこれまで何千回も止めたんだから」
    3）It was wonderful to find America, but it would have been more wonderful to miss it.「アメリカ大陸を発見したのは素晴らしかった。しかし見落としていたら、もっと素晴らしかっただろう」
    4）Loyalty to the country always. Loyalty to the government when it deserves it.「国には常に忠義を尽くし、政府には尽くすに値する時に尽くそう」
    5）When your friends begin to flatter you on how young you look, it's a sure sign you're getting old.「友人が君のことを若々しいとおだてるようになったら、君が間違いなく年を取り始めたしるしだ」

- リヒテンベルグ（18世紀、ドイツの科学者）
    1）「恋は人間を盲目にするが、結婚が視力を戻してくれる」
    2）「結婚は、風邪とは正反対だ。発熱に始まり悪寒に終わる」

エピローグ

　筆者がこれまで情熱と時間とエネルギーを傾注してきた仕事は三つに大別できる。一つは45年に及ぶ大学での教育と研究、二つ目は20年余り関わった文部省（のちに文部科学省）の高等学校英語検定教科書の編纂、三つ目が十数年の歳月をかけた和英大辞典の編纂である。これらのライフワークに通底する知的関心、あるいは、筆者を突き動かしてきたものは言語と文化の相関への尽きない好奇心である。

　検定教科書作りや辞書作りの仕事は深い学びと知的覚醒を与えてくれた。地の地平を大きく広げて深めてくれた。私にとってはかけがえのない仕事であった。この二つについての回想は別の機会があればそれに譲ることにする。

　本書では、**ことばの様々な顔**を浮き彫りにしようと試みた。改めて思い至ることはことばの持つ**二律背反的な性質**だ。プラスとマイナスのエネルギーで人の一生を大きく左右する。現実世界は美しくもあり醜くもある。いつも穏やかで暖かい風が吹いているとは限らない。身を切るような冷たい風が吹きすさぶこともある。ことばはこれらを忠実に映し出す。

　ことばには**絶対的価値**と**相対的価値**が併存する。私たちの価値観やライフ・スタイルさえ大きく変えてしまう。この両者は容易に二者択一できるような単純なものではない。どちらも無くてはならないものだ。絶対的価値としてのことばはアイデンティティーの拠り所であり、決して譲ることのできない魂の故郷である。他方、相対的価値としてのことばは物心の豊かさをもたらしてくれる。絶大な経済成長にもつながる。また、ことばを通して得られる、あらゆる知の集積にアクセスすることを可能にする。その果実として精神文化を維持・継承し、さらに発展を遂げることができる。

　人生は縦糸と横糸からなる織物のようなものだ。縦糸は誕生（出発点）から死（到達点）に至るまでの道のりであり、横糸は自己実現まで

の様々な出逢いと経験に当たる。縦糸と横糸を紡ぐことによって人生という布が完成する。

　この喩えをことばの世界に置き換えると、**言語学**という理論研究が縦糸で、生きて働くことばの観察（**ことば学**）が横糸である。この両者は相補関係にあり、どちらか一方が欠けてもことばの本質に迫ることはできない。

　古今東西の偉大な知の遺産（文学、宗教、哲学、思想、社会科学、自然科学・科学技術等々）は例外なくことばを基盤にして成り立っている。またその恩恵もすべてことばを媒介にして受けている。文化とことばは相互作用の関係にある。しかし、皮肉にもことばのすばらしさはことばでは言い尽くすことができない。

　ことばは人と人、人と自然を繋いでくれる。また自己と世界の関係をより深く洞察し、知の地平を拡げ、人生を豊かにしてくれる。ある友人は「シェイクスピアを原書で読むだけでも英語を学ぶ価値がある」と言った。また別の友人は「和英大辞典の編纂は一生をかけるに値する仕事だ」と筆者に言ってくれた。このようなコメントはことばと文化の本質を追い求めてきた筆者を勇気づけてくれる。

　ことばは理（ロゴス）情（パトス）の表出を、ある程度可能にしてくれる。人間を人間たらしめる必要絶対条件であり、計り知れないほどの強大な力を内包している。ことばには世界を変える力が内在する。人間はことばを持たなければ全く無力な存在だ。しかし、同時にその力には弱点や限界もある。ことばの力が及ばない世界が存在することを教えてくれるのもまたことばの重要な存在意義（raison d'etre）と言えよう。換言すればことばは現実世界の氷山の一角（事の端＝言の葉）を映しているに過ぎない。表に現れていない**「余白（無限）の世界」**はことばが届かない領域である。ことばで伝わらないこと、伝えられないところに本質がある。

　夏目漱石は『三四郎』の中で「熊本より東京は広い。東京より日本は広い。（中略）日本より頭の中の方が広いでしょう」と登場人物に言わせている。筆者流に言うならば、「沖縄より東京は広い。東京より日本

は広い。日本より世界は広い。ことばの世界はそれよりもっと広い。しかし、沈黙（無限）の世界はことばの世界よりさらに果てしなく広い。なぜなら沈黙（無限）の世界はすべてを包みこみ、支配しているから」となろうか。

　私はこの広大無辺のことばの宇宙で遊び、同時にことばといかに向き合っていくべきかという命題と格闘してきた。ことばが人間の最大の特質であるならば、ことばの本質に迫ることは人間の本質を探究することに他ならない。よって、言語学とは人間の学そのものであると言える。それをひたすら追い求めることが文化言語学の役割であり、目的であり、また価値である。これが半世紀前のあの問いへの筆者が現段階で到達した答えとしておこう。

言葉・ことば・コトバ・言語・言の諸相
—— 本書で扱ったことばの鍵概念

◎両刃の剣である　◎時空を超える　◎千変万化する　◎起源はベールに包まれている　◎絶対的価値と相対的価値がある　◎ヒトはことばを獲得して人間になった　◎誰でも一定の条件があれば獲得する　◎現実を切り取って認識する　◎浮遊する無数の言の葉の中から重いことばが心に沈殿し、人を動かす　◎未知の世界への扉であり、道であり、架け橋である　◎知の地平を拡げ、深める　◎現実を変えたり、新たな現実、虚構の世界を創る　◎意味は言語から独立して存在する　◎社会の写し鏡である　◎文化を創造し、歴史を繋ぐ　◎人生を変える力がある　◎天使にも、悪魔にもなる百面相だ　◎人格を投影する　◎生老病死がある　◎力の限界がある　◎ことばを超えた沈黙・無限の世界に本質がある

How much to learn,
How little learnt

参考文献

Yuan, Yuan Quan (2015) *Analysis of Silence in Intercultural Communication* School of Foreign Languages, Neijiang Normal University, China

Augarde, Tony 著/新倉俊一他訳（1991）『英語ことば遊び事典』大修館書店

Bible, The (1952) THOMAS NELSON & SONS

Birdwhistell, Ray L. (1970) *Kinesis and Context: Essays on Body Motion Communication* University of Pennsylvania Press

Boman, T 著/植田重雄訳（1959）『ヘブライ人とギリシャ人の思惟』新教出版社

『ブリタニカ国際大百科事典』（2008）Encyclopedia Britanica, Inc.

Chrystal, David (1986) *The Cambridge Encyclopedia of Language* Cambridge University Press

Chrystal, David (1987) *The Cambridge Encyclopedia of the English Language* Cambridge University Press

Chrystal, David (1998) *Language Play* PENGUIN BOOKS

Chrystal, David (2003) *English as a Global Language Second edition* Cambridge University Press

Chrystal, David (2010) *A LITTLE BOOK OF LANGUAGE* Yale University Press

『**College Crown 英和辞典**』（1986）三省堂

Finch, Geoffrey (1998) *WORD OF MOUTH* Palgrave Macmillan

Frank, Anne 著/深町眞理子訳（1994）『アンネの日記』文藝春秋

弘兼憲史（2012）『パパは牛乳屋』幻冬舎

藤原藤男（1963）『ロゴス・コトバ論』聖文舎

Gleason, H.A (1961) *Descriptive Linguistics* Holt, Rinehart & Winston of Canada Ltd

Hall, E.T. (1976) *Beyond Culture* The Anchor Books

ハラルト・ヴァインリヒ著/井口省吾訳（1984）『うその言語学 —— 言語は思考をかくす事ができるか』大修館書店

Holy Bible Revised Standard Version, The (1971) Nelson

廣松渉（1980）『もの・こと・ことば』勁草書房

板坂元（1971）『日本人の論理構造』講談社

井上洋治（1980）『余白の旅 —— 思索のあと』日本キリスト教団出版局

今浜通隆（1978）『儒教と「言語」観』笠間書院

Kachru Braj B. (1992) *The Other Tongue: English across Cultures* University of Illinois Press

加藤尚武（1990）『ジョークの哲学』講談社

亀山健吉（1978）『フンボルト』中央公論社

河原俊昭・山本忠行編（2004）『多言語社会がやってきた』くろしお出版

北原保雄編（2005）『問題な日本語』大修館書店

小林泰一郎（2018）「ホウドウキョク」https://www.houdoukyoku.jp/posts/23688

クルマス・フロリアン著/諏訪功他訳（1993）『ことばの経済学』大修館書店

桑原武夫（1974）『論語』筑摩書房

『広辞苑』（2008）岩波書店

厚生労働省（2012）「職場のいじめ・嫌がらせ問題に関する円卓会議ワーキング・グループ報告」

Lakoff, G and Johnson, M (1980) *Metaphors We Live By* University of Chicago Press

Lederer Richard (1989) *Anguished English: An Anthology of Accidental Assaults upon Our Language*

Lederer Richard (1990) ***CRAZY ENGLISH POCKET BOOKS*** New York, NY

Lennenberg, E (1967) *Biological Foundations of Language* New York: Wiley

Lieberman Gerald F. (1975) ***3,500 GOOD JOKES FOR SPEAKERS*** DOUBLeday New York

米谷美耶（2003）「言語権運動の社会的背景」関西学院大学社会学部紀要95

『明鏡国語辞典』（2008）大修館書店

宮田光雄（1992）『キリスト教と笑い』岩波書店

夏目漱石（1990）『三四郎』岩波書店

日本聴能言語士協会講習会実行委員会『口蓋裂・構音障害』協同医書出版社

ネエル・アンドレ著/西村俊昭訳（1984）『言葉の捕囚』創文社

大濱皓（1980）『老子の哲学』勁草書房

大岡信（2018）CD版『大岡信講演集　折々のうた　人生のうた』アートデイズ

岡島秀隆（1993）「禅仏教の言語観」愛知学院大学禅研究所紀要第21号

Oxford Dictionary of English (2003) Oxford University Press

Picard, Max 著/佐野利勝訳（1964）『沈黙の世界』みすず書房

Room, Adrian (1975) *NTC's Dictionary of CHANGES in MEANINGS* National-al Textbook Company (NTC)

坂本賢三（1982）『「分ける」こと「わかる」こと』講談社

「世界史の窓」https://www.y-history.net

消費者庁「事例でわかる景品表示法ガイドブック」（2016）

「諸外国の法曹人口の比較」（2005）http://www8.cao.go.jp/kisei-kaikaku/old/minutes/wg/2005/1109_2/addition051109_2_03.pdf

三幣真理（2016）『バイリンガルは５歳までにつくられる』幻冬舎

Stockwell, R. & Minkova, D. (2002) *English Words History and Structure* Cambridge University Press

高木道信（2004）『同義性のメカニズム』北星堂書店

トケイヤー・マービン著/加瀬英明訳（2007）『ユダヤ・ジョーク集』実業之日本社

Uechi, Y (1981) *Language Outlooks in Contrast between English and Japanese-speaking Cultures* 大学英語教育学会紀要第12号（JACET Bulletin Vol. 12）

Uechi, Y（1984）「コトバの反真理性（その１）」長崎外国語短期大学論叢第27号

Uechi, Y（1985）「コトバの反真理性（その２）」英語英文学新潮nci論叢1985

Uechi, Y（1986）「コトバの反真理性（その３）」英語英文学新潮nci論叢1986

Uechi, Y（1991）『英語の人間関係学』ぎょうせい出版

Uechi, Y（上地安貞）・谷澤泰史共編著（2004）『英語の感覚・感情表現辞典』東京堂出版

「嘘、大嘘、そして統計」ウィキペディア https://ja.wikipedia.org/wiki/嘘、大嘘、そして統計

Woolard, G (1995) ***POPULAR JOKES IN ENGLISH*** 　マクミラン　ランゲージハウス（MLH）

http://www5d.biglobe.ne.jp/DD2/Rumor/column/earthquake_demagogie.htm（関東大震災・朝鮮人虐殺流言の関連記事）

資料1　琉球大学ミシガン・ミッション

　米国軍政府は、沖縄側の要望に応える形で1950年5月22日に、沖縄の歴史上はじめての大学である琉球大学を開設した。さらに米国陸軍省は琉球大学支援のために、1951年にミシガン州立大学と契約を結び、これにより同大学の教員を顧問団として沖縄に派遣した。のべ51名の団員は、1968年の契約終了まで教育やカリキュラム開発に取り組み、琉球大学関係者のあいだでは**「ミシガン・ミッション」**と呼ばれている（ミシガン州立大学による琉球大学支援事業関係資料より）。

資料2　戦後沖縄における米国への留学制度

　ガリオア資金（Government Appropriation for Relief in Occupied Area 略称 GARIOA ＝占領地域救済政府資金）の一端で、高等学校卒業者対象の undergraduate program（学士課程）と大学卒業者対象の graduate program（修士課程・博士課程）があり、1949年から1970年まで続いた。この間に1,000人余りの沖縄の若者が米国本土およびハワイの大学・大学院に留学し、さまざまな分野で学ぶ機会を得た。筆者は最後の奨学生の一人である。

　　＊大学・大学院に配置されても必要単位が取れずに強制帰国させられた給費生も少なくなかった。詳細は以下のサイトを参照されたい。
　　⇒https://kotobank.jp/word/ガリオア-417969

資料3　聖書に由来する英語表現集

add fuel to the fire（火に油を注ぐ・事態［状況］をさらに悪化させる）、all in all（全体から見て［見れば］）、be all things to all men（誰からも好かれるように振る舞う・八方美人である）、Alpha and Omega（始めと終わり・最も大事な部分）、apple of [one's] eye（とてもいとしいもの・

〈人〉の自慢の種・目に入れても痛くないもの）、you reap what you sow（自分で蒔いた種は自分で刈り取りなさい・身から出たさび）、the Tower of Babel（バベルの塔）、baptism of [by] fire（厳しい試練）、bear [one's] burden [cross] / take up [one's] cross（重荷を負う・十字架を背負う）、begat, behold the man（この人を見よ）、better to give than receive（受けるより与える方が幸いである）/ blind leading the blind（盲人が盲人を導く）、bondage（絆）、born again（再生する/生まれ変わる）、bottomless pit（奈落の底・地獄）、bread from heaven [bread of life]（命の糧）、brotherly love（兄弟愛）、cast (thy) bread upon the waters（見返りを期待せずに良い行いをする）、cast pearls before swine（豚に真珠＝猫に小判）、cast [throw] the first stone（真っ先に非難する・性急な判断を下す）、charity covers a multitude of sins（博愛は幾多の罪を償う）、cheerful giver（喜んで与える人）、coals of fire on [one's] head（善をもって悪に報いる）、come to pass（〈約束・期待などが〉果たされる、実現する）、covet（〈他人の物などを〉むやみに［不当に］欲しがる）、from the cradle to the grave（ゆりかごから墓場まで・生まれてから死ぬまで）、crumbs from the table（食卓から落ちたパンくず）、death where is thy sting（死よ、お前のとげはどこにあるのか）、deep waters（苦境・苦しい立場・深刻な状況）、den of thieves（盗賊の巣窟）、divide the sheep from the goats（善人と悪人を区別する）、do unto others as you would have them do unto you（己の欲するところを人に施せ・自分がしてもらいたいと思うように他人にしてあげなさい＝黄金律）、drop in the ocean [a bucket]（大海の一滴・ごくわずかな量）、eat [one's] words（〈自分の間違いを認めて〉前言を取り消す・発言を撤回する）、everything there is a season（全てのものには時がある）、an eye for an eye, and a tooth for a tooth（目には目を、歯には歯を）、faith can move mountains（信仰は山をも動かす）、fall flat on [one's] face（面目を失う）、fall from grace（不興を買う・嫌われる・信用を失う）、fall on stony ground（〈忠告などが〉聞き入れられない）、feet of clay（〈人の意外な〉弱点）、few are chosen（選ばれるものは少ない）、fight the good fight（善戦する）、filthy lucre（悪銭）、fire and brimstone（火

と硫黄・地獄の責め苦・天罰)、flesh and blood（血肉・肉体・生身の人間)、[The spirit is willing,] but flesh is weak（〈心は熱けれど〉肉体は弱し)、Forbidden fruit（禁断の木の実・禁じられているためにいっそう欲しいもの・不義の快楽)、forty days, forty days and forty nights（四十日四十夜)、from strength to strength（ますます強力に・力をつけて)、Get thee behind me, Satan（サタンよ引き下がれ)、gird [one's] loins（気を引き締める・待ち構える)、gnashing of teeth（歯ぎしり)、go and do thou likewise（行って同じようにしなさい)、go down to the sea in ships, go the extra [second] mile（さらに努力する)、God and mammon, God forbid（とんでもない・そんなことは断じてない)、God save the king（国王陛下万歳＝英国国歌)、golden calf（〈人生最高の目的としての〉富・金)、good Samaritan（よきサマリア人・困っている人の真の友)、good shepherd（よき羊飼い)、heaven and earth shall pass away, but My words will never pass away（天地は過ぎ去るであろう。しかし、わたしの言は過ぎ去ることはない)、hide light under a bushel（灯火を升の下に隠す)、holier than thou（いかにも聖人ぶった)、a house on sand（砂上の楼閣)、I am that I am（わたしはあってある者)、in the beginning was the Word（初めに言ありき)、If any would not work, neither should he eat.（働かざる者食うべからず)、have itching ears（〈噂などを〉聞きたがる)、jot or tittle（ごく少量)、judge not that ye be not judged.（人をさばくな。自分がさばかれないためである)、kick against the pricks（むだな抵抗をしてばかを見る)、Lamb of God（神の子羊)、last shall be first（後のものが先になる)、laugh [one] to scorn（嘲り笑う)、law unto [oneself]（〈自分自身が法であるかのように〉自分の思うとおりにする・慣例を無視する)、leading left hand knows what the right hand does（両者がちぐはぐな行動を取る)、leopard can't change his spots（三つ子の魂百まで)、let not the sun go down on your wrath（怒りを溜め込まないようにしなさい)、let [one's] light shine（世の光となりなさい⇒世の人の模範となりなさい)、lick the dust（屈辱を受ける・敗北する・戦死する)、Live by the sword, die by the sword（剣に生きれば剣で死ぬ)、Lord is my shepherd（主は我が羊飼

い)、lost sheep（迷える羊）、love thy neighbour as thyself（自分を愛するごとくあなたの隣人を愛しなさい）、make a rod for [one's] back（自ら困難をしょいこむ・自ら災難を招く）、man after [one's] own heart（好みのタイプの男性）、manna from heaven（予期せぬ恩恵・天からの贈り物）、many are called but few are chosen（神に召される者は多し、されど選ばれし者は少なし）、millstone around neck（〈何かをするときの〉重荷）、money is the root of all evil（金は諸悪の根源）、new wine in old bottles（古い革袋に入れた新しい葡萄酒・古い考え方では測ることのできない新しい考え）、no man can serve two masters（人は二人の主人に兼ね仕えることはできない）、no peace for the wicked（悪人に安らかなときはない）、nothing new under the sun（日の下に新しきものなし）、the old Serpent（悪魔）、old wine in new bottles（新しい革袋に古い葡萄酒）、old wives' tales（迷信）、try the patience of a saint [Job]（仏の顔も三度まで）、pillar of salt（塩の柱）、play the fool（道化役をする／おどける）、pride goes before a fall（おごれる者久しからず）、put words in [one's] mouth（誰かが言ったことを違ったように解釈する）、the race is not to the swift（足の速い者が競争に、強い者が戦いに必ずしも勝つとは限らない）、reap the whirlwind（悪い［愚かな］事をして何倍もひどい罰を受ける）、render unto Caesar（カエサルのものはカエサルに⇒本来の持ち主に返せ）、root and branch（徹底的に）、root of the matter（問題の根源）、salt of the earth（地の塩）、scales fall from [one's] eyes（目から鱗）、scapegoat（贖罪の山羊・他人の罪を負わされる人・身代わり・犠牲）、see eye to eye（見解が完全に一致する）、Seek and ye shall find（求めよ、さらば与えられん）、separate the sheep from the goats（〈外見で〉善人と悪人を区別する）、set teeth on edge（不快感を与える・イライラさせる、歯が浮く）、set [one's] house in order（〈自分のこと・財政状態など〉を立て直す）、shake the dust from [one's] feet（席を蹴って〈憤然と〉去る）、like sheep to the slaughter（抵抗もせず・無残にも）、a wolf in sheep's clothing（羊の皮を着た狼・親切を装った危険人物・偽善者）、shining light（〈ずばぬけた〉逸材・指導者）、signs and wonders（奇跡）、signs of the times（時のしるし・時代の

兆し）、The skin of my teeth（間一髪で・際どいところで・辛うじて）、sour grapes（負け惜しみ）、sow the wind and reap the whirlwind（自業自得・因果応報）、spare the rod and spoil the child（かわいい子には旅をさせよ）、speak in tongues（異言を語る）、stiff-necked（首がこわばった/頑固で高慢な/硬直した考え方の）、stumbling-block（躓きの石・障害物・悩みの種）、suffer fools gladly（〈愚かな行為を〉容認する）、Sufficient unto the day is the evil thereof.（一日の労苦は一日にて足れり・明日は明日の風が吹く）、beat one's swords into plowshares（戦いをやめて平和な暮らしをする・和解する）、take root（根付く）、take up [one's] cross, take [one's]（十字架を負う・苦難に耐える・受難［困苦・悲しみ・不幸］に耐える）、take one's name in vain（〈そこにいない〉人の名［意見、信条など］を軽々しく口にする）、talent（貨幣の単位⇒才能・タレント）、lie a thief in the night（こっそりと）、thorn in [one's] flesh [side]（苦労の種）、Thou shalt not bear false witness（汝、偽証をするなかれ）、three score years and ten（〈人生〉70年）、tomorrow will take care of itself（明日は明日の風が吹く）、tree of knowledge（知恵の木）、turn the other cheek（〈不当な処置を受けても・屈辱を受けても〉反発しない・甘んじて受ける）、in the twinkling of an eye（あっという間に・またたく間に）、two heads are better than one（三人寄れば文殊の知恵）、valley of the shadow of death（死の影の谷⇒苦難・不治の病）、vanity of vanities（空の空）、Vengeance is mine（復讐するは我にあり）、wages of sin is death（罪の報いは死なり）、wash [one's] hands of（手を切る［引く］・関係を絶つ・足を洗う）、go way of all flesh（死ぬ）、wheels within wheels（複雑な構造［事情］）、white as snow（雪のように白い⇒潔白な）、widow's mite（貧者の一燈）、I wish I'd never been born（生まれてこないほうがよかった）、be at my one's wit's end（途方に暮れて・万策尽きて）、Heaven and earth shall pass away, but my words shall not pass away（天地は滅びるであろう、しかし私の言は決して滅びない）、writing on the wall（不吉の兆し・災いの前兆）、separate the sheep [wheat / men] from the goats [chaffs / boys]（善〈人〉と悪〈人〉とを区別する・役に立つ人と役に立たない人を区別する）

▫ 職歴

1972（昭和47）～1973（昭和48）年　沖縄女子短期大学・沖縄キリスト教短期大学にて非常勤講師

1973（昭和48）年　**沖縄女子短期大学に赴任（講師）**

～1977（昭和52）年　琉球大学、沖縄国際大学、沖縄キリスト教短期大学にて非常勤講師

1977（昭和52）年　沖縄女子短期大学を辞職

同年　**長崎外国語短期大学（現長崎外国語大学）に赴任（講師）**

～1985（昭和60）年　長崎大学、長崎大学商業短期大学、長崎総合科学大学にて非常勤講師

1985（昭和60）年　長崎外国語短期大学を辞職（助教授）

同年　**東京家政大学赴任（助教授）**

～1990（平成2）年　城西大学、専修大学にて非常勤講師

1990（平成2）年　東京家政大学辞職（助教授）

同年　**駿河台大学経済学部に赴任（教授）**

～2002（平成14）年　明治大学政経学部、武蔵野音楽大学にて非常勤講師

2002（平成14）年　駿河台大学経済学部を辞職

同年　**琉球大学法文学部国際言語文化学科言語科学専攻に赴任（教授）**

～2012（平成24）年　専攻主任、学科長、外国語センター長、沖縄外国文学会副会長・会長などを歴任　東京家政大学、沖縄大学、放送大学にて非常勤講師

2012（平成24）年　**琉球大学法文学部国際言語文化学科を定年退職（名誉教授）**

同年　東京家政大学非常勤講師（文学部大学院・学部共通科目担当）

2017（平成29）年　東京家政大学　非常勤講師を定年退職

□ 主な論文

1. *A Study of English Phonological Problems for the Japanese Speakers: Detection and Analyses of Interferences by a Contrastive Approach* 沖縄女子短期大学紀要第3号 1974
2. *Agent Nouns and Quasi-agent Nouns in the Present-day Shuri Dialect: Their Morphological Features and Semantic Structures* 長崎外国語短期大学論叢第21号 1978
3. 『数からみた英語と日本語 ── 相違の諸相と干渉について』同上 第22号 1979
4. 『英語の論理性を考える ──「英語らしさを求めて」』同上 第23号 1980
5. *Basic Language Outlooks in Contrast between English and Japanese Speaking Cultures: Interrelationships between Cultural Thought Patterns and Linguistic Features* 大学英語教育学会紀要第12号（JACET Bulletin No. 12） 1981
6. 『日英対応語の意味的等価と不等価について ──"Hand"と「手」を中心に』長崎外国語短期大学論叢第24号 1981
7. *Teaching English for Cross-cultural / International Communication In Japan: Reinterpretation, Problem Detection, and Solution (Part I)* 同上 第25号 1982
8. *Teaching English for Cross-cultural / International Communication In Japan: A Cultural Syllabus (Part II)* 同上 第26号 1983
9. 『コトバの反真理性（その1）』同上 第27号 1984
10. 『コトバの反真理性（その2）── 悪態の諸相』東京家政大学紀要第26集 1986
11. 『コトバの反真理性（その3）── 言語汚染』英語英文学新潮（nci 論叢） 1986
12. 『最近のTESL理論の動向』東京家政大学紀要第27集 1987
13. *The Greeting Systems of English and Japanese in Contrast—From Lin-*

guistic and Socio-cultural Perspectives　英語英文学新潮（nci 論叢）1987
14　*The Evaluation and Assessment Of Language Proficiency*　大修館「英語教育」1990
15　『英語前置詞の諸相 ── 機能の多様性』武蔵野音楽大学研究紀要23号　1991
16　『教師自身のコミュニケーション能力を伸ばす研修 ── 読む力を伸ばすことを中心に ──』㈱英語科教育実践講座　第4章　1992
17　『教師自身のコミュニケーション能力を伸ばす研修 ── 書き力を伸ばすことを中心に』㈱英語科教育実践講座　第4章　1992
18　『異文化間コミュニケーション教育論(I) ── シラバスデザインの一試案』駿河台大学論叢第8号　1994
19　『外国語教材論 ── 言語と文化』大修館「英語教育」1995
20　『異文化間コミュニケーション教育論(II)』武蔵野音楽大学研究紀要第25号　1995
21　『英語過去形法助動詞の意味の核 ── 社会言語学的視点からの一考察』武蔵野音楽大学研究紀要27号　1997
22　*The Use of Modals and Voice in the Japanese Constitution—The English and the Japanese Versions in Contrast* THE OKINAWAN JOURNAL OF AMERICAN STUDIES No.2　2005

＊学会における口頭発表・学術講演は省略。

▫ 主な著書

『はじめて書く英文手紙』ナツメ社（1989）単著

『英語の人間関係学』ぎょうせい出版（1991）単著

『Interactive Reading』朝日出版（1992）共編著

『ブライト英和辞典』小学館（1993）共編著

『New Horizon English Course I』東京書籍（1994）文部省検定教科書　共編著

『変革期の大学外国語教育』翻訳書　ウィルガ・M・リヴァース著　桐原書店（1995）共訳　共訳者　加須屋弘司・矢田裕士・森本豊富

『New Horizon English Course II』東京書籍（1995）文部省検定教科書　共編著

『高校総合英語』参考書　東京書籍（1995）共著

『Read the Age of Transition』三修社（1998）共著　共著者　柴山森二郎

『New Horizon English Course I』改訂版　東京書籍（1999）文部省検教科書　共編著

『Survival Writing for College Students』三修社（1999）単著

『New Horizon English Course II』改訂版　東京書籍（2000）文部省検定教科書　共編著

『ワードパル英和辞典』小学館（2001）共編著

『Prominence English Reading』東京書籍（2003）文部科学省検定教科書　編著者代表　共編著

『英語の感覚・感情表現辞典』東京堂出版（2004）編著者代表　共編著

『Power On English Reading』東京書籍（2004）文部科学省検定教科書　編著者代表

『はじめて書く英文手紙・Eメール』東京堂出版（2007）編著者代表　共編著者　谷澤泰史

『Prominence English Reading』改訂版　東京書籍（2007）文部科学省検定教科書　編著者代表

『なるほど！　Englishではそう言うのか！』成美堂（2012）JACET語法研究委員会　共編著

＊その他　雑誌・新聞等への投稿記事、未発行の翻訳記事は省略。

上地　安貞（うえち　やすさだ）

1946年沖縄県首里市（現那覇市）に生まれる。琉球大学法文学部英語英文学科卒業（文学士）Saint Michael's College（米国ヴァーモント州）大学院応用言語学科修了（M.A.）。オックスフォード大学、セントマイケル大学、シアトル・パシフィック大学にて客員研究員。琉球大学名誉教授。

ことばの万華鏡
── 日英文化言語学入門 ──

2019年1月17日　初版第1刷発行

著　者　上地安貞
発行者　中田典昭
発行所　東京図書出版
発売元　株式会社 リフレ出版
　　　　〒113-0021　東京都文京区本駒込3-10-4
　　　　電話（03）3823-9171　FAX 0120-41-8080
印　刷　株式会社 ブレイン

© Yasusada Uechi
ISBN978-4-86641-193-4 C0080
Printed in Japan 2019
落丁・乱丁はお取替えいたします。

ご意見、ご感想をお寄せ下さい。

［宛先］〒113-0021　東京都文京区本駒込3-10-4
　　　　東京図書出版